AF469089

ESSAI

SUR LA

PHYSIOGNOMIE,

QUATRIEME PARTIE.

ESSAI
SUR LA
PHYSIOGNOMIE,

DESTINÉ

A faire Connoitre l'homme et à le faire Aimer.

PAR

JEAN GASPARD LAVATER,

CITOYEN DE ZURICH ET MINISTRE DU St. ÉVANGILE.

QUATRIEME PARTIE.

A LA HAYE CHEZ I. VAN CLEEF, LIBRAIRE.
1802.

PRÉFACE.

Il paroit enfin ce quatrième volume des *Esfais Physiognomiques* qui, fuivant l'intention de l'auteur devoit compléter et terminer tout l'ouvrage. Le texte des fix Fragmens annoncés dans le troifième volume, est resté déjà presque entièrement imprimé, chez un Imprimeur de la Haye, durant tout le cours de la révolution. Une catastrophe fi peu favorable aux Lettres, la disperfion du plus grand nombre des foufcripteurs, qui, dans les contrées les plus éloignées de la terre, oppresfés du poids de leurs propres malheurs, fe trouvaient hors d'état de contribuer au prompt achèvement d'un ouvrage ausfi dispendieux, la perte importante qui en est réfultée pour l'auteur chargé feul des fraix de toute l'entreprife, le travail même de l'ouvrage devenu plus pénible par l'asfociation de tant de tristes fouvenirs, & fouvent encore interrompu par des maladies longues & douloureufes, la réunion de toutes ces circonstances à retardé jusqu'à ce moment la publication de ce dernier Volume.

Un nombre déxemplaires complets des trois premiers volumes, que l'on eut le bonheur de retrouver au moment où l'on ofoit le moins l'espérer, a fourni le moyen de lever en quelque forte les difficultés qui s'oppofaient à l'entière éxécution de ce quatrième Volume, dont une partie des planches n'étoit pas encore imprimée, l'autre pas même gravée.

Ce quatrième Volume fera remis aux foufcripteurs, en échange fimplement de leur quittance de Souscription; les autres propriétaires de l'ouvrage le recevront pour deux Louis.

En s'adresfant directement à moi ou au Libraire I. VAN CLEEF à la Haye, l'on pourra fe procurer les quatre Volume pour neuf Louis, ce qui n'est guère que la moitié du prix ordinaire.

J'ai la confolation de le voir enfin terminé cet ouvrage, qui fut pour mon père la fource, à la vérité, des plus vifs chagrins, mais ausfi des plus douces jouisfances, un ouvrage qui ne donna pas moins

* 3

de

de renommée à la sagacité de son génie, à son esprit observateur, au courage de s'ouvrir encore dans les sciences une carrière nouvelle, qu'il n'honore ses vertus chrétiennes, son amour de l'humanité; & qui lui doit assurer sous tous ces rapports une gloire immortelle, une récompense plus inaltérable encore, la seule qui puisse le dédommager de tant de peines, de tant de sacrifices.

Il n'est plus, & j'ose aujourd'hui lever d'une main timide le voile qui couvroit ses intentions.

T'aider, lecteur, à découvrir le grain précieux de Divinité, qui se trouve souvent caché dans l'alliage le plus grossier des foiblesses humaines, t'inspirer pour tes semblables & plus d'indulgence & plus de charité; l'espoir enfin de t'eclairer & de te garantir surtout de la plus funeste des illusions, celle de méconnoitre les hommes: quelque nobles que fussent ces desseins, ils ne remplisaient pas encore toute l'étendue de ses voeux, en publiant cet ouvrage. Il destinoit l'entier produit de son travail aux pauvres, & le distribuoit déjà d'avance à tous ceux qu'il voyoit dans le malheur, pour ainsi dire, comme un à compte des secours qu'il attendait de la Providence.

Ce n'est pas ici le lieu de montrer par quelles voies les destinées conduisirent le défunt jusqu'au dernier terme de la vie, de retracer la marche sublime de sa sensibilité, son admirable patience durant des années d'inexprimables douleurs; — mais on pourroit en faire un tableau, qui, dans sa simplicité, ne seroit ni moins frappant, ni moins instructif que les prodiges des plus beaux tems des patriarches d'Israel. — Je n'ajoutera qu'un mot. — Sa confiance aux secours du ciel ne fut point trompée. Sa mort a mis le sceau à l'intégrité de son caractère. Son souvenir béni de tous les siens, en est aussi devenu la bénédiction la plus précieuse. — Toujours présente à mon coeur, puisse l'image de sa vie y réveiller quelque étincelle de l'énergie, avec laquelle il sut aimer, souffrir, & servir l'humanit !

Zurich le 12
Avril 1802.

       J. HENRI LAVATER.
           Docteur en Médecine.

TABLE

TABLE DES MATIÈRES
DU QUATRIÈME VOLUME.
AVERTISSEMENT DE L'EDITEUR.
PREMIER FRAGMENT.

Des differentes Facultés de l'Esprit humain.

Sommaire du Premier Fragment.

SECOND FRAGMENT.

Des Vertus & des Vices.

TROISIÈME FRAGMENT.

Du Sexe Féminin.

PREMIER FRAGMENT.

DES DIFFÉRENTES FACULTÉS DE L'ESPRIT HUMAIN.

SOMMAIRE DU PREMIER FRAGMENT.

Quoique les Volumes précédens fourniffent presqu'à chaque page quelques traits caractériftiques & quelques indices fur la diverfité infinie
des Facultés de l'Homme, il n'en fera pas moins utile de parcourir
cette grande échelle, depuis les dernières Carricatures jusqu'aux Originaux
les plus fublimes que nous préfente l'Efpèce Humaine. Un tel examen
ne peut qu'être agréable au Lecteur qui cherche la vérité, & qui fe plait à
exercer fon tact phyfiognomonique. Je fens combien il feroit néceffaire
d'offrir & de multiplier pour chaque claffe, pour chaque cas, des deffins
& des exemples —— mais le moyen de fuffire à tous ces détails! Je ferai
ce que je pourrai: les forces d'un feul homme font trop bornées, & fa vie
eft trop courte, pour une entreprife auffi vafte que la mienne. D'autres
perfectionneront après moi la Science que je commence à ébaucher. En
attendant je fuis convaincu qu'en s'attachant à mes règles & en approfon-
diffant mes obfervations, le Lecteur attentif & judicieux parviendra fans
peine à découvrir, à reconnoître & à détacher les fignes diftinctifs des Facultés intellectuelles. Il faura différencier leur *foibleffe*, leur *médiocrité* & leur
excellence; & les principes une fois trouvés, l'application fe fera d'elle-même.

CHAPITRE I. STUPIDITÉ ET FOIBLESSE D'ESPRIT.

D'après les Eftampes qui fe trouvent à la fuite de ce Chapitre, & d'a-
près de nombreufes obfervations fondées fur l'expérience, voici, je
crois, les traits pofitifs qui annoncent la foibleffe de l'efprit, les différens
degrés de la ftupidité & de la folie.

a.) Les fronts qui paroiffent presqu'entièrement perpendiculaires.
b.) La longueur exceffive du front.
c.) Les fronts qui avancent plus ou moins par le haut.
d.) Ceux qui reculent brufquement du haut, & qui rejailliffent enfuite
    près des fourcils.
e.) Les nez qui fe courbent fortement au deffous de la moitié du profil.
f.) Une diftance choquante entre le nez & la bouche.
g.) Une lèvre inférieure lâche & pendante.

A 2

b.) Le

h.) Le relâchement & la pliſſure des chairs du menton & des mâchoires.

i.) De très - petits yeux dont on apperçoit à peine le blanc ; ſurtout quand ils ſont accompagnés d'un grand nez, que tout le bas du viſage eſt maſſif, & qu'ils ſont entourés de petites rides profondement ſillonnées.

k.) Les têtes recourbées en arrière qui ſont défigurées par un double goître, & particulièrement lorſque l'un ſe retire du côté de la joue.

l.) Un ſourire oblique & grimacé qu'on n'eſt pas le maître de ſupprimer & qui eſt dégénéré en habitude, peut être enviſagé hardiment comme indice, ou d'un eſprit de travers, ou d'une folie décidée, ou tout au moins d'une ſotte malignité.

m.) Les formes trop arrondies & trop unies donnent au viſage un air de bêtiſe — & dans ces ſortes d'occaſions, l'air annonce preſque toujours la choſe.

n.) Les nez émouſſés dont les narines ſont ou trop étroites, ou trop larges, & les nez trop longs qui ſont en diſproportion avec le reſte du viſage, ſuppoſent d'ordinaire l'abattement de l'eſprit.

Les contorſions involontaires & les mouvemens convulſifs de la bouche, la vibration des chairs, leur trop de roideur ou de molleſſe, l'aplatiſſement & l'arrondiſſement des contours, les traits trop peu ou trop fortement prononcés, trop de tenſion ou de relaxation, un mélange bizarre de délicateſſe & de groſſièreté — en un mot les diſproportions de toute eſpèce, ſont autant *d'imperfećtions* & de *ſignes d'imperfećtion* : elles ſont à la fois *ſigne* & *ſignification*. Ceci n'eſt pas un jeu de mots ; car à moins de nous faire illuſion à nous-mêmes, nous ſommes obligés de convenir que tout ce qui eſt *de fait* dans l'homme, ſe manifeſte par des *ſignes*, & que le moindre de ces *ſignes* répond à un *fait*. Chaque membre, chaque particule, chaque muſcle, chaque trait, & chaque nuance ſont des effets de l'enſemble, la fin d'une même origine, le réſultat d'une même cauſe.

J'ajoute une remarque détachée. Un homme tombé en démence, & qui auparavant a eu l'uſage de ſa raiſon, porte ordinairement le caraćtère de la folie dans les traits de la bouche & dans le bas du viſage.

Carricatures d'apres Hogarth.

ADDITION A.

CARRICATURES D'APRÈS HOGARTH.

J'avois commenté autrefois cette Planche tête par tête, & je me propofois de placer ici le réfultat des réflexions que j'avois faites, mais je crains que ces détails ne foyent trop prolixes & trop fatigans. Je me bornerai donc à quelques obfervations générales.

1. La plupart de ces carricatures fortent de la nature & de la poffibilité des chofes. Elles ont été jettées fur le papier fans choix, fans jugement & fans but. Il ne falloit ni art, ni fcience, ni délicateffe morale, pour les crayonner. Un feul profil naturel, vrai, noble & beau, eft plus difficile à deffiner que dix-mille bizarreries de cette efpèce.

2. Rendons graces à Dieu de ce que parmi des millions d'hommes il s'en trouve à peine un feul qui reffemble à ces triftes carricatures, & ne mettons pas notre gloire à ravaler au deffous du vrai, des phyfionomies qui ne font, hélas! que trop dégradées.

3. Diftinguons foigneufement entre les difformités de la nature & celles qui font le jeu d'une imagination défordonnée. Tous les hommes en général, je n'en excepte pas un feul, ne font que des carricatures aux yeux d'un Etre plus élevé, plus pur & plus fage qu'eux — mais l'égoïfme, la fource, & je dirai prefque, l'ame de tous les vices, peut aifément changer en carricature le vifage le plus fublime.

4. Détachons maintenant de la Planche ci-jointe quelques traits diftinctifs qu'on peut adopter comme fignes certains de ftupidité ou de dérangement. Tels font

α) Les fronts trop penchés en arrière, où dont la voute eft trop fphérique, *b, c, f, i, r,* 33. 48. 55. 72.

β) Les nez trop enfoncés qui ne débordent pas affez le refte du vifage, *f, g, s,* 16. 53. 54. 55.

γ) Et de même auffi les nez qui débordent trop, 24. 50. De plus les nez trop plats, trop échancrés, ou trop concaves, 49. 59. 60. 72.

δ) Les grandes bouches ouvertes ou proéminentes, & les lèvres dont les coins remontent trop, 24. 40. 41. 79.

ε) Les mentons qui forment l'anfe, ou qui reculent exceffivement, 5. 10. 29. 31. 37.

PLANCHE I.

A D D I T I O N B.

1. Le front avancé, les fourcils, cet œil qui femble fixer quelque chofe & qui cependant ne porte fur rien, ce nez fi peu male, & la bouche depuis le bord de la lèvre inférieure jusqu'au pli qui la termine, tout indique une ftupidité naturelle & primitive dont on ne fauroit chercher la caufe dans le concours des accidens.

Les difpofitions du 2. font peut-être moins ftupides, mais le rapport entre le front & le nez, entre la voûte du nez & l'ouverture de la bouche, la proportion & la pofition du cou mis en parallèle avec le menton, la diftance du coin arrondi de la bouche aux ailes relevées du nez, enfin la petiteffe & l'infipidité de l'œil —— ce font autant de fignes d'un efprit foible, fi l'on veut bonaffe & fans malice, mais incapable de culture.

3. Un Phyfionomifte habile fe défiera déjà du contour du front & du nez, mais l'Obfervateur le moins exercé appercevra du relâchement & une fotte indifférence dans cette bouche béante, dans l'arrondiffement de la lèvre inférieure combinée avec la forme ovale du menton, dans les quatre plis de la joue, dans l'échancrure de la mâchoire, & dans les petites rides qui environnent l'œil.

4. La proéminence & la pliffure du front, la petiteffe de l'œil, les rides qui aboutisfent aux paupières, & la bouche entr'ouverte, concourent ici à démontrer une foibleffe d'efprit innée & fans remède.

ADDITION C.

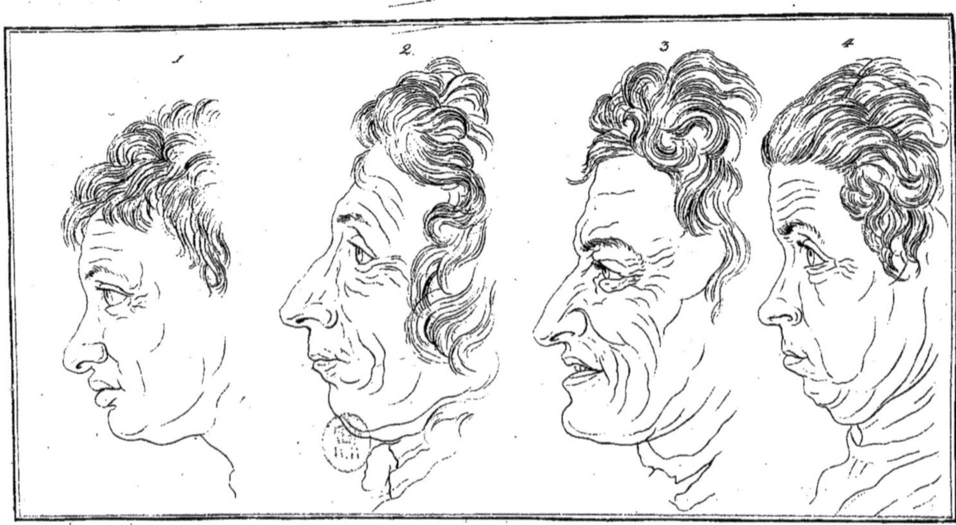

ans ces quatre profils ci, la ftupidité naturelle eft derechef évidente. La rudeffe de l'enfemble, la multiplicité des rides, la tenfion des muscles, un air hagard ou indolent, nous difent affez à qui nous avons affaire. Dans 1. la feule lèvre d'en-bas; dans 2. le front rétréci & le menton; dans 3. la groffièreté, & je dirois prefque la *fuperfluité* du front, les rides qui fillonnent les chairs, & le rire grimacé; dans 4. le front penché en avant, l'œil effaré, l'efpace qui eft entre le nez & la lèvre fupérieure, & plus encore le menton pendant & reculé, fuffifent pour caractérifer un naturel que rien ne pourra former ni façonner.

ADDITION D.

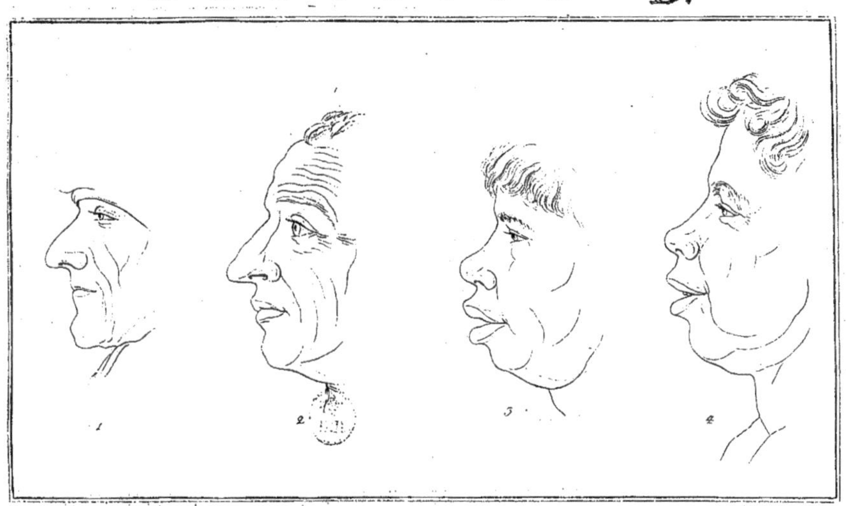

1. **L**a petitesse de l'œil comparée à la forme du nez, & surtout la grandeur disproportionnée du menton & son contour bosselé, décèlent, je ne dis pas une stupidité brutale, mais une extrème foiblesse d'esprit.

2. Les trois arcades qui entrecoupent le front, ses courbures & ses plis, & en outre cet œil farouche & cette petite narine, annoncent également une incapacité décidée.

3 & 4. ne font qu'une seule & même téte. La disproportion révoltante entre la petitesse de l'œil & l'énormité de la bouche, suffit pour nous convaincre de toute sa stupidité. Le bas du profil 3. en particulier est si massif, si grossier, si sensuel, il implique une si terrible *force d'inertie*, qu'il ne souffre pas même la comparaison avec les n°. 1. & 2.

ADDITION E.

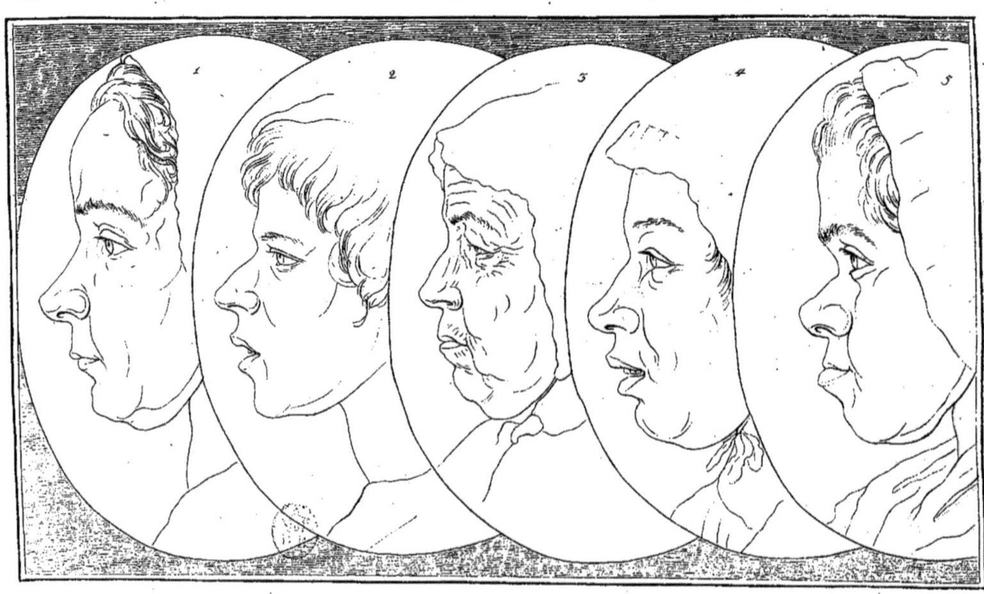

Un front qui avance en perpendiculaire (1. 5.), une bouche béante (2. 4.), un petit œil & une peau furchargée de rides (3), fuppofent infailliblement la foiblesse, le relâchement, la ftupidité de l'efprit. Ces imperfections s'apperçoivent aifément dans tous ces mentons, dans le cou des N°. 1. 2. 3. & dans la lèvre inférieure du 5. Le nez 1, confidéré féparément, fembleroit exclure la bêtife, & fi le front étoit un peu plus tendu, un peu plus reculé, il feroit affez analogue au caractère du nez. En général ce premier vifage eft le plus avantagé des cinq, & le dernier en eft le plus difgracié.

Tome IV.

ADDITION F.

1. C'est le portrait d'une vieille fille de 67 ans, tourmentée depuis long-temps par des maladies rhumatiques. Si je ne me trompe, & si j'ose m'en rapporter au bas du menton & du nez, elle ne manquoit pas de dispositions naturelles; mais le regard & l'abondance des rides laiffent entrevoir une vieilleffe enfantine.

2. paroît être une imbécille-née, grande parleufe, d'une humeur gaye & d'un bon caractère. Comparez les bouches 2 & 3. La gayeté affaiffe le centre de la ligne qui fépare les lèvres, & en fait remonter les coins. La trifteffe au contraire relève le milieu de la bouche, en rabaiffant les extrémités.

3. Mélancolie profonde, concentrée & incurable. Elle fe manifefte par la courbure irrégulière des fourcils, par ce regard fixe, par ces petites narines, & par cette bouche fermée.

4. La phyfionomie de cette vieille n'a rien de ftupide dans l'enfemble. Le bas du vifage eft même au deffus du commun. Les feuls traits qui pourroient faire naitre le foupçon d'une foibleffe d'efprit, feroient cet œil plus ou moins effaré, ce pli fi caractériftique, felon moi, qui va du nez à la bouche, & cette autre ride qui defcend depuis le coin des lèvres jufqu'à la moitié du menton.

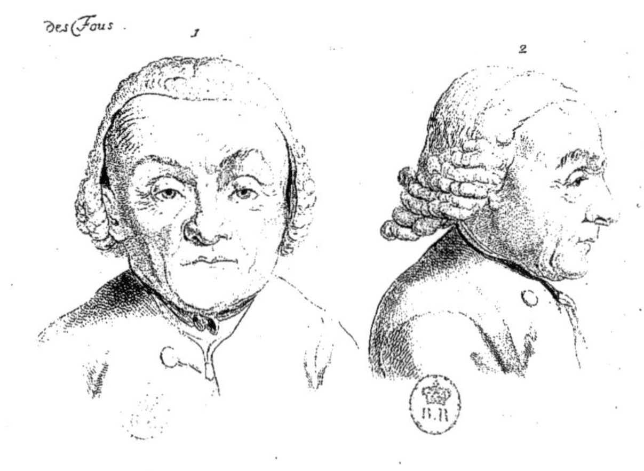

des Fous.
1
2

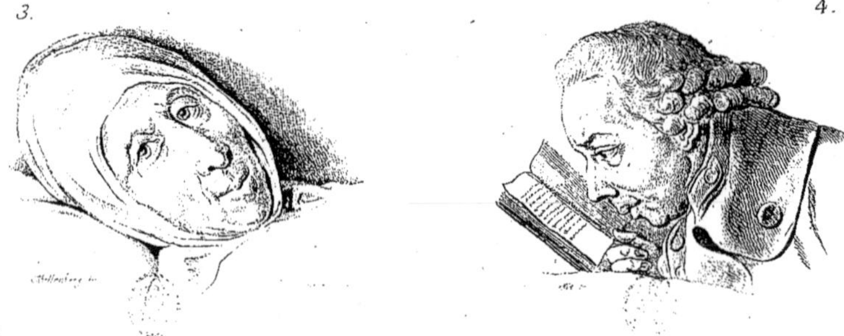

3.
4.

5.

ADDITION G.

1. 2. Il n'eſt pas jusqu'à la coiffure qui ne trahiſſe la ſotiſe. Chez un idiot tout ſe fait & ſe met de travers. On reconnoît dans tous ſes traits & dans toutes ſes manières le déſordre & le dérangement. L'œil & le nez du profil 2. conſervent un reſte de génie, mais dans l'un & l'autre viſage les parties ombrées, depuis le front jusqu'au bas du menton, caractériſent une ſtupidité irréparable.

3. La folie de cette perſonne n'a rien de méchant, quoiqu'elle ſemble ſe repaitre d'idées fantasques & malignes. J'aurois de la peine à indiquer dans ſa phyſionomie les traits diſtinctifs de la démence, ſi j'excepte la courbure non-interrompue du nez.

4. Le front & le nez n'ont rien de particulier dans les formes, mais ils péchent par le rapport, ſurtout quand on les compare avec la lèvre d'en-haut. D'ailleurs la disproportion entre ce petit menton & cette grande bouche, & puis les rides presque parallèles qui entourent cet œil abſolument dénué d'intelligence, dénotent un fou content de lui-même, & qui n'eſt pas ſeulement en état d'affecter les dehors d'un véritable intérêt.

5. C'eſt une paralytique tombée en démence. La bouche & le menton portent l'empreinte d'une atonie décidée.

Je ne connois rien de plus ſtupide que cet homme de la vignette — ſi ce n'eſt celui qui attendroit de ſa part des idées ſages, raiſonnables & réfléchies. Remarquez entr'autres la forme de l'oreille.

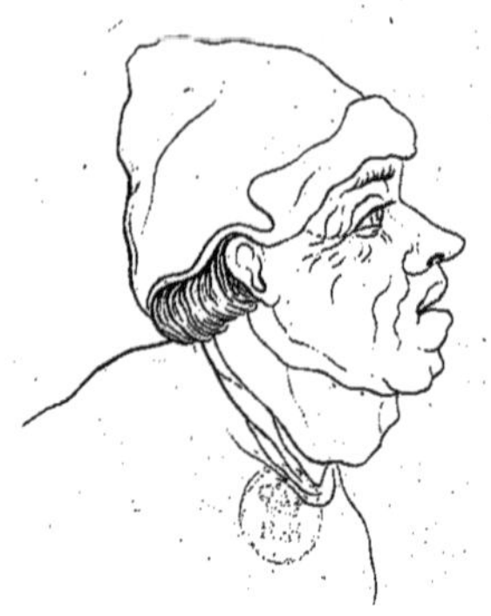

Planche II.

ADDITION. H.

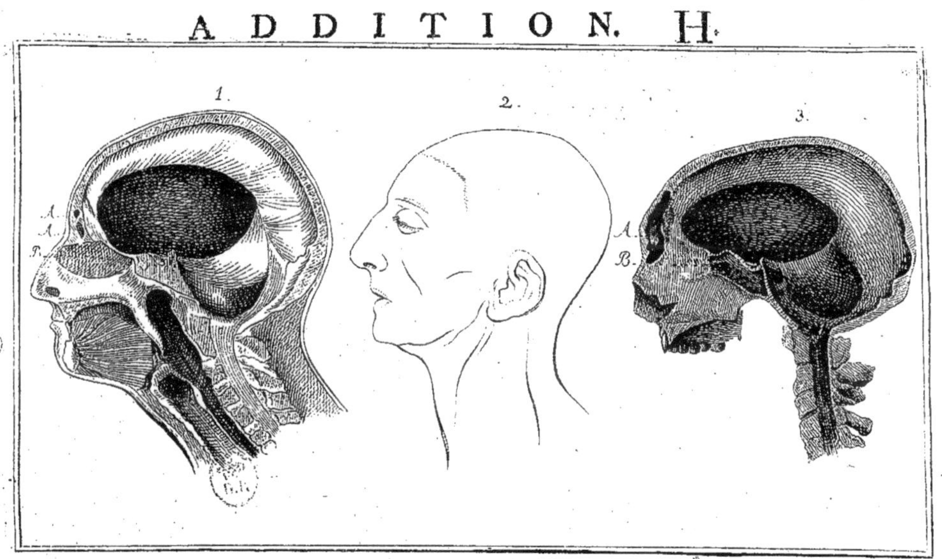

2. C'eſt le profil exaĉt d'un pauvre innocent, mort à l'âge de 60 ans. En tirant une ligne horiſontale depuis les ſourcils, la forme du crâne laiſſe entrevoir auſſitôt un eſprit extrêmement foible, mal-partagé à tous égards, mais incapable de méchanceté. Mr. le Profeſſeur *Munigks*, de Groningue, auquel je ſuis redevable de ces têtes, m'en a communiqué les particularités ſuivantes:

„ J'ai coupé la tête catagraphiquement, pour voir comment je trouve-
„ rois le cerveau & la conſtruĉtion du crâne. Vous la voyez dans la pre-
„ mière figure, & remarquerez que les *ſinus frontaux* & *ſphéroïdéaux* ſont ſi
„ petits,

,, petits, qu'on les reconnoît à peine. Comparez les enſuite avec ceux de
,, la troiſième Figure, qui repréſente uniquement le crâne ſec, ſans les
,, parties molles, avec le dedans de deux chambres, ſavoir du cerveau
,, & du cervelet, d'un homme de 50 ans, mort dans la priſon, où il
,, avoit été enfermé pour pluſieurs petits vols & autres crimes. Là vous
,, trouverez une différence exhorbitante, d'après laquelle le contour ou le
,, profil de la tête, & la forme du cerveau, le ſiège de l'Humanité, doivent
,, néceſſairement être conformés ou modelés. On ne trouva rien d'extraor-
,, dinaire dans le cerveau de mon inſenſé, ſi non que la glande pinéale
,, étoit pétrifiée ou fortement endurcie; mais auſſi j'ai trouvé cela dans les
,, cerveaux des hommes qui avoient poſſédé aſſez de facultés intellectuelles
,, & de talens."

3. n'étoit certainement pas un génie, quoiqu'il diffère ſenſiblement
du 2, ſurtout par la conſtruction intérieure. Les têtes dont le crâne eſt
auſſi plat & le profil du front ſi peu marqué, peuvent avoir quelquefois
aſſez de ruſe pour ſuppléer à l'eſprit, mais à moins que ces défauts de conformation ne ſoyent rachetés par d'autres parties du viſage infiniment
diſtinguées, elles atteindront rarement, ou plutôt elles n'atteindront jamais
au véritable bon-ſens, & moins encore à la ſagacité.

L'imbécillité eſt évidente dans le contour de la bouche & du menton 1.
Le nez 1. la fait reſſortir davantage que le 2. Celui-ci, à l'exception de la
petite narine, n'a rien de ſtupide, mais il ſuffit de le comparer avec le
ſquelette 1. pour voir que la copie 2. a été embellie de beaucoup.

Connoisseurs, je vous invite à choisir dans ce grouppe les têtes qui ne font pas entièrement dénuées de raifon! Et vous, Amis de l'Humanité, mettez à part celles qui méritent encore d'exciter votre tendresse! La plûpart, me dira-t-on, font des carricatures, des phyfionomies reprouvées, des idiots, des cerveaux dérangés.—— J'en conviens, & cela fe voit aifément; mais il y a des différences à faire, & nous tâcherons de les indiquer. Les trois figures du bas font des imbécilles-nés, qui en dépit de tous vos efforts, n'acquerront jamais l'ufage de la faine raifon. Plus le nez eft applati, plus l'intervalle qui fépare le nez de la bouche eft arqué, plus cette courbure eft unie & approche par conféquent de l'animal, plus enfin les coins des lèvres remontent ou s'affaiffent —— & plus il y a de brutalité dans le caractère. Cette autre tête détraquée qui eft fur le devant, & au deffus du jeune garçon, paroît foncièrement bonne, mais très-foible, très-enfantine, & défigurée par des fouffrances phyfiques. Le garçon lui-même n'a pas les difpofitions d'un grand génie, mais il n'eft pas né ftupide. Je tracerai encore rapidement les caractères de quelques-unes de ces phyfionomies, en laiffant au Lecteur le foin de faire les applications. Il reconnoîtra fans peine le profil d'un Moine bon-vivant, léger, fade, content de fa condition, & fuffifant fans prétention. A fes côtés vous trouverez deux entêtés, également durs, méchants & cruels. Vous remarquerez un profil affez délicat, dont l'opiniâtreté naturelle provient d'un mélange d'incapacité & de fuffifance. De fes deux voifins celui de la droite eft un entêté bourru & groffier, l'autre n'eft obftiné que par foibleffe. Plus loin vous voyez une phyfionomie revêche, fermée à la joie, vuide d'idées, & peut-être voluptueufe. Le profil qui lui fert de pen-

dant,

dant, ne paroît pas fot: il annonce de la bonhommie, & fans le raccourci du nez, il auroit un air plus réfléchi & plus mur. Vient enfuite une file de cinq imbécilles-nés, qui ne font pas fufceptibles de la moindre culture. La tête avancée qui contrafte avec eux n'eft devenue infipide que par les excès de la volupté: elle n'avoit pas à fe-plaindre d'ailleurs des dons de la nature. Parmi les dix ou douze figures d'en-haut, il n'y en a qu'une feule qui femble déplacée dans cette fociété. La rangée du milieu eft presqu'entièrement compofée d'idiots, incapables d'énergie & de méchanceté: un feul d'entr'eux pourroit être foupçonné de dureté & de malice, & on prendroit pour un homme à pretention celui qui cligne l'œil. Vous diftinguerez encore le profil d'un infenfé, qui l'a été depuis le premier moment de fa vie, & qui fans être proprement ftupide, fera toujours mis dans la claffe des efprits bornés & opiniâtres. Enfin vous ferez fâché de trouver dans ce grouppe une jeune fille qui ne devroit pas y être, & qui intéreffe par fa bonté & fon ingénuité. Elle a pour voifin un bon fou, heureux de fa folie, & la place à côté de celui-ci eft occupée par un avare voluptueux.

CHAPITRE II. FACULTÉS MÉDIOCRES.

Nous avançons d'un pas, & nous en venons aux fignes des facultés purement bornées, qui ne touchent ni à la ftupidité ni à la folie. C'eft l'homme fans talent, l'homme médiocre, l'homme ordinaire, que nous allons confidérer.

Tout individu qui ne nous frappe en aucune manière —— qui n'attire & ne repouffe perfonne —— qui n'accable ni ne foulage —— qui ne fe fait ni defirer ni haïr —— qui n'eft ni affez riche pour donner, ni affez puiffant pour ôter —— qui laiffe tout à fa place —— qui ne produit rien de fon propre fonds, & qui n'a pas affez d'énergie pour porter atteinte aux productions d'autrui —— rentre dans la claffe nombreufe des gens médiocres —— dans la claffe des êtres qui font abfolument indifpenfables pour maintenir, pour confolider & pour completter l'ordre de la Création. Il n'y a que l'infenfé qui puiffe les méprifer; il n'y a que le profane & le méchant qui puiffent les regarder comme inutiles.

La phyfionomie d'un homme médiocre n'a donc rien de faillant, rien de marqué, rien qui nous faififfe au premier abord, rien qui nous fixe ou nous attache. Vous ne remarquez dans fes traits ni trop de tenfion, ni trop de relâchement —— ni excès de groffièreté, ni extrême fineffe. Point de front fortement offeux & proéminent, point de fourcils épais qui fe rabattent fur la paupière, point de regard vif & perçant, point de nez élégamment deffiné, point de bouche agréable qui fe ferme doucement. Tout eft commun, & fait pour nous laiffer dans l'indifférence.

Mais d'où vient malgré cela que tant de vifages qui ont quelque chofe de fi caractériftique paffent cependant aux yeux de tout le monde pour *médiocres?* C'eft tantôt parce que ces traits caractériftiques ne font ni affez prononcés, ni fuffifamment développés —— tantôt parce qu'ils ne fe font pas encore montrés dans tout leur jour —— quelquefois auffi parce qu'il s'y mêle des difproportions plus ou moins analogues aux fignes de la bêtife, & qu'alors grace aux traits acceffoires qui adouciffent ou qui couvrent ces défauts, nous mitigeons nos jugemens. D'ailleurs comme la claffe des gens ordinaires renferme un plus grand nombre de beaux vifages que de laids, nous nous accoutumons infenfiblement à annoblir la

médiocrité.

médiocrité. Enfin souvent nous faisons tout le contraire, & nous sommes
assez injustes pour appeller *médiocre* ce qui ne l'est pas.

A proprement parler je doute qu'il y ait dans la Nature un seul visage
tout à fait *médiocre*. Ce terme est relatif, comme ceux de *grand* & *petit*.
Tout visage, quoique réduit par la pauvreté de nos langues à passer pour
médiocre, a quelque chose de particulier & d'inviduel, qu'aucun autre
visage au monde ne sauroit lui disputer, ni posséder de cette même manière.
Chaque quantité de vie, quelque soit sa qualité, a une tendance interne
à se manifester au dehors d'une façon qui lui est particulière. Le Philo-
sophe & l'Ami de l'Humanité le savent, & par cette raison ils rassemblent
toutes leurs connoissances physiognomoniques & toute leur bienveillance,
pour tirer la perle du fumier, pour démêler soigneusement & conscien-
tieusement dans chaque physionomie médiocre ce qui lui appartient individuellement.

Cette individualité se déclare dès l'instant qu'on touche la corde sur laquelle elle repose. L'ame semble se concentrer alors en un seul point, &
cette concentration subite nous découvre aussitôt le caractère d'une faculté
utile ou louable. Essayez d'entamer en présence d'un homme médiocre,
ou cru tel, une matière qui soit de son véritable ressort, & souvent vous
verrez partir les éclairs du génie, de sa physionomie auparavant immobile
& indifférente. C'est une des plus belles & des plus nobles occupations
de l'esprit & du cœur, que d'étudier ces regards vivifiés, ces traits animés,
ces tons originaux du caractère. Béni soit le père de famille, bénis soyent
les maîtres chargés de l'éducation de la jeunesse, & les Instituteurs de nos
Princes, s'ils ne laissent échapper aucun de ces traits, s'ils savent mettre à
profit chacune de ces facultés individuelles! Heureux moi-même, si je
contribue de mon côté à fixer l'attention de l'homme vertueux & bienfai-
sant sur le mérite ignoré ou méconnu de telle & telle physionomie! Heureux, si j'arrache du moins à quelques esprits incrédules cet aveu secret:
„ oui, j'ai dédaigné, j'ai repoussé jusqu'ici des physionomies qui me parois-
„ soient indignes de mes regards, & maintenant j'ai la satisfaction de dé-
„ couvrir en elles le germe des facultés les plus estimables & les plus
„ utiles, qu'en vain je chercherois ailleurs".

CHAPITRE III. De la Mémoire.

Je mets immédiatement au deſſus de la claſſe des eſprits médiocres, les gens dont tout le mérite conſiſte à poſſéder une grande mémoire. La *mémoire* eſt la faculté de ſe repréſenter d'une manière identique les *ſignes arbitraires* qu'on a *lus* ou *entendus*. Elle diffère de l'*imagination*, en ce que celle-ci nous rappelle le ſouvenir des images que nous avons *vues*.

Lorſque notre jugement eſt occupé à ranger les ſignes des objets & des ſenſations qui l'ont frappé, nous ſentons une eſpèce de vibration entre les ſourcils ou un peu au deſſus. C'eſt donc là qu'il faut placer le véritable ſiège du jugement : il doit ſe trouver naturellement à l'endroit même où nous appercevons ſes organes. Auſſi me ſuis-je toujours fait un principe de chercher dans cette région du viſage le caractère & la meſure du jugement, & j'y réuſſis la plupart du temps, tandis qu'il me paroît évident que la mémoire & l'imagination réſident dans la partie ſupérieure du front.

Voici les ſignes généraux auxquels j'ai reconnu juſqu'ici la faculté de la mémoire. Un front élevé & oblong, qui paroît quarré ſur le devant, tels que ceux de *Caſaubon*, de *Scaliger* & de *Juſte-Lipſe*, trois exemples des plus étonnans d'une forte mémoire. Une peau blanche, molle & charnue qui couvre un front ſpacieux, haut & uni. *Magliabechius*, Savant d'une mémoire prodigieuſe, avoit le front penché en arrière, & revêtu d'une peau charnue & pliſſée.

Parmi nombre d'enfans dont j'ai examiné & touché les têtes, je n'ai trouvé que deux garçons, doués d'une mémoire extraordinaire, qui avoient près de la future du crâne une cavité oblique. Il en réſultoit au haut du front une petite voûte, qui dans le profil décrivoit à peu près cette figure ⌒. J'ai recherché inutilement le même ſigne dans une infinité de jeunes gens qui ſe diſtinguoient par une mémoire très-heureuſe, mais il eſt vrai que les deux ſujets dont je parle poſſédoient cette faculté à un degré éminent. Outre cela ils étoient extrêmement vifs, & ils avoient le ſyſtême oſſeux fort dur.

Ce n'eſt pas cependant que tous les fronts larges, élevés & ſpacieux ſuppoſent une bonne mémoire : ils l'excluent au contraire, lorſque la peau eſt coriace, fortement tendue & brunâtre ; lorſque la partie oſſeuſe eſt rectiligne & oblique. Il y a autant d'eſpèces de mémoire qu'il y a d'eſpèces de jugemens, & par conſéquent on ne ſauroit établir un ſigne général pour

tou-

toutes les mémoires heureufes : il faut les différencier felon leurs propriétés particulières. Telle mémoire ne parvient qu'à fe rappeler de fimples noms fans connexion d'idées. D'autres excellent à retenir des fignes abftraits, des images, des chaines de raifonnemens, des tirades en vers, des fcènes de théatre, des contes romanesques, des hiftoires compliquées.

Nous avons remarqué dans la filhouette de *Haller* les indices palpables d'une des plus vaftes mémoires qui fut jamais. Nous avons également démêlé dans l'occiput de Mr. *Bonnet* les marques diftinctives de fa mémoire presque furhumaine. Le front d'*Homère*, d'après tous les deffins que nous en avons, eft un magafin inépuifable de fignes & d'images qui fe renouvellent & fe communiquent fans ceffe.

La mémoire entre-t-elle trop dans les détails, fans être appuyée fur la force du jugement, l'homme s'arrête alors à des individualités & à des bagatelles qui ne conduifent à rien —— il devient *pédant*. Si à force d'analyfer les détails, il oublie l'enfemble, fe fert des moyens comme but, épelle au lieu de parler —— il tombe dans l'affectation. Delà ces gens qui paffent leur vie à faire des collections & à raffembler des matériaux, qui pouffent l'amour de l'ordre jusqu'à l'inquiétude, qui rejettent tout ce qui eft grand & hafardé, qui mettent des entraves perpétuelles à l'efprit, qui font incapables d'envifager ou d'embraffer les objets fous un point de vue général. Rien de plus facile à reconnoître dans fon extérieur & dans toutes fes allures qu'un Pédant. Ses traits, fon maintien & fes geftes annoncent à la fois une gravité compaffée, un air contraint & ferré. Vous remarquerez furtout ce caractère dans fa bouche, qu'il ouvrira le moins fouvent poffible, & dans fes lèvres, qui collent fortement enfemble.

Lorfqu'une grande mémoire eft foutenue par une certaine mefure de jugement, elle prend quelquefois l'apparence du génie. La faculté de bien retenir ce qu'on a lu & entendu, jointe au talent d'expofer les faits avec ordre, a fouvent été confondue avec le génie même.

On pourroit comparer la mémoire à une rente viagère, à un fonds perdu qui rapporte de gros intérêts —— & le jugement à un capital folide qu'on fait valoir, qu'on place & déplace à volonté. Un homme qui a beaucoup de rentes viagères paffe pour riche, & il l'eft en quelque façon ; mais pour faire un bon commerce, il faut néceffairement des fonds.

Chapitre IV. Observations Générales sur quelques-unes de nos Facultés Intellectuelles.

Lorsqu'on fait rapporter à chaque chofe le figne arbitraire qui la caractérife individuellement, lorsqu'on établit ces fignes avec affez d'exactitude pour que l'objet indiqué ne puiffe plus être confondu avec un autre objet plus ou moins analogue, lorsqu'on eft en état de ranger & de combiner ces fignes de manière qu'ils faffent diftinguer tout de fuite entre ce qui appartient à un fujet & ce qui lui eft étranger — on peut paffer pour une *tête logique.* Une faine Logique demande la clarté & l'intenfité du regard. Si l'art du raifonnement eft pûrement mécanique ; s'il n'eft point éclairé par le goût & par la délicateffe ; s'il n'eft point accompagné de ce tact fin & fûr, qui dans les objets foumis à nos fens, discerne, tantôt leur noble fimplicité, tantôt l'unité la plus heureufement variée, tantôt une harmonie enchantereffe où il n'y a ni trop ni trop peu, où tout eft à fa place — la phyfionomie s'en reffentira d'abord, elle fera défagréable, lourde & dure. Le front & la bouche prendront-ils une forme gracieufe, quand l'esprit eft infenfible au vrai beau, quand au lieu d'approfondir les chofes, il s'en tient uniquement aux fignes? Je citerai pour exemple ces Mathématiciens abftraits qui ne fortent jamais du cercle de leurs calculs, & qui, indifférens à toute autre jouiffance de l'esprit, fe communiquent peu & rebutent par leur féchereffe. Moins on jouit, & moins on prépare de jouiffances aux autres. Auffi reconnoit-on fans peine à l'extérieur un homme intraitable dans le commerce de la vie, & on diftinguera de même ces têtes fuperficielles, trop foibles pour former des idées abftraites, & qui font confifter toute leur fcience en ce qu'elles appellent

pellent le *goût;* expreſſion dont on abuſe ſi ſouvent pour cacher un défaut de ſolidité & d'inſtruction.

La *mémoire* s'occupe des ſignes arbitraires, de la combinaiſon répétée des ſignes déjà précédemment combinés. *L'imagination* s'attache aux images, aux contours, au coloris, à la compoſition, aux attitudes. Le *jugement* recherche la ſignification des ſignes, d'abord individuellement, & enſuite dans leurs différentes liaiſons. Le *goût* discerne le beau & le laid, les accords & les diſſonances, dans les objets qui frappent les ſens. La *raiſon* démêle les cohérences & les incohérences, en remontant aux cauſes des effets. La *ſageſſe* juge des conſéquences de ce qui eſt bien ou mal combiné. *L'eſprit* apperçoit & fait ſortir des reſſemblances entre des choſes disparates, & en rapprochant les objets, il détermine par des comparaiſons ſaillantes les convenances & les disconvenances.

La raiſon, jointe à l'expérience & au preſſentiment des ſuites d'une action, conſtitue la ſageſſe ; & dans ce cas elle a pour ſignes phyſionomiques une gravité mêlée d'aſſurance & de calme, de grands traits fortement prononcés. S'aſſocie-t-elle en outre le courage, l'héroïsme, de la dextérité & du ſavoir - faire, les traits n'en ont que plus d'intenſité & de fermeté, l'air du viſage eſt plus expreſſif, il y règne d'autant plus d'harmonie & de totalité. L'eſprit eſt toujours caractériſé par le rire ou par le ſourire, dans des degrés différens. Le doux ſourire du bon esprit ajoute au regard & à la bouche des graces & un ſel qui ne ſauroient échapper à l'Obſervateur éclairé ; mais l'esprit de méchanceté, qui ſe plait à des rapprochemens malicieux, engendre un rire ſardonique qui dégénère en contorſions. De petites rides autour des yeux & de la bouche, des ſinus frontaux proéminens, & la plupart du temps auſſi le contour plus ou moins ar-

qué

qué d'un nez rabattu, peuvent nous faire foupçonner au moins des difpo-fitions à l'efprit. Comptez en même temps alors fur une imagination prompte à fe repréfenter les objets qui touchent les fens, & remarquez qu'une imagination fertile, vive & riante, admet conftamment un front qui recule par le haut.

Mais fi toutes les facultés intellectuelles dont je viens de faire l'énumé-ration fe trouvent réunies au même degré dans une parfaite harmonie, ou fi, reparties par mefures inégales, elles font concentrées par une même force prédominante, elles enfantent le *génie.* Celui-ci fe manifefte felon l'im-pulfion que la force prédominante donne aux principales facultés intellec-tuelles & fentimentales qu'elle a fubordonnées à fes loix. Cette force produit les *Artiftes,* lorsque l'esprit *gouverne les organes avec affez de fu-*périorité pour faifir avec fineffe & pour reproduire les apperçus: elle for-me les *Peintres,* quand c'eft l'imagination qui domine; les *Poëtes,* quand l'imagination & l'efprit fe livrent aux charmes de l'amour & aux réveries du preffentiment; les *Muficiens,* quand le fentiment amoureux eft affecté de préférence par l'harmonie des fons; les *génies militaires,* quand le courage eft entraîné par un penchant irréfiftible au mépris du danger, & ne con-fidère le péril que par les grands effets qui doivent en être la fuite; les *génies politiques,* lorsqu'un fens droit, jufte & prévoyant fait calculer d'a-vance les conféquences & les réfultats de fes plans, de fes démarches & de fes opérations. Nous reviendrons fucceffivement à toutes ces diftinc-tions, & nous nous bornerons pour le moment à tracer les caractères phyfionomiques de quelques facultés intellectuelles.

La raifon fe manifefte par un extérieur noble & calme, par de juftes proportions dans les parties principales du vifage.

La

Les efprits clairvoyans, doués d'une raifon fupérieure, mais qui n'ont pas affez de profondeur pour fe livrer aux abftractions, s'annoncent ordinairement par des *fronts déléphant*, c'eft à dire des fronts liffes, doucement voûtés & partagés en deux parties, dont celle du haut recule & celle d'en-bas eft avancée. L'expreffion de la raifon fe retrouve auffi dans le feu & le mouvement de grands yeux bien fendus.

La fagacité qui s'occupe plus de fignes que d'images, admet la plupart du temps, fi non des fronts qui paroiffent perpendiculaires, du moins de petits yeux enfoncés & pétillans. Des angles aigus indiquent la fineffe & la folidité du jugement, & les têtes qui brillent par l'imagination ont toujours des contours agréables & bien arrondis.

On peut ftatuer pour règle que la forme des yeux eft analogue à leur caractère. Les yeux clairs annoncent de la perfpicacité ; les yeux enfoncés, (s'ils ne font pas en contradiction avec le refte,) de la profondeur ; les yeux exactement deffinés, de la précifion ; un regard vague, de l'irréfolution.

Un petit nez pointu & d'une forme d'ailleurs élégante, fuppofe plus de jugement que de fageffe.

Celle - ci aime à fe loger dans un front fpacieux & compact. Il lui faut en même temps des paupières bien apparentes, des yeux avec des angles aigus & longs, un grand nez large qui fe voûte doucement au deffous de la racine, des lèvres bien fermées, un menton qui avance par le bas & avec une incifion.

Le courage paroît & dans l'enfemble & dans chaque partie féparée du corps, dans chaque mouvement de la main, dans chaque pas.

Vous reconnoîtrez l'homme de cabinet à fes fourcils rabattus, ou prêts à fe rabattre.

CHAP. V.

Chapitre V. du Génie.

Qu'eſt-ce que le Génie? On ne ſauroit réſoudre cette queſtion ſans être un homme de génie ; & quand on l'eſt, on ne s'arrétera pas à la définition du mot. Peut-être celui-là ſeul eſt-il en droit de la donner, qui, placé dans un juſte milieu, oſe porter ſes regards tantôt au deſſus, & tantôt au deſſous de ſa ſphère.

Je demande encore une fois ce que c'eſt que le Génie, & ce qu'il n'eſt pas? Conſiſte-t-il uniquement dans l'extrême clarté des images & des idées? Eſt-ce la ſimple connoiſſance intuitive? N'eſt-ce que la juſteſſe du coup d'œil & du raiſonnement? N'eſt-ce que la capacité de produire de grands effets, la faculté de claſſer, de communiquer & de répandre ſes notions? N'eſt-ce qu'une aptitude d'eſprit pour apprendre, concevoir & comparer avec facilité? N'eſt-ce que le ſimple talent?

Le Génie me paroît être ce que les Philoſophes Anciens appelloient leur eſprit familier.

Voir, appercevoir, concevoir, ſentir, penſer, parler, agir, inventer, écrire, chanter, créer, comparer, ſéparer, combiner, raiſonner, preſſentir, ſe communiquer, comme ſi on étoit inſpiré par un eſprit inviſible d'une eſpèce ſupérieure, ou comme ſi on étoit ſous ſa dictée — c'eſt *avoir du Génie*. Faire toutes ces choſes comme ſi on étoit ſoi-même cet eſprit d'une claſſe ſupérieure —— c'eſt *être un Génie*.

Avoir un ami riche & ſage qui nous aſſiſte de ſes conſeils dans tous nos embarras, qui nous accorde ſes ſecours dans tous nos beſoins ——

ou

ou bien, être riche foi-même & en état de pourvoir aux nécesfités d'autrui, être fage foi-même & pouvoir confeiller les autres —— voilà, felon moi, la différence qu'il y a, entre *être un génie*, & *avoir du génie*.

Par tout où vous trouverez des idées, des fentimens, des facultés, des actions & des effets, qui ne font ni copiés, ni étudiés, ni enfeignés, ni appris, vous trouverez auffi le génie.

Rien de plus facile à reconnoître, ni de plus difficile à décrire que le génie. Semblable à l'amour, on le fent mieux qu'on ne l'exprime.

Le caractère du génie, & de tous fes ouvrages, & de tous fes effets, eft à mon avis, *l'apparition*. Telle je me figure une apparition célefte. Elle *n'arrive point*, elle *eft là*; elle *ne s'en retourne point*, elle *s'évanouit*. Sa préfence ébranleroit jufqu'aux moindres de nos fibres; immortelle par fon effence, elle faifiroit ce qu'il y a d'immortel en nous —— elle continueroit à opérer fur nous, même après avoir disparu —— elle nous laifferoit dans un doux friffon, partagés entre la frayeur & la joye. Tels font auffi les effets que produit le génie.

Le génie eft le *propior Deus*.

Ou bien cherchez lui tel nom & telle définition que vous voudrez. Qu'on l'appelle fécondité d'efprit, efprit de fource, & fource inépuifable de l'efprit; énergie fans pareille, force primitive, force d'amour; élafticité de l'ame, ou des fens, ou du fyftême nerveux, prompte à recevoir les impreffions, & prompte à les rendre, après leur avoir imprégné une teinte de fa propre individualité; énergie interne, naturelle & propre; force créatrice; abondance de facultés intellectuelles intenfives & extenfives; réunion, concentration de toutes les facultés naturelles; force d'imagination qui vivifie chaque objet, qui aſſujettit tout à ſon empire; force agiſſante, qui dans tous ſes effets actifs ou paſſifs, qui dans ſon langage & dans ſon ſilence, va toujours au but, ſans le manquer jamais; vertu interne, toujours aſſez puiſſante pour ſe manifeſter au dehors; eſprit & feu central auquel rien ne réſiſte; eſprit vivifié & vivifiant qui ſent ſon principe de vie, qui le communique ſans effort & dans toute ſa puiſſance, qui s'ingère par tout avec la rapidité de l'éclair; preſſentiment de l'inviſible dans ce qui eſt viſible, de l'avenir dans le préſent; beſoin preſſant, excité par la conviction d'une énergie interne qui ſatisfait à ce beſoin; aptitude extraordinaire à combiner des rapports éloignés ſans le ſecours des rapports intermédiaires, à ſaiſir de plein vol des reſſemblances que la méditation ou le raiſonnement ne découvriroient jamais; raiſon toujours calme, quoiqu'entraînée par le torrent du ſentiment; *concours inné & inſéparable de la foi, de l'amour & de l'eſpérance.* Enfin ſi toutes ces définitions ne vous ſuffiſent ou ne vous ſatisfont pas, choiſiſſez en de plus ſimples. Appelez le génie le don de l'invention, l'inſtinct de l'homme libre & pur; adoptez telles dénominations & telles deſcriptions que vous voudrez & pourrez — le *Génie* conſiſtera toujours dans cette faculté divine & interne qui ne s'acquiert ni par l'étude, ni par emprunt, ni par imitation, puisqu'elle eſt une propriété innée. Le Génie tient de *l'inſpiration.* C'eſt là le caractère que toutes les nations, que tous les ſiècles lui ont attribué, & il portera ce caractère tant qu'il y aura des hommes qui ſauront penſer, ſentir & parler. Le Génie paroît comme l'éclair. Il crée ſubitement, ſans rien préparer & ſans être préparé lui-même. Il réunit ce que perſonne n'eſt parvenu encore à réunir, il ſépare ce que perſonne n'eſt en état de ſéparer. Il voit, il entend, il ſent, il reçoit & communique d'une manière qui s'annonce auſſitôt comme inimitable, & que tout autre déſeſpère d'atteindre. Ses productions, uniques dans leur genre, ne ſauroient jamais être égalées. Elles ſont immortelles, comme l'étincelle divine dont elles émanent. Le *vrai Génie* n'a d'autre origine que Dieu même, d'autre ſource que la lumière éternelle. Tôt ou

tard

tard on le reconnoît, on lui rend juftice, on lui imprime le fceau de l'immortalité —— mais tôt ou tard auffi le temps démasque & apprécie à fa jufte
valeur le *faux Génie*, qui féduit les ignorans, qui eft tout au plus l'effet du
talent, de l'étude & de l'imitation, qui n'eft que factice, qui n'eft point
l'efprit vivifié par l'efprit, qui ne coule point de fource, qui ne porte point
l'empreinte de l'homme intérieur, qui ne conferve pas l'image d'une énergie cachée, & n'en eft que l'avorton. Parcourez les rangs de ceux qui chez
toutes les nations & dans tous les fiècles ont remporté unanimement le titre
de Génie —— ces Auteurs fublimes dont les ouvrages & les réfultats paffe-
ront à la poftérité la plus reculée, qui vivent de génération en génération,
qui ne fauroient être méconnus ni effacés, qui ont réfifté & qui réfis-
teront à tous les orages. Citez un feul d'entr'eux qu'on eût nommé
Génie, s'il n'avoit fenti, proféré, compofé, donné & créé des chofes ori-
ginales, tirées de fon propre fonds? L'inimitabilité eft le caractère du génie
& de fes réfultats, comme elle eft le caractère des œuvres & des réfultats
de la Divinité. Tout ce qui tient au Génie eft inimitable, eft l'affaire du
moment, eft une révélation, une apparition, un don, un preffentiment
heureux qui fe trouve là fans intention ni defir, que nous nous découvrons
fubitement, fans favoir ni pourquoi, ni comment. C'eft une influence fupérieure qui émane ou de Dieu, ou du Démon.

Il y a mille objets dans la nature qui peuvent nous affecter, aiguifer
nos facultés, attirer nos goûts, vivifier notre foi, notre énergie, notre
efpérance —— mille objets fur lefquels l'efprit créateur de l'homme peut
s'exercer, mille branches que l'efprit humain peut embraffer —— & voilà
ce qui conftitue les différentes efpèces du Génie.

Le monde vifible & invifible eft de fon domaine. L'univers eft pour
lui plein de phénomènes. Le Génie eft fufceptible de toutes les impreffions
directes; mais de quelque efpèce qu'il foit ou qu'il puiffe être, fon effence

& fon caractère le mettent toujours au deffus de l'Art, au deffus du favoir & du talent: il ne fubfifte que par lui-même. Sa marche a l'effor de l'aigle, l'impétuofité de l'orage, la rapidité de l'éclair. L'efprit étonné fuit fes élans, entend fon bruit, & admire fes grands effets ⸺ mais il n'apperçoit ni fon origine, ni fa deftination, ni fes traces.

Génie! nom fouvent profané, furtout dans le fiècle préfent, fi fertile en faux Génies! Mais qu'eft-ce que le nom fans la chofe? Chaque petit talent en cite un plus petit encore, qui à fon tour fe glorifie d'avoir fes fubalternes, & tous ces efprits médiocres ufurpent une qualification téméraire. Que de peines ils fe donnent pour prendre un vol forcé & mal-foutenu! comme ils étalent leur favoir! que d'admiration, que d'encens ils fe prodiguent les uns aux autres! Mais leur règne eft de peu de durée ⸺ le foleil fe lève, fe couche ⸺ & ils ont difparu.

Vrais Génies! vous les flambeaux de l'Univers, le fel de la Terre! Images de la Divinité, doués comme elle d'une force créatrice! Tréfors de votre fiècle, aftres qui diffipez les ténèbres & qui répandez par tout la lumière! Efprits fublimes, qui créez & détruifez à votre gré & les Dieux & les hommes ⸺ Dépofitaires des fecrets les plus facrés ⸺ Interprêtes de la Nature ⸺ vous qui prononcez des chofes ineffables, vous les Prophêtes, les Lévites & les Rois de l'Univers ⸺ vous que la Divinité a formés & organifés pour la révéler, pour révéler la force & la fageffe de fa création, l'immenfité de fa bonté, & la majefté de fes œuvres, & leurs rapports avec la fource éternelle, principe & dernière fin de tout ce qui exifte ⸺ c'eft de vous, Génies, que je parle, c'eft à vous que je m'adresfe. Dieu vous a-t-il marqués d'un fceau? & quel eft celui qu'il vous a imprimé? Dites nous quelle eft votre forme, quels font vos traits, vos geftes, vos attitudes? Qu'eft-ce qui vous diftingue du refte des mortels que vous laiffez de côté à droite & à gauche? Vous portez un figne caractériftique, riſtique, rien n'eſt plus vrai: il ne s'agit que de le trouver.   La Nature comprend le langage de la Nature, & le Génie preſſent le Génie.   L'Artiſte fait démêler le regard de l'Artiſte, de même qu'on voit un Fanatique ſe laiſſer attirer par un autre Fanatique.   Le Génie, ſans s'arrêter aux comparaiſons, ni aux raiſonnemens, ni aux réflexions, ſent l'approche du Génie ; dès la première rencontre ils ſe reconnoiſſent, ſoit par la force de l'attraction, ſoit par une répulſion irréſiſtible.   Telle eſt la nature des Génies, de même qu'il eſt de la nature de l'aimant d'attirer par un de ſes poles & de repouſſer par l'autre.

En parcourant les claſſes générales du Génie, on trouve pour chacune des marques diſtinctives qu'on peut étudier & indiquer, des ſignes déterminés & déterminables.   Je ne prétends pas les avoir ſaiſis tous; je ne ſuis pas même capable d'établir les principaux, mais je rapporterai du moins mes foibles apperçus.

Il eſt une infinité de contours & de traits dont on peut dire avec certitude qu'ils n'appartiennent point au Génie, qu'ils ſont incompatibles avec lui.   Tels ſont toutes les formes de viſage que j'ai citées dans le Chapitre de la Stupidité d'Eſprit, toutes celles qui ſont ou trop perpendiculaires ou trop arrondies.   D'un autre côté il y a des traits & des contours qui nous arrachent au premier coup d'œil ce cri d'admiration : Le voici ! Quelquefois auſſi le front ſeul, pris excluſivement, décèle le génie par une coupe tout à fait particulière, mais il faut un tact des plus exercés pour la reconnoître.

Au reſte quelque ſoit le Génie, ſon caractère, ou ſa trempe, c'eſt toujours par l'œil qu'il ſe manifeſtera le plus.   Cherchez le dans le regard proprement dit, dans le feu qui l'anime, mais ſurtout dans le contour de la paupière ſupérieure, priſe en profil.   Au défaut de toute autre marque

D 3

diſtinctive,

diſtinctive, je m'en tiendrai toujours à celle-là; elle ne m'a jamais trompé.
Je ne crois pas avoir vu l'homme, quand je n'ai pas vu ce contour. Que
ce ſeul trait ſoit poſitif & déciſif, peu m'importe le reſte. S'il m'arrive
quelquefois de manquer de temps ou d'occaſion pour étudier une phyſionomie en plein, j'obſerve au moins la paupière ſupérieure. Souvent même
elle me ſuffit pour indiquer en gros, mais avec aſſez d'exactitude, la maſſe
des facultés intellectuelles d'un enfant, quelle que ſoit ma répugnance à
porter un jugement ſur un viſage qui n'eſt pas entièrement développé. Et
ce trait cependant eſt encore du nombre de ceux que les Deſſinateurs négli-
gent impitoyablement la plupart du temps; & voilà pourquoi il eſt ſi difficile de ſe faire une juſte idée de l'original par des portraits, quelques reſſem-
blans qu'ils paroiſſent.

S'il eſt vrai, comme je l'ai conſtamment expérimenté moi-même, que
le Génie voit toujours en Génie, ſans en venir juſqu'à l'obſervation, c'eſt
à dire qu'il voit ſans s'y préparer d'avance; s'il eſt vrai qu'il a le *don de
la perception*, que ſes apperçus les plus profonds & les plus exacts ſe font
de plein vol, (ſauf enſuite au jugement à les épurer & à les rectifier); s'il
eſt vrai que le Génie *trouve ſans chercher*; que d'après une de nos expres-
ſions précédentes, le Génie *eſt-là, ſans arriver*; qu'il *diſparoît, ſans qu'il
s'en retourne*; que ni le jugement le plus pénétrant, ni l'imagination la plus
vive ne ſuffiſent pour faire le génie; que celui-ci n'eſt qu'un ſimple *coup
d'œil*, un regard électrique & concentré qui raſſemble toutes les facultés de
l'ame, on peut en conclure, & je crois même *a priori* „ que ſi jamais
„ l'empreinte du Génie eſt viſible, c'eſt dans la paupière ſupérieure."
Non que ce ſoit là ſa place excluſive; au contraire, il s'étend à chaque
muſcle & à chaque fibre, il bat dans chaque artère; mais je dis en même
temps que s'il ne paroît pas dans la paupière, il ne ſe montrera nulle part
ailleurs. Ce n'eſt au reſte que par une longue expérience qu'on apprend
à démêler les inflexions ſouvent ſi prodigieuſement diverſifiées de ce contour,

&

& tel grand Deſſinateur qui n'a pas fait une étude ſuivie de cette partie, aura bien de la peine à ſaiſir & à rendre toutes ſes nuances.

Un mot encore du regard de l'homme de génie. D'abord j'y diſtingue une particularité qui n'eſt ni bien fréquente, ni bien ſenſible, & qui pour être plus rare, n'en eſt que plus difficile à reproduire par le deſſin. Indépendamment de ces traits de feu, de ces traits perçans & rapides qui s'expliquent en quelque ſorte par la forme de l'œil, celui du Génie a des *émanations*. Qu'elles ſoyent réelles comme celles qui découlent de la lumière, ou qu'elles réſultent uniquement du mouvement des matières que nous appellons lumière, fluide magnétique ou électrique, il n'en eſt pas moins vrai que l'œil du Génie ſemble avoir des émanations qui agiſſent phyſiquement & immédiatement ſur d'autres yeux. Je ne parle point d'émanations ſubſtantielles, ce ſeroit une abſurdité. Je prétends tout auſſi peu déterminer la nature de ces émanations; mais je rapporte une choſe de fait qui a preſque paſſé en proverbe, qui eſt conſtatée par l'expérience, & qui ne ſauroit être révoquée en doute par quiconque admet une différence des couleurs. S'il eſt décidé que chaque corps réfléchit la lumière d'une façon qui lui eſt particulière, qui tient à ſon eſſence, ou qui du moins en rappelle l'affinité, il faut donc auſſi que chaque œil donne à ſes rayons les directions & les vibrations qui lui ſont propres; & par conſéquent les rayons qui partent de l'œil du Génie doivent produire des ſenſations plus fortes que n'en produiroit un œil ordinaire. Je retrouve l'indice de cette eſpèce de regard vivifiant dans les portraits du *Cardinal de Retz*, de *van Dyk* & de *Raphaël*. Le regard du Génie dans ſon plus beau foyer, eſt irréſiſtible, inconteſtable, miraculeux, divin. Tous ceux qu'il frappe plient le genou devant lui; ils baiſſent les yeux & lui rendent hommage.

Le vrai Génie, dans toute ſa force, répand la clarté par tout où il lance ſes regards; il domine par tout où il porte ſes pas; il attire & repouſſe à ſon

gré;

gré; il peut ce qu'il veut, & ne veut que ce qu'il peut; mais au plus haut degré de son élévation, il se croit encore petit, parce qu'il voit encore au dessus de sa sphère un monde de génies, de forces supérieures & de grands effets; plus il prend l'essor, & plus il découvre l'immensité des espaces qui restent à franchir. Le Génie jette ses racines en terre, semblable à cet arbre du rêve de Nabuchodonozor qui rassembloit sous l'ombre de ses vastes branches les animaux des champs. Le Génie tend toujours à s'élever, & tous les efforts contraires ne réussiroient point à l'écraser. Il terrasse le flatteur, il méprise ses détracteurs, il rit de ses calomniateurs avec la sécurité du riche qu'on cherche à décréditer. Ce génie sublime dont je parle, ce génie dominateur, qui, semblable aux gardiens sacrés de Daniel, est un sûr conseil dans tous les cas douteux ⸺ ce génie primitif dont chaque pensée est une intuition, chaque sensation une action, & qui dans toutes ses opérations est irrésistible, inextinguible ⸺ ce génie porte son caractère principal, son empreinte céleste, non-seulement dans le haut de la tête, dans le front, dans l'œil & dans l'expression du regard; mais vous le reconnoitrez particulièrement à la racine du nez, lorsqu'elle est large, plus ou moins arrondie, resserrée & proéminente au dessus de sa voûte. „ C'est ici, dit un de nos Ecrivains Allemands, c'est ici où logent les gran-
„ des afflictions, allégées par la force majeure qui fait les supporter & les
„ vaincre; c'est ici qu'habite une énergie concentrée & toute la plénitude
„ de l'esprit".

J'ai cependant vu des hommes de génie qui n'avoient pas ce trait, ou pour mieux dire, qui avoient la racine du nez excessivement foible, mais leur génie étoit aussi d'un autre genre. Quelle que fut leur énergie naturelle, c'étoit moins une substance interne, solide & profonde, qu'une grande tension. Leur caractère étoit ordinairement plus sensuel, plus irritable, & laissoit entrevoir des côtés foibles. ⸺ Ils l'emportoient sur ceux de la première classe, par le calme & le sang-froid du jugement, par le don de
l'abstraction,

l'abſtraction, par l'eſprit d'analyſe; ils ſe répandoient davantage, ils avoient plus d'imagination que de ſenſibilité, plus de bon ſens que de brillant, plus d'irritabilité que d'énergie ⸺ ils attiroient plus qu'ils ne repouſſoient.

Le génie intenſif, qui agit ſur un ſeul point, ſe diſtingue par la force du ſyſtême oſſeux, par des chairs fermes, par la péſanteur & la ſimplicité des mouvemens, par la ſolidité des nœuds frontaux, par des fronts qui approchent de la perpendiculaire.

Au contraire, les génies extenſifs qui embraſſent une plus grande étendue, admettent des formes plus douces & plus alongées, des chairs plus molles; leurs fronts ſont plus penchés, ſans retomber pourtant nonchalamment en arrière.

Tous les génies, ſoit intuitifs, ſoit ſenſitifs, ſoit actifs ⸺ tous les génies poſſibles en un mot, peuvent être rangés, ſi je ne me trompe, en trois claſſes. Ce ſont, ou des génies de détail, ou des génies d'enſemble, ou des génies qui embraſſent à la fois l'enſemble & le détail.

ı, L'eſpèce de ſens inſpiré, l'énergie inimitable, qui fait iſoler & abſtraire chaque objet individuel, le génie de détail, qu'on appelle communément génie d'Artiſte, (dont les papillons & les lézards de *Hamilton*, & les têtes de *Tenner*, peuvent nous donner une idée,) retrouve ſes lettres de nobleſſe dans la pénétration du regard, dans l'enfoncement de la paupière ſupérieure, dans l'intenſité de ce coup d'œil frappant, qui, ſans avoir rien d'attractif, rappelle les yeux des oiſeaux de proye ⸺ enfin dans des traits concentrés & fortement deſſinés. Les Peintres & Artiſtes d'Augsbourg & de Nuremberg offrent une multitude d'exemples de cette claſſe de génies.

2, L'efpèce de fens infpiré, l'inimitable énergie, qui embraffe de vaftes champs, des tableaux entiers, des maffes réunies — le génie d'enfemble qui paffe & méprife les détails, eft caractérifé par de plus grandes formes & des traits plus hardis. Tels font les vifages de *Rubens*, de *van Dyk* & de l'*Efpagnolet*.

3, L'efpèce de fens infpiré, l'inimitable énergie, qui faifit à la fois l'enfemble & les détails; ce fentiment complet de la nature, créé, formé & dicté par elle —— le vrai génie, le génie dans toute fa pureté —— où eft-il? où en font les exemples? où trouver ces êtres privilégiés qui d'un même coup d'œil engloutiffent l'enfemble, & épluchent chaque détail? Faut-il les chercher dans la fphère des Artiftes, des Poëtes, des Philofophes, des Héros? Qu'ils fe montrent pour que je deffine leurs traits & leurs fignes infaillibles! Je ne connois que deux modèles, dignes d'être cités comme tels, mais je n'ofe les nommer, ni placer ici leurs têtes —— parce qu'ils font mes amis, & pour ne point faire de mon Ouvrage le *charnier de mes amis*, comme l'un d'eux me l'a reproché. Ce qu'il y a de certain, c'eft que le génie de ces deux hommes doit s'exprimer dans toute leur exiftence, dans leur forme, dans leurs mouvemens, dans leur démarche, dans chaque partie du corps, dans chaque mufcle & dans chaque nuance. Ne croyez pas que le caractère de leur efprit reparoiffe dans un trait détaché, dans un regard fugitif, dans un ton, dans un pas, échappés au hafard. Non, tout eft harmonique & animé, vivifié par une même vie. Leur forme eft en même temps folide & mobile, leur regard vafte & tranchant, microfcope & télefcope à leur choix, tantôt divergent, tantôt convergent, rapide & lent tour à tour. Leur teint eft d'un pâle jaunâtre, ou d'un violet tirant fur le rouge, jamais blanchâtre, ni laiteux, ni d'un rouge foncé, mais fouvent changeant & mobile. Leur démarche eft alternativement

ment légère ou ferme, ils voltigent ou ils marchent d'un pas affuré, ils volent ou ils font immobiles.

Les génies de la Vertu & de la Religion —— qui preffentent la vertu partout où elle fe trouve, qui la dévancent jusques dans fon fanctuaire, qui font actifs & paffifs dans un cercle inacceffible au favoir & aux préceptes de l'école, qui découvrent au dedans d'eux & hors d'eux des facultés, des difpofitions, des effets, dont les noms font étrangers au langage —— qui fentent, voyent & opèrent des chofes qu'aucun œil n'a vues, qu'aucune oreille n'a entendues —— Génies de la Religion, Elus du Père Célefte, auxquels eft préparé l'Empire Eternel depuis l'origine du monde, vos noms & le fceau divin empreint fur votre front, ne font connus qu'à ceux qui participent à votre gloire.

⁕   ⁕
⁕

CHAPITRE VI. Du Sens Physiognomonique.

Tout homme qui a le fens de la vue, eft auffi doué d'une certaine mefure de fens phyfionomique ; & de même qu'il diftinguera au premier coup d'œil, fans le moindre raifonnement, le blanc du noir, il difcernera auffi de prime abord, fans raifonnement & fans abftraction, les bonnes & les mauvaifes phyfionomies, celle du fage & celle de l'imbécille. Rien ne prouve mieux le caractère divin de notre Science que cette univerfalité interne & innée, qui l'identifie en quelque forte avec la nature humaine.

Raffemblez tous les Sophiftes du monde; qu'ils s'épuifent en démonftrations pour vous prouver „ qu'il n'y a point de Phyfiognomonie, que la face „ de l'homme eft trompeufe, qu'il faut juger les actions & non le vifage ”, vous les en croirez peut-être fur parole, ils vous perfuaderont peut-être

un

un inftant ⸺ mais rentrez dans le cercle de la fociété, ouvrez les yeux; & vous oublierez bientôt la doctrine du Sophifte, & vous céderez dere-chef à la vérité. Il en eft du fens phyfionomique comme du fentiment moral. On a beau vous difputer celui-ci; vous voyez un homme fauver fon femblable d'un péril imminent aux risques de fa propre vie ⸺ & vous riez de l'idiot, & vous plaignez le barbare, qui fe moquoient de vos principes.

Toutes les créatures fans exception ont un fens, un preffentiment phy-fionomique: il appartient à l'enfant, à l'imbécille, à l'animal, à l'in-fecte.

Ce fentiment eft un lien qui réunit tous les êtres vivans. Je l'ai déjà dit cent fois, & je le répète encore, ne nous arrêtons pas au nom; il eft inutile de s'en mettre en peine. Si celui de *fens* ou de *fentiment* vous déplait, choififfez en d'autres, *faculté de preffentir*, *inftinct*, *fympathie & apathie naturelles*, *jugement involontaire ou naturel* ⸺ n'importe comment vous l'appellerez; mais la chofe exifte, & fut-elle même fans nom, elle n'en feroit pas moins empreinte dans nos cœurs.

Je vais plus loin, & je crois que cette efpèce de fens ne nous a pas feu-lement été donné pour le préfent, mais auffi pour le futur; qu'il nous ap-prend même à connoître les caractères qui ne font pas encore développés. Nous preffentons également ce que l'homme eft, ce qu'il fera, & ce qu'il ne fera pas. Nous favons d'avance de quelle manière, avec une telle phyfionomie, il jugera, agira, fouffrira, dans tel cas donné. Peu de per-fonnes, j'en conviens, auront le courage de s'expliquer fur cette matière, faute de l'avoir fuffifamment approfondie, & cependant effayez de prédire à des gens fainement organifés ce qu'ils ont à attendre de certaines phyfio-nomies, ils foufcriront, j'en fuis fûr, à votre décifion, ces mêmes phyfio-

nomies

nomies fuſſent-elles entièrement neuves pour elles. Entendons-nous malgré cela. Il y a mille choſes qui ne ſauroient être preſſenties ; mais une
infinité d'autres le feront, au point que l'obſervateur le moins phyſionomiſte & le moins inſtruit dira tout de ſuite: „ oui, il en ſera ainſi ; '' ou
bien, ſi cette propoſition vous paroît encore trop hardie, vous m'accorde-
rez pourtant qu'il eſt aiſé de prédire en bien des cas, „ de quoi certai-
„ nes phyſionomies *ne ſont pas capables*''.

Le génie phyſionomique preſſentira dans le jeune garçon le héros futur, l'homme ſouverainement vertueux ou vicieux, un fainéant ou un
esprit infatigable, l'étourdi ou le ſage; c'eſt à dire qu'il preſſentira ce que
l'enfant deviendra dans de certaines conjonctures favorables ou défavora-
bles. Le connoiſſeur philoſophe parcourra rapidement cent ſituations diverſes qui pourront convenir ou ne pas convenir à la phyſionomie qu'il
étudie : il ne dira pas „ voilà ce qu'elle ſera néceſſairement;'' mais bien,
„ voilà ce qu'elle pourroit être''.

Non ſeulement le Phyſionomiſte exercé, mais auſſi le génie phyſionomique, & avec de certaines reſtrictions tout individu quelconque, pourra ſe faire une idée du caractère futur & de la façon d'être d'un ſujet
donné.

Plus nous avons de *preſſentiment*, de préſages, de juſteſſe de tact, ſur le
caractère de l'homme, & plus nous pouvons être ſûrs de notre génie phyſionomique. J'appelle *juſteſſe de tact*, le tact qui eſt confirmé par l'expérience, & dont le raiſonnement peut enſuite au beſoin indiquer les ſignes,
les ſubſtances & les ingrédiens. Faute de mieux, je me ſers toujours encore du mot *preſſentiment*, & j'entends par ce terme le ſentiment d'une
choſe préſente qui n'eſt pas encore viſible ; le ſens de l'esprit de la
choſe.

E 3

Ce

Ce n'eſt pas que le vrai Phyſionomiſte néglige le calme de la réflexion qui anatomiſe les détails; tant s'en faut; mais le *génie phyſionomique* commence par fixer les premières ſenſations rapides qui dévancent le raiſonnement: il ne ſonge pas d'abord à les rectifier, il s'attache ſeulement à les déterminer, à les analyſer, à les réſoudre en ſignes : il craint de gâter le ſentiment qu'*il* éprouve, il ne cherche qu'à le perfectionner.

Le génie phyſionomique ne ſe borne pas à preſſentir ce qui exiſte effectivement, il pénètre auſſi ce qui n'exiſte pas & ce qui pourroit exiſter néanmoins: il voit ce que l'homme peut devenir & ce qu'il deviendra, ce qu'il ne ſera pas & ce qu'il ne pourra jamais être: il connoit ce que dans telle ſituation & dans telle circonſtance chaque individu fera ou ne fera pas, dira ou ne dira pas. Il déméle dans chaque viſage les traits factices & hétérogènes qui s'y ſont gliſſés, & dans chacun de ces traits il apperçoit les actions qui en réſulteront, & qui jusqu'ici n'ont pas encore eu l'occaſion d'éclater. Il peut donc y avoir auſſi une *Phyſiognomonie prophétique,* c'eſt à dire que le génie prévoit les événemens qui ſont une conſéquence naturelle du caractère. Ainſi en diſant „ voilà une phyſionomie pati„ bulaire", il ne prétend dire autre choſe, ſi non „ qu'il découvre ſur „ cette phyſionomie des paſſions, des intentions & des penchans, qui „ pourront conduire à des actions dignes du dernier ſupplice". Vous n'exigerez pas qu'il prédiſe auſſi la nature du crime, qu'il en ait une idée claire & nette; mais ne ſoyez point ſurpris ſi vous l'entendez s'écrier: „ celui-„ ci eſt fait pour le trône, celui-là pour la potence". Sa prédiction ne s'accomplira pas toujours, & cependant ſon preſſentiment peut être juſte; l'homme mérite ſouvent, en bien & en mal, ce qui ne lui arrive pas.

Le génie *preſſent,* ce qui ſignifie en d'autres termes qu'il dévance l'obſervation. Comme génie, il n'obſerve pas, il voit, il ſent. N'allez pas

iſoler

ifoler cette idée, avant d'en avoir faifi le véritable fens. L'obfervation explique & accrédite ce que le génie *ne fe foucioit pas* d'obferver, ce qu'il vouloit fimplement appercevoir. Il transmet fes découvertes par le moyen des obfervations, mais confidéré abftraƈtivement, il fe borne à voir, à fentir, à preffentir. On parvient à l'obfervation par l'étude, on l'enfeigne même à quiconque eft en état de bien voir; mais il s'en faut de beaucoup qu'on apprenne à voir à tous ceux qui ont des yeux —— & par confé- quent bien moins à ceux qui n'en ont pas.

Je connois des génies phyfionomiques qui n'ont aucun esprit d'obferva- tion, qui ne favent pas comparer les objets, ni les envifager fous leurs différentes faces, qui ne font pas capables de trouver ou d'abftraire l'esprit de la chofe. Leur premier coup d'œil eft celui de la découverte; ils pres- fentent en quelque forte de prime abord le bon & le mauvais de l'homme. Je les ai fouvent priés de m'indiquer, de m'expliquer les traits particuliers qui leur fervoient à développer le caraƈtère avec tant de rapidité & de jus- teffe; mais ils n'avoient point de réponfe à me donner, & je le conçois. La lumière nous réjouit & nous recrée, fans que nous cherchions à nous rendre compte de fon influence falutaire; l'obfcurité nous attrifte & nous déplait, fans que nous remontions aux caufes de l'averfion qu'elle nous infpire —— & de même à peu près certains vifages réjouiffent ou affligent le génie phyfionomique, l'homme dont le taƈt phyfionomique eft jufte & fain, irritable & pur, fans qu'il puiffe déterminer avec précifion chaque trait fé- paré. J'avoue que toutes nos facultés doivent être excitées & exercées pour arriver au développement & à la maturité. Le preffentiment ne peut pas fe paffer non plus de ces reffources, & l'obfervation fera toujours fon meil- leur aliment. Mais de même que le principe de la vie doit précéder la nourriture qui l'entretient, de même auffi le génie doit dévancer l'obfer-

vation.

vation. Le génie eft, à mon avis, une large mefure de ce fentiment vif qui faifit promptement les caractères de la nature, & qui ne fauroit être acquis ni donné. J'en poffède une très petite dofe; mais à force de l'exercer & de l'étayer par des obfervations, je l'ai déjà confidérablement aiguifé & affermi, & ce qui eft fingulier, c'eft qu'il y a certaines efpèces de phyfionomies dont je devine le caractère fur le champ, fans que je fache pourquoi, fans que je les aye vues ni connues auparavant; tandis qu'il m'en coûte une peine infinie à déchiffrer d'autres vifages qui me font expliqués enfuite par des Phyfionomiftes beaucoup moins habiles que moi. Je fuis donc tenté de croire qu'il exifte pour chaque individu une efpèce particulière de phyfionomies auxquelles fon tact exclufif fe connoit de préférence, & que fon impulfion eft appellée à juger comme fi elles lui étoient foumifes par un monopole.

⁎　　⁎
⁎

CHAPITRE VII. Arts et Artistes.

Les Beaux-Arts confiftent dans l'imitation de la nature, & par conféquent l'Artifte eft l'Imitateur de la nature. Plus il réuffit à la reproduire jufqu'à l'illufion, & plus il excelle dans fon art; plus fon modèle eft fublime, & plus fes copies le font auffi.

Pour être bon Artifte, il faut

1, être à portée de confulter la nature, & furtout la belle nature;

2, avoir une vue bien organifée,

3, du coup d'œil pour obferver la nature;

4, une ame pour la fentir,

5, de

5, de l'énergie dans l'exécution, & par conféquent la fermeté, la mobilité & la facilité de la main,

6, de bons inftrumens,

7, trouver enfin les occafions de fe diftinguer, des encouragemens,
& des circonftances favorables.

1, La nature — la belle nature — forme pour ainfi dire l'Artifte dans
fon fein, & l'Artifte qu'elle a formé la reproduit enfuite d'après lui-même.
Elle eft autre à Londres, autre à Amfterdam, autre dans le fanctuaire des
Alpes, autre dans les fables du Brandebourg, autre à Athènes & autre à
Rome. Telle la nature, tel fon imitateur. Jamais le Peintre Suiffe ne
l'emportera fur la majefté de fes montagnes & de fes cataractes ; jamais le
Peintre Italien ne fera fupérieur aux belles formes dont fa nation lui pré-
fente le modèle.

2, On ne fauroit bien rendre la nature, fans l'avoir bien vue. L'Artiste doit donc avoir de bons yeux, parfaitement fains, mobiles & fimples,
qui puiffent fupporter le grand jour & percer les vapeurs.

3, Il lui faut enfuite du coup d'œil pour l'obfervation. Il y a des millions d'yeux qui voyent bien ——— & qui n'obfervent pas. On trouve
au contraire des yeux médiocres, qui font bons obfervateurs, & d'autres
qui avec le regard de l'aigle ne le font pas. A tout prendre cependant,
un œil vif & perçant eft mieux fait pour l'obfervation qu'une vue foible.

Mais qu'eft-ce proprement qui donne à ces yeux, ou médiocres, ou
bons, leur efprit d'obfervation ?

4, C'eft le fentiment & l'amour.

A cela vous m'objecterez que les caractères froids font pourtant les meilleurs obfervateurs —— & je vous répondrai oui & non à la fois. Ils fe-

ront infenfibles & froids, fi vous voulez, pour tout au monde, excepté pour l'objet qui les aura captivés. Un objet qu'on examine avec attention, qu'on fixe pour l'étudier, intéreffe par là même: il agit fur le fentiment, il affecte les fibres & les nerfs. La nature nous apprend que l'amour eft un obfervateur clairvoyant — & l'amour eft-il autre chofe qu'une fympathie, qu'un accord connu ou inconnu avec l'objet qui nous attache? Quelquefois la haine produit les mêmes effets que l'amour; mais auffi elle n'eft au fond que l'amour des défauts d'autrui, le malin plaifir que nous caufent fes imperfections. L'obfervateur le plus attentif de nos fautes ne le devient que par la fatisfaction qu'il trouve à les épier. Donc il me paroît conftaté que l'ame des beaux-arts eft toujours l'amour, le plaifir que nous prenons aux perfections ou aux imperfections de la nature. L'amour du beau forme les *Raphaël*; le goût des carricatures, les *Hogarth*; mais de toute façon l'art ne peut exifter fans amour: il fe nourrit du fentiment, il a befoin d'être touché, & l'Artifte le plus farouche doit éprouver, quoiqu'il en dife, une certaine délicateffe de fentiment, un fentiment élaftique, pour l'objet qui l'occupe.

Il faut encore, 5, de l'énergie dans l'exécution, & par conféquent la fermeté, la mobilité & la facilité de la main. Ne vous inquiétez pas, tout cela viendra. L'énergie eft en rapport avec le fentiment. Le même nerf qui tresfaille dans votre poitrine à l'afpect de l'objet aimé, conduit auffi la main. Vérité des plus importantes, il n'eft point de fentiment fans énergie. La mefure de l'un décide auffi la mefure de l'autre, décide au moins les difpofitions de cette énergie; & quand même elle ne feroit pas encore développée, le fond y eft pourtant, & il eft fusceptible de développement. Le fentiment hauffe & baiffe avec l'énergie, & l'énergie hauffe & baiffe avec le fentiment. Mais, direz-vous, pourquoi voyons-nous tant d'obfervateurs qui fentent avec fineffe, & qui n'ont pas la force de reproduire leurs apperçus? C'eft qu'ils manquent de la mobilité & de la facilité qui ne
s'acquiè-

s'acquièrent que par l'usage. L'amour raccourcit sans doute les distances d'une longue route, il en applanit les difficultés, mais avant d'entrepren-dre le chemin qu'on se sent la force de parcourir, il faut avoir l'habitude de marcher. La facilité est une force développée, exercée & dégagée par l'usage. Si dès son enfance le jeune garçon prenoit le crayon, s'il s'ac-coutumoit à esquisser l'arbre, le rocher, auxquels il met sa première affec-tion, qu'il choisit pour ses confidens, avec quelle rapidité son énergie sui-vroit son sentiment! Elle ne l'atteindroit pas à la vérité ——— tout aussi peu que les lignes de la nature égalent en pureté les lignes de la géométrie —— mais cette énergie croitroit du moins dans une proportion admirable avec le sentiment; elle en approcheroit.

Et vous, hommes vulgaires, donnez ensuite à l'Artiste, 6, de bons in-strumens, du papier, des crayons, des pinceaux & des couleurs bien choisies, des chambres bien éclairées ——— & Dieu se chargera de lui fournir

7, les occasions de se distinguer, des encouragemens & des circonstan-ces favorables, qui achèveront de le former. Le talent vient avec l'em-ploi, dit le proverbe, mais selon les règles de la Physiognomonie le talent dévance la vocation. Elle lui garantit l'occasion de s'exercer, un cercle à parcourir, un champ à cultiver & des fruits à recueillir. L'observation & le pressentiment me l'ont toujours démontré, le fort de l'homme suit sa physionomie. L'Artiste-né, ou pour mieux parler, l'Artiste dont le senti-ment est délicat, élevé, rapide, profond & durable, l'Artiste qui l'est en vertu de son organisation & de sa conformation, trouve toujours ce qu'il cherche. Frappez, & l'on vous ouvrira; mais soyez autorisé à demander l'entrée, & ne vous rebutez pas si on vous laisse attendre. L'amante com-prend le langage de l'amant, elle lui répond, elle le prévient ——— & la nature n'accueilleroit, ne récompenseroit-elle pas l'art qui cherche tant à lui plaire? Celui-ci à son tour est encouragé par la Providence, ou en d'autres termes, Dieu lui-même développe le talent qu'il féconde, qu'il a éveillé le premier. Il y auroit tout autant de folie à demander pourquoi *Raphaël* est devenu un grand peintre, que de demander pourquoi les objets visibles ont été créés pour la vue? L'Artiste est tout œil, & son regard est épuré par le sentiment. Les grands objets ne sont donc à ses yeux, que ce que la poussière est aux yeux de la taupe. Chacun devient ce qu'il doit être, & Dieu achève ce qu'il a commencé. La physionomie de l'Artiste donne l'impulsion à son sort, à son art, & ces trois choses se développent l'une par l'autre. Bien entendu cependant qu'il ne s'agit pas ici du sort heureux ou malheureux de l'Artiste dans la vie commune. Nous parlons uniquement du sort qui doit le former, qui doit influer sur son talent, & dans ces cas, nous le savons assez par expérience, l'école de l'adversité est souvent bien plus instructive & plus efficace que celle de la prospérité.

D'après les observations que j'ai recueillies, l'œil & le front me semblent être les traits physionomiques les plus décisifs de l'Artiste. Souvent ce sont les yeux seuls, c'est à dire, que cette partie est la plus frappante & la plus caractéristique.

Les grands maitres de l'art ont d'ordinaire l'œil bien fendu, brillant d'une douce lumière, & plus ou moins langoureux; avec cela un contour fortement prononcé, qui dans un simple buste de plâtre, sans être colorié ni éclairé, paroitroit encore entreprenant & hardi.

L'ouvrage est analogue au regard de l'ouvrier. Le Physionomiste retrouve les yeux de l'Artiste dans ses productions, & ses productions dans ses yeux.

L'œil de l'Artiste qui excelle dans les détails, a presque toujours la paupière

pière fupérieure reculée.   Avec une paupière languiffante qui s'affaiffe doucement fur la prunelle, il imprimera à tous fes ouvrages une teinte amoureufe & fentimentale.

De petites lèvres rognées caractérifent de la précifion & de la netteté
dans l'exécution; de groffes lèvres échancrées, l'énergie de l'expreffion.

On ne risque rien d'affigner l'immortalité aux productions de l'Artifte
dont le dos du nez eft large & parallèle, depuis la racine jusqu'à l'extrémité.

J'aurois encore bien des chofes à dire, mais elles ne feroient point entendues. Quoiqu'il en foit, je regarde comme une des plus douces fatis-
factions de ma vie, comme une récompenfe de mes efforts dans cette val-
lée d'obfcurité, la certitude où je fuis que les règles de la Phyfiognomonie ferviront un jour à déterminer le degré de perfection dont l'Artifte
eft fufceptible, qu'il a déjà atteint, ou qu'il atteindra dans la fuite.

✳   ✳
✳

CHAPITRE VIII. De la Musique.

La mufique eft l'imitation des fons de la nature.   Le Peintre voit, &
le Virtuofe écoute.   L'un s'attache à l'unité du moment, l'autre en
parcourt toute une fucceffion.   Il n'en faudroit pas davantage, diroit-on,
pour tracer la ligne de féparation entre les deux Artiftes.   Des phyfionomies deftinées à fixer les momens, différeront naturellement de celles qui
font appellées à repréfenter une fuite d'idées; par conféquent la phyfionomie du Peintre doit être permanente, & celle du Muficien d'autant plus
mobile.   Je n'oferois décider s'il en eft effectivement ainfi — car je connois peu de Muficiens, & je n'ai pas la moindre idée de leur art.   Tout

ce

ce qu'il y a de certain, c'eſt que les obſervations que j'ai eu occaſion de faire ſur cette matière, paroiſſent venir à l'appui de mes preſſentimens.

Sans contredit les traits phyſionomiques du Muſicien ſont plus mobiles, plus vagues & plus relâchés que ceux du Peintre ; & la nature de ſon art le veut ainſi, puisqu'elle diſpoſe ſon ame à recevoir & à communiquer ſans ceſſe l'impreſſion du ſentiment. Seconde remarque —— & je prie les Génies-Muſiciens de me la pardonner ; jamais je n'ai trouvé encore parmi eux une phyſionomie de *Raphaël*, & je doute que cela ſe puiſſe. La raiſon en eſt que cette agitation & cette fluctuation perpétuelle qui fait l'eſſence de la Muſique, n'admet point les formes de viſage tranquilles & ſtables qu'exigent les créations momentanées. Crainte de m'égarer, je ne m'aventurerai pas plus loin dans un pays qui m'eſt étranger. Seulement je crois que ſi un grand Peintre étoit en même temps un virtuoſe en muſique, ce ſeroit vraiſemblablement le Payſagiſte, parce que dans cette partie de la Peinture il faut moins d'application pour ſaiſir & pour imiter des momens qui n'échappent pas ſi vîte au regard de l'Artiſte. Que dis-je? ce ſont là preſque les ſeuls momens qu'il eſt ſûr de retrouver ; par tout ailleurs, & même dans la phyſionomie, ils changent & varient toujours.

Je ne risque rien d'avancer encore que l'œil du Peintre eſt généralement parlant plus calme, plus ferme, plus pénétrant que le regard errant & flottant du Muſicien. Il ſembleroit que le caractère de chaque Artiſte devroit ſe manifeſter de préférence par le ſens dont il a principalement beſoin pour ſes compoſitions ; qu'ainſi le caractère phyſionomique devroit ſe retrouver chez le Peintre dans l'œil, chez le Muſicien dans l'oreille. Je n'ai pas été à portée d'approfondir cette idée ; mais parmi trois têtes de virtuoſes que j'ai vues, il y en avoit deux dont les oreilles étoient extrêmement minces par le haut & preſque ſans bord. C'eſt à nos obſervateurs

teurs à fe procurer là deffus des connoiffances plus exactes ; c'eft aux Grands qui protègent les fciences , à favorifer leurs recherches.

Voici le profil d'un Virtuofe Muficien, qui eft en même temps bon peintre en miniature, & qui excelle dans l'un & l'autre art, autant qu'on peut y exceller fans *génie poëtique* & fans *génie créateur* proprement dits.   Cette forme de vifage, ce front, ce nez, cet œil, cette bouche & ce menton vous offrent les fignes diftinctifs d'un talent exquis & difficile à égaler.

CHAPITRE IX. De la Poësie.

Le Poëte eft Peintre & Muficien à la fois, & il eft plus que l'un & l'autre enfemble. Il y a mille objets, mille idées, que le Peintre ne fauroit exprimer ni par le crayon, ni par les couleurs, que le Muficien ne fauroit rendre par des fons, & que le Poëte expofe fous nos yeux, qu'il fait paffer dans notre ame.

Qui eft-ce qui mérite le nom de Poëte? eft-ce le verfificateur? le colorifte de mots? l'écrivain qui étend fes penfées comme des tapis? eft-ce le forgeur d'images? —— mais les tableaux qu'ils nous préfentent par des fons n'ont ni matière, ni forme, ni chair, ni os, ni ame, ni coloris —— & peut-on appeller poëfie, une fubftance chimérique, une chofe invifible qui ne devient pas vifible? J'aimerois tout autant une peinture qui fubftitueroit de fimples noms arbitraires aux figures coloriées; mais quel Peintre affez fou fuivroit cette méthode, & voudroit nous la donner pour un effet de l'art? —— & cependant nous voyons nombre de Poëtes célèbres qui ne s'y prennent guères mieux.

Eft-on Poëte quand on fait briller l'éclair à l'oreille, gronder le tonnerre aux yeux? Quel nom donner à ces fortes d'Ecrivains, qui pourtant font plus que de fimples profateurs, puisqu'ils poffèdent le talent de parler le langage des Dieux? Nommez les comme il vous plaira, feulement ne leur prodiguez pas le titre de Poëte. Celui-ci eft un esprit qui fe fent créateur, & qui crée en effet. Ses créations, après avoir remporté fon propre fuffrage interne, doivent encore arracher à toutes les nations & à toutes les langues cet aveu unanime: „ c'eft ainfi que s'exprime la vérité, la „ nature! nous voyons ici ce que nous n'avons jamais vu, nous enten- „ dons ce que nous n'avons jamais entendu, & ce que nous voyons & „ entendons, nous le fentons ".

Je

Je ne veux offenſer perſonne , mais puis-je demander ſans offenſe , où eſt le Poëte? le Poëte qui brille de ſa propre lumière , qui préſente les créa-tions de ſon esprit , qui fait épancher les choſes qu'il a vues & entendues dans ſon amour —— qui ne vous offre que ces choſes là , & qui vous les offre dans toute leur pureté & dans toute leur intégrité? où ſont les créations poëtiques dans lesquelles l'ame de l'Auteur réfléchit comme la Di-vinité dans ſes ouvrages , & que le Divin Créateur anime & vivifie lui-mê-me ? où ſont ces traits ineffaçables d'un cœur tendre & ſenſible , aux-quels on s'attache avec paſſion , qu'on s'imprime , qu'on dévore? où trou-ver enfin une poëſie qui ne ſoit point ternie par un vernis impur , qui ne ſe reſſente point du faux éclat introduit par la mode , les conventions & la manière?

Homère , l'inimitable *Homère* lui-méme , n'a-t-il pas un ton & une manière qui lui ſont propres? Perſonne ne doute que le Chantre de la Grèce ne ſoit du petit nombre de ces génies ſupérieurs tels qu'à peine il y en a un ſur mille —— & cependant nous ſentons qu'il ſeroit bien plus grand Poëte encore, s'il étoit moins maniéré. —— Mais peut-on être Poëte ſans ſe choiſir un ton & une manière? le Poëte peut-il peindre & transmettre ſon ame, ſes apperçus, ſes ſenſations, ſes mouvemens, ſes images & ſes créa-tions, dans toute leur vérité & dans toute leur ſimplicité, ſans affectation & ſans grimace, purs & ſans tache comme les rayons du ſoleil? peut-il con-ſerver dans ſes compoſitions le naturel, l'ingénuité, le calme d'un hom-me qui eſt dans ſon aſſiette ordinaire, qui vit & qui reſpire ſans y ſonger, qui ſe croit ſans témoins & ſans obſervateurs? *Raphaël* lui-même ne s'eſt-il pas aſſujetti à ces auréoles de clinquant que lui prescrivoit le mauvais goût de ſon ſiècle, & ſes ouvrages les plus ſublimes ne manquent-ils pas ſou-vent d'illuſion?

Je le demande donc encore, où trouver la vraye poëfie, & peut-elle réellement exifter?

Nous avons de nos jours en Allemagne un Ecrivain qui *peut* & qui *fait* mettre à la portée de tout le monde, fans ton & fans manière, les apperçus les plus difficiles à faifir. Son nom & fes ouvrages font connus par tout. S'il n'étoit que Poëte, fi nous pouvions le confidérer fous ce feul & unique rapport, combien la Phyfiognomonie ne gagneroit-elle pas?

Malgré la grande complication qu'il peut y avoir dans le caractère de ce poëte-ci & de tous ceux qui lui reffemblent, & quelque difficulté qu'il y ait à décompofer le talent poëtique proprement dit, puisqu'il eft à fon tour un réfultat de nos facultés fenfitives & actives — j'effayerai pourtant de propofer mes hypothêfes fur la phyfionomie du Poëte. L'élafticité, fi je ne trompe, eft ce qui doit dominer dans fon caractère & dans les traits de fon vifage. C'eft elle qui monte le reffort de fon ame, qui détermine fon extrême fenfibilité & fon irritabilité. Outre la capacité de recevoir les impreffions avec une extrême facilité, il lui faut de l'aptitude à les communiquer telles qu'il les a reçues, fauf à y ajouter la teinte de fa propre individualité; mais cette addition homogène doit fe borner à éclaircir & à épurer les idées qu'il a conçues; elle doit devenir le milieu par lequel il fait tomber fous les fens les chofes qui autrement ne pourroient être ni apperçues, ni fenties.

Le Poëte eft le Prophète de la Création & de la Providence, le Médiateur entre la nature & les enfans de la nature. Eft-il néceffaire que je le dife, tous les Prophètes de Dieu étoient poëtes. Avons-nous des génies fupérieurs à *David*, à *Moyfe*, à *Ifaïe*, à *St. Jean?* Le ftyle de l'Apocalypfe n'eft-il pas celui de la poëfie, celui du fentiment dans toute fa plénitude? La Poëfie marche avant la Philofophie, comme le printemps précède l'été & l'automne.

Voyons

Voyons maintenant quelle doit être la conformation du Poëte, du Prophète de la Divinité, du Dépofitaire de la Nature, fans lequel perfonne ne connoîtroit la nature, puisque depuis l'origine du monde elle s'eft fervie du langage de la poëfie & des prophéties pour nous révéler fes myftères.

On peut déjà décider *a priori* que le Poëte ne fauroit fe paffer d'une conformation infiniment délicate & fenfible; que celle-ci doit être non-feulement moëlleufe, flexible & mobile pour *recevoir* les impreffions, mais auffi ferme, élaftique & répulfive pour les *communiquer*. Sa phyfionomie ne peut & ne doit donc être compofée ni de lignes entièrement droites, ni d'angles abfolument aigus, ni de contours relâchés, arrondis & purement paffifs. Son front n'aura jamais ni cette forme-ci Γ, ni cette autre ⌐.

Je parle des Poëtes qui le font plus qu'un *Voltaire*, qu'un *Pope* —— de ceux dont le génie eft plus qu'un *génie-maniéré*, s'il m'eft permis d'employer cette expreffion.

Ne blamez pas la Phyfiognomonie fi elle refufe d'admettre parmi les traits diftinctifs du véritable poëte, les lignes & les caractères qu'on voudroit abftraire des têtes de *Pope* & de *Voltaire*. Ne vous moquez pas de nous, fi nous héfitons de les proclamer poëtes fur la foi de leurs phyfionomies. Le temps viendra, le temps approche, où l'on ne difputera plus à notre Science le privilège exclufif de prononcer fur le *talent*, fur le *fentiment*, fur l'*efprit* & le *génie* du poëte, & —— fur le *poëte* lui-même.

Ou fi la chofe vous paroît impoffible, attendez le jugement des nations Quand l'Acteur aura quitté la fcène, quand le bruit des applaudiffemen aura ceffé, quand la première fougue fera paffée —— ce n'eft qu'alors qu'on pourra décider avec fang froid. Qu'un vrai Poëte paroiffe, fans être annoncé ni proné d'avance; qu'il abandonne fes ouvrages à leur propre fort

& qu'

& qu'il fe tienne modeftement à l'écart ——— fon rang fera bientôt affigné. Voulez-vous des exemples? Mettez en parallèle *Milton* & *Shakespear*, avec *Pope* & *Addifon* ——— placez *Voltaire* & *Boileau*, à côté de *Jean Jaques Roufjeau* ——— & dans la Légion de nos Poëtes Allemands, choififfez le feul Auteur de *Werther*, de *Goez de Berlichingen* & d'*Iphigénie en Tauride*. —— Comparez les ouvrages de ces Ecrivains avec leurs phyfionomies, & dites-nous lesquels d'entr'eux méritent le nom de poëte.

Après toutes ces réflexions préliminaires, je crois pouvoir hardiment demander à mes Lecteurs, s'ils connoiffent un feul poëte qui ait les yeux enfoncés & fortement deffinés?

les fourcils épais, ferrés & raccourcis, ou rabattus fur les yeux en ligne horifontale?

une lèvre fupérieure arquée depuis le nez jusqu'à la bouche?

le bord des lèvres rogné?

une peau rembrunie, fèche & coriace, fortement tendue & difficile à mouvoir?

le fommet du crâne applati?

l'occiput perpendiculaire?

Vous, qui cherchez la certitude & la vérité, donnez-vous la peine d'examiner & d'approfondir avec foin. Je vous aiderai à faire des obfervations, & dans mon Traité des lignes phyfiognomoniques je vous tracerai peut-être celles qui annoncent, & celles qui excluent pofitivement le talent de la poëfie.

Voici

Voici la filhouette du poëte Allemand dont j'ai parlé tantôt ; elle eft copiée d'après un bufte affez exact.   Le génie poëtique le plus fenfible & le plus énergique femble planer fur toute cette phyfionomie , & s'être emparé en particulier du front, du nez & des lèvres.   Je ne balance pas un inftant de donner ce profil pour l'idéal d'un Poëte.

ADDITIONS AUX CHAPITRES II=VIII.

ADDITION A.

N'attendez du profil 1. ni les élans du génie, ni les facultés bornées d'une platte médiocrité. Avec un tel contour du front on ne sauroit manquer de bonsens; avec la courbure imperceptible de ce nez on n'eſt pas ſans délicateſſe; avec une lèvre ſupérieure qui déborde de la ſorte, on a de la douceur & de la bonté dans le cœur. Une circonſpection outrée, qui pourroit aiſément tourner en timidité & en défiance, ſemble conſtituer le caractère principal de cette jolie phyſionomie. Elle intéreſſe d'ailleurs par ſa modeſtie, & il eſt impoſſible qu'elle ne ſoit amie de l'ordre & de la propreté.

2. Contour groſſier d'une des têtes les plus ſenſées, mais en même temps des moins productives que je connoiſſe. On ne ſauroit s'imaginer combien cet homme met de juſteſſe dans ſes jugemens. Rien n'égale l'exactitude de ſon coup d'œil, n'importe s'il embraſſe les objets médiatement ou immédiatement. Il voit avec la même clarté, avec la même préciſion, & la *choſe* & le *ſigne de la choſe*, & le terme le plus propre eſt toujours celui qu'il employe. La langue la plus difficile n'eſt qu'un jeu pour lui: il retient toutes les images & toutes les impreſſions avec une fidélité & une vérité admirables. Joignez à cela le goût le plus exquis & le plus ſain. Je ſerois tenté de comparer ſon eſprit à ces pierres phosphoriques de Bologne qui attirent les rayons du ſoleil. Le front eſt abſolument unique dans ſon eſpèce — un vrai milieu entre la fermeté d'un front mâle, & la molleſſe d'un front féminin. Une ſageſſe conſommée brille dans le regard, & reparoit ſur tout dans la forme du nez. Cette bouche porte l'empreinte de la réflexion, de la méditation & du discernement. Mais ce qu'il y a de plus ſingulier, c'eſt qu'un homme auſſi original, auſſi ſpirituel, auſſi judicieux & auſſi inſtruit, n'ait jamais oſé produire, ou du moins mettre au jour, un ouvrage de ſon propre cru. La hardieſſe & le courage ſemblent avoir été refuſés aux phyſionomies de ce genre. Si elles réuniſſoient encore ces avantages à ceux qu'elles ont déjà, elles éclipſeroient tout.

<hr>

PLANCHE III.

ADDITION

1.

2.

Joannes Geſsner.
1

2

A D D I T I O N B.

1. *Jean Gefsner*. Expreffion du jugement le plus pur —— favoir immenfe —— facilité incomparable à caractérifer les objets des fens par des fignes abftraits —— capacité étonnante à ranger & à claffer chaque chofe là où elle doit être, à faifir dès le premier coup d'œil les rapports, les proportions & les rapprochemens de tous les corps & de toutes les facultés, à parcourir toutes les échelles de grandeur —— & indépendamment de cet efprit clairvoyant, la plus grande modeftie, le caractère le plus ferviable, la probité la plus févère, & une patience à toute épreuve pour écouter, pour apprendre, étudier, examiner & comparer ce qu'on lui propofe —— enfin les fentimens religieux du vrai chrétien. Voilà ce que je puis dire en bonne confcience de ce profil. Il eft d'une reffemblance parfaite & d'une expreffion parlante. L'efprit d'abftraction fe montre dans le front, dans les fourcils, (& lorfque vous voyez le vifage en plein) dans l'entre-deux des fourcils, dans le contour & dans l'enfoncement des yeux. Le creux qui eft au deffous du front & la forme du nez atteftent la clarté du jugement. Dans l'original, la courbure des fourcils & l'échancrure très fingulière de la cavité qui les fépare, m'ont paru d'une très grande fignification.

2. Contour vraifemblablement très-imparfait du célèbre *Beaumarchais* —— & cependant vous y voyez l'homme de tête, qui doit être reconnu d'abord, & par ceux qui en ont, & par ceux qui n'en ont pas. Quelle différence entre ce profil-ci & le précédent! quelle différence de hardieffe dans le front! quelle force entreprenante dans la coupe du nez! que d'exécution dans l'enfemble! L'œil eft trop vaguement deffiné pour être mis en ligne de compte, & malgré cela on y démêle encore la fagacité d'un efprit calculateur. Je ne vous confeillerois point d'entrer en lice avec un homme auffi déterminé. Vous y perdriez, il fait trop ce qu'il peut, il connoît le public, & il fe connoît lui-même. Ses lèvres femblent imprégnées d'un fel cauftique, qui s'accorde merveilleufement avec fon penchant naturel. Perfonne ne s'entend mieux que lui à faifir les ridicules & à les peindre en traits fanglans.

PLANCHE IV.

ADDITION

ADDITION C.

NECKER.

Je n'ai pas l'honneur de connoître de vue ce grand homme, également célèbre par son mérite & par les événemens de sa vie, par le nombre de ses. amis & de ses ennemis. Cependant, en supposant d'après mes principes que jamais le portrait d'un personnage distingué n'est parfaitement ressemblant, & que chaque nouvelle copie renchérit toujours sur les défauts de la précédente, je déduirai sans balancer, & je mettrai uniquement sur le compte de l'Artiste, l'air doucereux qui me choque dans cette estampe, & qui est si fort en dissonance avec une physionomie aussi male, aussi énergique. Selon moi, le dessin du front n'est pas assez expressif, à beaucoup près, quoique dans son état actuel même il ne sauroit convenir à un homme ordinaire, quoiqu'on y découvre encore un caractère réfléchi & résolu; mais à en juger par ces sourcils pleins de force, il doit nécessairement décrire par le haut une voûte plus agréable & plus significative. Il faudroit être entièrement destitué de sensibilité, si on n'appercevoit point dans ces yeux la probité & la bienveillance: il faudroit entièrement manquer de tact pour n'y pas reconnoître le regard du génie. Le nez, sans avoir un caractère dominant, dit beaucoup, & la section supérieure suffit déjà pour indiquer au Physionomiste exercé, la droiture du bon sens, une activité inaltérable, l'esprit d'ordre & de calcul. Abstraction faite de l'incorrection que j'ai déjà reprochée à la bouche, & qui provient de ce que les deux coins des lèvres remontent un peu trop, il est impossible de refuser à cette partie l'amour du bien & de l'humanité. Jamais la bouche d'un homme dur, faux, complaisant ou rampant, n'a été dessinée, ni même carricaturée de la sorte. Je me sens obligé d'aimer ce long menton, si heureusement nuancé, si judicieux & d'une si grande expérience, si dégagé de toute espèce d'inquiétude, si hardi à combattre les préjugés de toute une nation & l'égoïsme de ses oppresseurs. Je chéris en général & du fonds de mon ame la sublime clarté de cette tête d'Hercule, & je me fais gloire de l'attachement que je lui porte. Celui qui oseroit fixer une telle physionomie sans lui accorder son affection, sa confiance, son estime, n'est pas digne de paroître en sa présence. Celui qui ne sait pas apprécier tant de candeur, réunie à un esprit aussi lumineux —— tant de simplicité, jointe à un courage aussi élevé —— tant d'énergie, justifiée par un si noble sentiment de sa propre force —— celui-là ne sera pas mon homme, & à moins que je n'y fois contraint, je ne veux avoir rien de commun avec lui.

PLANCHE V.

ADDITION

NECKER.
Peint par I.S. Duplessis Peintre du Roi.

Ant. Rene, pinx. *Joh. H. Lips fec. 1777.*

Dinglinger.

Daniel Berger fe: Berolini, 1775.

ADDITION. D.
DINGLINGER et PAINE.

1. **P**hysionomie d'un homme né Artiste.   Un visage ainsi conformé est destin
aux beaux-arts en sortant des mains de la nature.   J'en attendrai cependant moins le don de l'invention, qu'une exécution heureuse & soignée. 2. a plus
d'ame, de réflexion & de plan, l'autre plus de correction, d'exactitude & d'assiduité.   Sa patience infatigable concourt à en faire un *génie de détail*, mais il n'est
pas fait pour embrasser le grand.   Le feu de son regard corrige fort à propos, &
l'opiniatreté du front, & la mollesse du bas du visage. La bouche de *Paine* est d'un
vague insupportable: il en résulte un air mécontent & disgracieux qui contraste avec
le portrait de *Dinglinger*.   Le caractère de celui-ci est flegmatique, colérique-sanguin; le tempérament du second, un mélange de flegme & de mélancolie; & dans
cette méchante copie même, le front & le nez sont encore d'une grande expression.

Voici le profil d'*Albert Durer*, le respectable Fondateur de l'Art en Allemagne,
qui malgré la dureté & la sécheresse de ses figures, malgré l'irrégularité de ses compositions, n'en est pas moins à mes yeux un vrai *génie*. Jamais on n'eut un attachement plus décidé, un amour plus ardent pour sa vocation; jamais un zèle plus
suivi pour le travail, jamais un esprit plus abondant & en même temps plus exact.
Quelquefois il réunit dans ses ouvrages les divers talens de plusieurs grands Artistes, & toujours il y ajoute une teinte d'originalité.   Souvent il a le coloris brillant
du *Corrège*, la correction (mais non les beautés & le sublime) de *Raphaël*, la hardiesse de *Michel-Ange*, le fini de *Denner*.   Je crois retrouver sa justesse dans l'œil,
son énergie dans le nez, & sa fécondité dans l'ensemble du visage.   Sa chevelure
atteste qu'il n'étoit pas homme à négliger le dessin de cette partie.

PLANCHE VI.

Tome IV.   H

ADDITION E.

ARTISTES ALLEMANDS.

J'ai raſſemblé dans cette Planche une petite Galerie de célèbres Artiſtes Allemands. Elle donnera au Lecteur attentif une idée du caractère de l'Art, & de ceux qui le pratiquent parmi nous. Je ne puis livrer que des copies, de ſimples contours réduits; mais ils ſont pris du moins ſur de bons originaux, dont quelques - uns ont le mérite d'avoir été peints par les perſonnages mêmes qu'ils repréſentent.

Le ſublime, & le vrai ſentiment de l'Art, l'élévation d'ame & l'enthouſiaſme qu'inſpirent aux grands Maîtres les beautés de la nature — voilà ce qui ne brille guères dans ces têtes, ſi j'excepte la dernière (*Kneller*); & encore celui-ci étoit-il plutôt Anglois qu'Allemand. Sa phyſionomie eſt auſſi la plus noble des douze, quoiqu'infiniment au deſſous de l'original qui a ſervi de modèle à mon deſſinateur.

Application, fidélité, eſprit d'obſervation, exactitude & juſteſſe ——— telles ſont les qualités diſtinctives de tous ces viſages, ſeulement avec des modifications différentes.

Les phyſionomies 1. 2. 3. *Schaupp, Ridinger, Blendinger,* ſont purement nationales.

4. *Bodennehr.* a toute la tournure d'un Artiſte de la claſſe ordinaire.

5. La bouche du Lapidaire *Dorſch* annonce l'homme de goût, & l'enſemble de ſa tête a l'expreſſion du grand.

6. *Rugendas,* excellent Peintre de chevaux & de batailles. Ses yeux n'ont rien de la hardieſſe de ſon pinceau. Je la retrouve tout au plus dans la bouche, & dans ce front ouvert, exempt de rides.

7. *Kupezki.* Voici le vrai Germain avec toute ſa franchiſe. Sa phyſionomie eſt d'une vérité étonnante, & tant s'en faut cependant que ce ſoit là le mérite diſtinctif de ſes ouvrages, ſurtout quand il peignoit de fantaiſie.

11

Artistes allemands.

Il réuffiffoit particulièrement dans les caractères nationaux, auxquels il favoit s'initier jusqu'à la fympathie.   Les traits de fon vifage répondent admirablement à la fierté & à la liberté d'efprit d'un homme qui parle & qui agit fans la moindre gêne.

8. La phyfionomie & le caractère de *Roth* n'indiquent ni une grande application, ni beaucoup de netteté.

9. *Weigel*, vifage pofé, plein de droiture, d'ordre, de jugement & de juftefte.

10. *Ermels*, un de nos bons Payfagiftes.   Chez lui le fentiment fe réunit au génie.   On eft plus qu'Artifte avec les formes, les parties & les traits de ce vifage.

11. *Philippe Kilian*, une des meilleures phyfionomies de cette Planche. C'eft l'afturance & la précifion d'un homme fenfé, énergique, actif, loyal & à tous égards refpectable.

12. *Kneller*. Senfibilité, goût & nobleffe.   Que de fignification dans les fourcils feuls, dans ce beau nez, & dans la bouche —— quoique le Copifte ait trouvé bon de la gâter par trop de dureté & par un vernis d'orgueil.

ADDITION F.

ARTISTES ANGLOIS ET FRANÇOIS.

Ce ne font encore là que des esquisses, ou, si vous voulez, des carricatures ——— mais comparez-les à celles de la Planche précédente, & voyez quelle différence! comme ici tout est moins plissé & moins serré, comme tout est plus ouvert, plus dégagé & plus simple!

Il ne faut que le premier coup d'œil pour se convaincre que ces têtesci ne font pas restreintes à cet esprit d'imitation, à cette exactitude scrupuleuse, qui fait le tourment de nos Artistes Allemands. Le François & l'Anglois se mettent au dessus d'une inquiétude minutieuse. Dans leurs physionomies la forme, les traits & les attitudes expriment plus d'ame, plus d'aisance, plus de sentiment, & en un mot plus de cet amour de l'art qui embrasse l'ensemble. Qu'on me fasse la grace de parcourir la Planche ci-jointe, & de me dire si parmi les douze Artistes qu'elle représente, il s'en trouve un seul de la trempe vulgaire? A n'en juger que par les sourcils seuls, j'excepterois tout au plus le N°. 2, & j'affirmerois hardiment des autres „ que „ ce ne font pas là des hommes ordinaires". Quelques Lecteurs inexpérimentés feront peut-être mécontens de la tête 1, parce qu'elle ne brille point par la *mine*, à laquelle pourtant des Physionomistes ignares s'arrêtent exclusivement. Delà tant de méprises, tant d'objections qui paroissent sans replique, & qui font si faciles à résoudre, dès qu'on ne s'attache pas uniquement à la *mine*, (j'appelle ainsi l'état du visage qui résulte de la mobilité des traits,) mais plutôt à la *forme*, indépendante du mouvement. Tant que ces deux objets resteront confondus, je ne ferai point surpris d'entendre porter tous les jours les jugemens les plus absurdes sur les physionomies des d'*Alembert*, des *Hume*, des *Johnson*; & cependant je consens à perdre ma cause, si l'on me cite un seul grand homme, un seul personnage célèbre, qui péche à la fois par la mine & par la forme, un seul dont la physionomie soit également indifférente, & dans l'état de mouvement, & dans celui de repos. Je demande pardon si je saifis chaque occasion pour répéter & pour inculquer ces principes. Tous mes efforts font infructueux, si je ne parviens à fixer l'esprit & l'attention de mes Lecteurs sur la *forme du visage*, & principalement sur sa *forme primitive.*

Revenons

Petrus de Iode.

VANDYKS.

Guilielmus Hondius.

Carolus de Mallery.

Casperius Gevartius.

Revenons à la tête 1. *Edouard Cooper*. Le front feul la diftingue, & réuni à de tels fourcils, il préfage du coup d'œil & du fens.

2. Je retrouve le caractère principal de *Louis Goupy*, dans le regard & dans l'extrêmité du nez.   Son front, quoiqu'ouvert, manque de hardieffe.

3. *Alan Ramfey*.   Abftraction faite de la bouche, (mais non de la lèvre fupérieure), le front, les fourcils, les yeux, le nez, & en partie auffi l'oreille, annoncent le génie, le fentiment de la nature & beaucoup de goût.

4. Le front, les fourcils & le nez portent l'empreinte du caractère national & exclufif d'un Anglois.   C'eft ou le portrait de *Wyk*, ou celui de *Wooton*.

5. *Enoch Seeman*.   Courage, fierté & audace, dans l'œil, dans le front, le nez & la bouche.

6. *Rysbroek*, hollandois.   Plus de clarté que de pénétration dans le regard.   Le front eft de la moyenne efpèce, le nez plein de feu; la bouche, un mélange de jugement, de froideur & d'arrogance.

7. *Charles Chrétien Reifen*.   Le front attefte déjà fon origine angloife. Le nez eft ce qu'il y a de plus énergique dans ce vifage, auquel je fouhaiterois un peu plus d'application allemande.

8. *Abraham Hondius*, Peintre. Il y a dans fa phyfionomie un fond de langueur qui tient le milieu entre les petiteffes de la femme & l'énergie de l'homme.

9. *Jean Murrari*.   Elévation, vivacité & fierté.   La première de ces qualités reparoît principalement dans le nez & dans les fourcils.

10. *Laurence Delvaux*, Sculpteur.   Phyfionomie du grand genre.   Le nez, fi admirable par en haut, perd un peu vers l'extrêmité.   Une bouche comme celle-ci eft fûre de fon fait : j'y démêle une teinte de mépris.

11. *François Quesnoy*.   Cette grande & belle tête a été un peu dégradée par le copifte.   Le caractère de fa grandeur prime fur tout dans le nez & dans les fourcils.

12. *Thornhill*.   Prototype d'un excellent Artifte, & cependant fa phyfionomie déplaira peut-être au grand nombre; car elle ne paye pas de *mine*. Mais n'importe, avec un tel front, de tels fourcils, de tels yeux & un tel nez, on eft un homme fupérieur & digne de refpect.

PLANCHE VIII.

ADDITION G.

D'après van Dyck.

1. *Pierre de Jode* annonce dans l'enfemble du vifage une noble gravité, mê‑ lée de raifon & de goût. La forme eft au deffus du médiocre. Le nez porte l'empreinte du jugement, de la réflexion, de l'application, d'un fens ferme & droit. Le front, fans être foible, n'a rien de fupérieur; il n'a pas non plus à beaucoup près le caractère diftingué du nez.

2. *Hondius.* Ces reflets magiques qu'il a fu répandre fur fes portraits, ne femblent-ils point partir de ces yeux, dont le regard rappelle l'efprit de *van Dyck*? Le nez indique, fi non le grand homme, du moins l'Artifte plein d'énegie.

3. La phyfionomie de *Mallery* l'emporte fur les deux précédentes par la vivacité & la hardieffe, mais elle ne promet pas le même degré d'applica‑ tion, & on croiroit à peine qu'une telle forme de vifage admette la patien‑ ce du détail. C'étoit cependant le cas de *Mallery*, auquel on ne fauroit refufer ni l'énergie du caractère, ni le coup d'œil de l'Artifte.

4. La plus belle de ces quatre phyfionomies eft celle de *Gevart*. Elle a le plus d'unité, d'harmonie & d'élévation. Un vifage qui dans le fimple contour, dans la fimple charpente, conferve encore tant de grandeur, combien n'en doit-il pas avoir dans l'original? Il n'y a que les fourcils qui me paroiffent trop vagues, en comparaifon de la régularité de l'enfemble. L'efprit qui répond à un tel extérieur ne fauroit agir fans goût, fans intel‑ ligence: il ne fauroit prendre le change, ni juger de travers.

PLANCHE IX.

ADDITION

ADDITION II.

Contours de trois Artiſtes Allemands, transplantés ſur autant de ter-
roirs différens.   Du côté de l'invention, de la méditation, de la
compoſition & de l'exécution, je donne la préférence ſans balancer au
N°. 3.   1. me paroît un homme de goût, mais il n'a pas l'énergie dn 2.
Je retrouve à celui-ci le coup d'œil de l'Artiſte dans toute ſa force.   Le
nez & la bouche, combinés avec ce regard frappant, rejettent tout ce qui
eſt vague, timide, indéterminé, incomplet; une telle phyſionomie cherche le fini.   1. promet un caraĉtère bon & loyal, & ſi vous jugez ſon viſage d'après les parties du milieu, vous y reconnoîtrez un obſervateur flegmatique, mais très-intelligent.   Le bas du 3. contraſte par ſa jovialité
avec la gravité & la profondeur du reſte.

ADDITION I.

BENJAMIN WEST.

La jolie physionomie! quelle précision éloquente, & que de simplicité dans l'expreſſion!

Tranquillité, nobleſſe, pureté, égalité & douceur dans l'enſemble, ſans le moindre mêlange de fadeur. Le front, tel qu'il ſe préſente ici, eſt judicieux, calme & réfléchi, mais il manque de hardieſſe. Il en auroit davantage, s'il s'affaiſſoit un peu du haut, s'il étoit ou plus courbé, ou plus droit vers le ſommet. La tranſition au nez eſt d'une délicateſſe infinie. L'œil embraſſe un vaſte foyer, & n'en voit pas moins les choſes avec clarté, c'eſt une loupe qui ſert à diſtribuer heureuſement les jours & les ombres — un tel regard tient le juſte milieu entre une vivacité prématurée & une conception purement paſſive. Mais rien n'approche de la correction & de l'élégance du nez. Seroit-il poſſible d'en méconnoître les beautés, & pourroit-on nier après cela que cette partie eſt une des plus ſignificatives du viſage? dans celui-ci c'eſt aſſurément ce qu'il y a de plus diſtingué, de plus avantageux & de meilleur. Couvrez le reſte, & le nez ſeul vous indiquera déjà un homme rare. L'eſprit qui l'anime conſerve toute ſon expreſſion, jusqu'à la narine incluſivement: là il commence à diminuer & à s'amortir plus ou moins; non que le contour de la lèvre ſoit ignoble, mais il paroît médiocre en comparaiſon de ce qui précède. La bouche porte le caractère d'une douceur féminine, d'un goût réfléchi, & en même temps d'une nobleſſe que je ne retrouve pas dans les autres portraits de *Weſt*. Le menton eſt plein de bonté & de fineſſe. La forme & l'attitude ſont en parfaite harmonie avec l'enſemble. Reconnoiſſez-y l'obſervateur philoſophe qui ſe conſulte avec une ſage défiance.

Emanuel Bach.

ADDITION K.

EMANUEL BACH.

„ Le visage du grand *Bach* n'est pas moins original dans son espèce que
„ son génie musical.   Une telie physionomie ne sauroit manquer
„ d'être considérée & d'avoir des succès.   Vous démêlez entre les sourcils
„ & dans le regard, le germe & l'expression d'une force productrice.   Avec
„ ces traits & cet extérieur on est à sa place par tout, & on ne sauroit
„ être mal reçu.   La condescendance & la résignation ne sont pas trop
„ faits pour un caractère comme celui-ci, & c'est à peu près toujours le cas
„ de l'originalité ; elle veut être accueillie ou repoussée, prisée ou mécon-
„ nue. Fidèle à son organisation, toujours simple, toujours content, tou-
„ jours riche de son propre fonds, l'homme de génie suit sa marche sans
„ se mettre en peine de personne".   C'est ainsi que s'exprime un Musicien
Physionomiste.

Bach avoit près de l'œil gauche un défaut naturel que le Peintre a cru
devoir effacer par complaisance, mais il n'a pas songé que c'étoit nuire à
l'effet.   En attendant il reste encore assez d'ame dans les yeux & dans les
sourcils.   Le nez, quoique trop arrondi, laisse entrevoir cependant une
abondance de finesse & de force active.   Dans la bouche, quelle expression simplifiée de sentiment, de plénitude, de précision & d'assurance! La
lèvre d'en-bas paroît foible & un peu rusée ―― mais ce n'est qu'une ombre au tableau, & elle est suffisamment relevée par l'incision qui suit de
près.   Remarquez d'ailleurs dans le front la fermeté, le courage & l'impulsion du génie.

Je ne sais si je me trompe, mais la plupart des virtuoses & des portraits de virtuoses que j'ai vus, semblent confirmer l'observation qu'ils manquent presque toujours par le bas du visage.   Ici pourtant le haut du menton n'est pas ordinaire.

PLANCHE X.

Tom. IV.   I

ADDITION L.

MILTON.

Quatre portraits de *Milton*, dans les différens âges de la vie. N'eussions-nous jamais entendu prononcer le nom du Poëte Anglois, nous ferions difficilement tentés de ranger sa physionomie dans la classe des Géomètres Newtoniens. La douceur, la tendresse & l'esprit intuitif de ce visage le mettent d'abord à sa véritable place. Le N°. 2. porte le caractère de l'Oint du Seigneur. Il ne s'arrêtera pas à de froides démonstrations, & ne calculera pas ses idées sur des signes abstraits. Son coup d'œil à la fois paisible, prompt & profond, apperçoit & découvre les choses immédiatement. Il communique sa teinte à tout ce qu'il voit, il fait rejaillir sa lumière sur tous les objets vivans & aimans qu'il rencontre. Un être inanimé, insensible, lui répugne, à moins qu'il ne puisse lui inspirer un souffle de sa vie & de sa tendresse. Un cœur sans amour le tourmente: un cœur qui n'aime pas à sa façon, l'opprime. Quelle heureuse tranquillité d'ame! que d'unité & d'harmonie! Il fait concentrer, s'approprier & épurer toutes les jouissances, leur donner un charme, une individualité & un désintéressement qui les lui rendent plus chères. Qui pourroit se résoudre à troubler les saintes réveries de cet esprit prophétique? (Je parle toujours du visage 2). Où est le Pédant assez rigide pour lui demander les démonstrations de ce qui ne sauroit être démontré? Jouissez à votre manière, & permettez lui de se plaire dans les jouissances qu'il s'est préparées lui-même. Voudriez vous mesurer avec la sonde l'odeur de la violette, demander au rayon l'origine de sa lumière? Il est des Peintres qui ont l'équerre dans le regard: il est des mains qui déterminent le poids d'une pièce d'or sans le secours du trébuchet. La théorie du beau a été inventée longtemps après que le beau a existé en pratique, & le langage a précédé la Grammaire. Un génie comme celui-ci crée, forme & dispose, sans songer que les siècles futurs puiseront dans ses productions les principes de la poësie. Oserois-je avancer, sans apprêter à rire, que je retrouve jusques dans la chûte des cheveux un indice de l'esprit poëtique, d'un pressentiment des choses invisibles & éternelles. Rappellez-vous la physionomie de *Raphaël*: elle vous offrira une parfaite analogie avec celle de *Milton*.

Dans ces quatre portraits le front est plutôt fait pour saisir & réfléchir

les

les grandes & belles images, que pour former des idées profondes, abftraites & fèches.   Si le front 1. étoit refté dans cet état, fi dans la pro-
greffion des années il ne s'étoit point affaiffé en arrière, *Milton* n'auroit
jamais été l'Auteur du *Paradis perdu*.   Il y a dans cette jeune tête une opiniâtreté qui auroit pu devenir redoutable, & nous favons d'ailleurs que fi
le développement du front ne fuit pas la croiffance du corps, les progrès
des facultés intellectuelles s'arrêtent à proportion.   Une ligne de plus ou
de moins en avant ou en arrière, amène fouvent des différences effentiel-
les.   Le nez 2. eft, fi je peux m'exprimer ainfi, plus poëtique & plus
fage que le 4; il me paroît plus mur & plus nuancé, plus riche en expériences & en fouffrances.   Le vifage glacé N°. 3. n'a pas le même caractère de douceur & d'humilité que les autres: on y démêle un air de prétention qui avoifine le mépris, l'entêtement & la févérité.   Malgré la dureté du deffin, je vénère le N°. 4. Je découvre encore dans le contour
de ces yeux privés de la vue, l'homme infpiré qui apperçoit les chofes invifibles, le confident du monde fpirituel, le favori d'Uranie.

J'ajoute à cet article le profil d'une Poëte Allemande, dont le talent
a triomphé d'une naiffance obfcure.

ADDITION M.

Isac Newton.

J'ai déjà dit & prouvé plus d'une fois, jusqu'à quel point la reſſemblance du portrait dépend de la manière & des talens du Peintre; jusqu'à quel point le même viſage peut être diverſément transformé & défiguré par la faute de l'Artiſte. Les images ci-jointes de *Newton* vérifieront de nouveau ce que j'avance.

Cette Planche contient quatre copies, faites d'après d'autres copies. Elles nous offrent chacune un grand homme, un homme extraordinaire; mais elles le repréſentent chacune dans un jour très différent.

1. On reconnoit dans le regard une force interne qui ne ſe contente pas d'*éclairer* ſon objet, qui le ſaiſit & l'embraſſe. Elle ne ſe borne pas à le loger dans la mémoire, elle l'incorpore dans l'énorme maſſe d'idées que la tête renferme. Les yeux ſont pleins d'une force créatrice, & les ſourcils portent le caractère d'un eſprit fécond, ſolide & lumineux.

Je diſtingue dans le front ſa capacité & la richeſſe de ſes conceptions. Il l'emporte plutôt par l'élévation & l'impétuoſité des penſées, que par l'abſtraction du raiſonnement. On y remarque cette impulſion irréſiſtible que donnent l'aſſurance & la conviction.

Obſervez enſuite l'énergie du nez — la douceur & l'agrément qui réſident ſur les lèvres, ſans le moindre mélange de fadeur — la ſolidité & la probité du menton.

La joue droite n'eſt ni trop relâchée ni trop tendue; elle inſpire plus de confiance dans ce portrait-ci que dans les trois autres, & ſurtout elle n'eſt pas auſſi impoſante que celle du N°. 2.

J'admire

Newton

J'admire en général la pureté & le calme de l'enfemble: c'étoit beaucoup de les réunir avec tant de force & de concentration.

2. L'effet groffier, l'air vulgaire de ce portrait provient de l'irrégularité de la coupe, & à tout prendre cependant, c'eſt encore une phyſionomie dominante. Le front eſt profond & plus fignificatif que le 1. Le nez & la bouche ont plus de fermeté & de févérité.

Vous voyez ici un Républicain qui gouverne fans commander, qui eſt accoutumé à la réfiſtance, qui a l'habitude des affaires, qui s'entend à les traiter & à les conduire. Ferme dans fes entreprifes, & réfléchi dans fes plans, il eſt fûr de les exécuter, parce qu'il eſt fûr de lui même & de la fupériorité de fes forces.

Le nez eſt trop charnu & trop peu expreffif: il devient presque rebutant par cette aile droite qui remonte.

La 3e. tête, & furtout fon regard, rappelle le Savant de profeffion, ou plutôt l'homme de cabinet. Le front, fi vaguement deffiné, eſt plus ouvert & plus riche que les précédens. Il pourra retenir un plus grand nombre de chofes, mais il ne fe les imprimera ni fi fortement, ni fi profondément. Pour caractérifer la méditation férieufe, il devroit être plus ferré au deffous des yeux, & il n'eſt pas affez voûté pour annoncer une grande mémoire.

En comparant d'ailleurs ce portrait avec 1. & 2. on trouvera que les fourcils rapprochés davantage des yeux, ont perdu de leur énergie. Le nez contraſte avec la franchife du front: il eſt plus fanguin & plus foible.

Le fourire de la lèvre paroît moins excité par le contentement intérieur que par un intérêt étranger. La joue droite eſt infupportable, l'air de tête affecté & maniéré, l'enfemble du deffin affadi, énervé & lâche.

I 3

Le

Le 4. doit imiter l'antique : il péche contre la vérité, mais il eſt d'un grand effet.   Un tel homme doit réunir un ſavoir conſommé & une activité infatigable.

Le front ſemble comprimé par le ſouvenir de ſes opérations.   Ses facultés actuelles preſſentent ſes beſoins futurs.

Quelle diſtance au N°. 3.   L'expreſſion diffère de l'une à l'autre de ces têtes, autant que la chair diffère du marbre.

Les ſourcils ſont dignes du créateur d'un nouveau ſyſtême.   L'œil atteſte une fermeté intrinſéque : il parle le langage de la candeur, & ſon regard n'eſt point altéré par le deſir.

Le nez dans ſon enſemble indique l'énergie, la réſolution & la ſageſſe : il n'y a que la pointe & les ailes qui ayent quelque choſe d'hétérogène.

Enfin la lèvre reprime la force ſupérieure qui fait la baſe du caractère.

1. & 2. ſe reſſemblent le plus par le haut, mais d'autant moins par en‑bas.

3. & 4. ſont deux extrêmes, l'un du plus haut degré de relâchement, l'autre de la plus forte tenſion.

Je le répéte, ce ne ſont ici que des copies ——— mais elles ſuppoſent un homme dont l'exiſtence ſera prolongée dans les ſiècles à venir.

SECOND FRAGMENT.

DES VERTUS ET DES VICES.

SECOND FRAGMENT.

Des Vertus et des Vices.

Chapitre I. Signes de la Probité.

Il n'eſt point de formes de viſage qui ne ſoyent ſuſceptibles d'un certain fond de probité, mais elles ne l'admettent pas indiſtinctement.
Les phyſionomies les plus laides & les plus diſgraciées ſont quelquefois
les plus honnêtes, tandis que ſouvent les plus belles & les mieux proportionnées ſont trompeuſes. Cependant à tout prendre je me fierai plutôt à
un viſage régulier qu'à des traits grimacés. Lorſque les ſourcils, les
yeux, le nez & les lèvres vont en parallèle, l'expreſſion de la probité
n'en acquiert que plus de certitude.

On ne risque rien d'appeller honnête un viſage qui réunit dans le même degré l'*énergie* & la *bonté*. La bonté, quand elle eſt ſans appui, en-
treprend des choſes qui ſont au deſſus de ſes forces, elle promet ce qu'el-
le ne peut pas tenir, elle commence ce qu'elle ne ſauroit achever. L'é-
nergie qui n'eſt pas adoucie par la bonté, eſt difficile à mouvoir, elle
fait moins qu'elle ne pourroit, elle opprime & devient injuſte. La bonté
ſans énergie eſt un nuage ſans eau ——— l'énergie ſans bonté, un poids
ſans lévier. Quand on poſſède l'une de ces qualités aux dépens de l'autre, on n'eſt guères un parfaitement honnête homme. L'énergie ſeule
eſt dureté, & une trop grande bonté dégénère en ſimplicité. L'une péche par un excès de molleſſe, l'autre par un excès de roideur. C'eſt
dans leur juſte milieu que vous trouverez la force active, l'équité, la
probité.

Ainſi la molleſſe & la dureté, tant qu'elles reſtent iſolées, ne s'aſſocient
point à la probité. Celle-ci demande à la fois de la facilité & de la force,

une force qui n'eft pas oppreffive, & une facilité dont on ne fe joue pas — une combinaifon du fentiment de ce que nous fommes, & de ce que nous ne fommes pas; de ce que nous avons & de ce qui nous manque; de ce que nous poüvons faire & de ce qui eft au deffus de notre portée. Tels font les traits fondamentaux de l'honnêteté. La fourberie eft un défaut d'énergie active, & on cherche alors à couvrir ce défaut par un effort. Tout effort qui n'eft pas fecondé par une force interne, ou par une caufe extérieure immédiate, eft factice. Ce qui eft factice n'eft pas naturel, & ce qui n'eft pas naturel eft oppofé à l'honnêteté. Au refte je ne parle pas ici des efforts louables qui nous font dictés par le |fentiment intérieur, mais feulement de ceux auxquels l'homme a recours pour paroître différent de qu'il eft.

D'un autre côté l'inactivité & le relâchement font tout auffi incompatibles avec la vraie probité que la contrainte. L'homme qui ne fait pas tout ce qu'il peut faire, n'eft pas moins coupable que celui qui va trop loin. On commet une fraude en donnant ou trop ou trop peu, en donnant ou plus ou moins qu'on n'eft en droit de nous demander. L'indolence refte en deça des bornes, la vanité les outrepaffe. L'une nous tient dans un repos funefte, l'autre nous pouffe à des excès.

Ce n'eft donc pas le degré de l'énergie, mais le degré de fon *emploi* qui fait l'honnête homme ou le fourbe. La nature ne nous crée pas fourbes & méchans: en fortant de fes mains, nous fommes tous innocens & purs. Mais vouloir être plus que l'on eft, mais être moins qu'on pourroit être, voilà ce qui nous corrompt. Ces obfervations préliminaires nous fourniront quelques fignes généraux de la probité, parmi lesquels je compte d'abord tout ce qui eft naturel. —— Une force active qui n'eft ni farouche, ni indolente. — De plus, un fon de voix qui a de la douceur, fans être trainant; qui rapide & ferme jufqu'à un certain point, fe plie fans effort au fujet du difcours —— une démarche qui n'eft ni gênée, ni négligée —— la même précifion & la même facilité dans l'écriture, dans les

mou-

mouvemens, dans toutes les actions — dans le ton de l'amour, de l'amitié, de la prévenance & de la politesse.

Je reconnois surtout le véritable honnête homme, aussi bien que le vrai sage, à la manière dont il fait écouter. C'est là l'instant où l'énergie & la bonté, & leur rapport réciproque, se montrent le plus distinctement.

Je mets encore au rang des traits physionomiques de la probité une certaine clarté dans les yeux — un regard lumineux, qui semble réunir le calme à la mobilité, & qui tient le milieu entre le brillant & le terne — une bouche sans grimace & sans contorsions — de l'harmonie entre le mouvement des yeux & celui des lèvres — un teint qui n'est ni trop plombé, ni trop sanguin, ni trop fade.

Les signes dont je viens de faire l'énumération pourront manquer à bien des physionomies honnêtes, mais vous les trouverez difficilement rassemblées dans celles du fourbe.

Un homme qui en riant de bon cœur, ne laisse pas échapper la moindre marque d'ironie; qui après le premier épanchement de sa gaieté, continue à sourire agréablement, & dont le visage prend ensuite un air de satisfaction & de sérénité, mérite à coup sûr notre confiance, & sa probité ne doit pas être révoquée en doute. En général les différentes expressions du rire & du sourire peuvent être envisagées comme autant de distinctions caractéristiques de l'honnêteté ou de la fourberie.

Les traits physionomiques du courage marchent toujours de pair avec ceux de la probité. Toute fraude est lâcheté. D'après ce principe je crois qu'il n'y a point d'état où l'honnêteté soit plus ordinaire que dans le militaire. Elle est d'autant plus rare dans un autre état — que je ne veux pas nommer.

* * *

K 2

CHAPITRE

CHAPITRE II. Fermeté, Sincérité, Discrétion.

Les visages qui réunissent des contours fortement arqués, de foibles sourcils éloignés des yeux, un petit nez flasque, une bouche molle & un petit menton, ont ordinairement à combattre l'inconstance, & la perfidie qu'entraîne la foiblesse.

Des sourcils placés horizontalement, des yeux creux & fortement desfinés & une tension marquée dans la ligne que décrit la bouche quand elle est fermée, m'ont toujours paru des indices infaillibles d'un caractère judicieux & discret.

Un homme qui ne se tient pas ferme sur ses pieds, & qui n'est pas capable de tourner lentement ses regards d'un objet à l'autre, ne brillera ni par la hardiesse des entreprises, ni par la vigueur de l'exécution. Un langage, ou précipité, ou trainant, est de mauvais augure pour l'énergie de l'esprit.

L'homme qui sait écouter, sait aussi se taire, & la discrétion influe essentiellement sur toutes nos actions.

*   *

*

CHAPITRE III. Différens caractères moraux.

Tandisque le *sens droit* se manifeste d'ordinaire par un regard qui porte directement sur l'objet qui est devant lui, & par une belle proportion dans la forme du visage, le *faux esprit* se trahit presque toujours par quelque dérangement des traits de la physionomie, & sur tout de la lèvre; ne fut-ce que dans le moment où il est en activité.

L'homme *modeste*, qui sait se tenir à sa place, qui se donne le temps d'attendre, & qui craint de se mettre en avant, ne s'annonce guères par de grands yeux perçans: il ne sourit pas habituellement, & jamais aux
dépens

dépens d'autrui. Le rire fardonique & la modeftie font auffi oppofés que le oui & le non. C'eft la *vanité* qui aime à fourire, quelquefois même avec amertume. Sa compagne favorite eft l'affectation, & vous ne manquerez pas de la démêler dans les traits voifins de la bouche.

L'*humilité* baiffe les yeux & fe plait à refter en arrière. Elle fe replieroit fur elle-même, fi elle pouvoit le faire fans être obfervée : elle voudroit occuper le plus petit efpace poffible dans la création, pour ne pas être en chemin à ceux qui cherchent à s'étendre : elle eft embarraffée s'il lui arrive d'intercepter, fans le vouloir, la lumière qu'un autre eft jaloux d'attirer fur lui.

L'*orgueil* fe dreffe & s'élève, il fe rengorge, il veut toujours occuper un plus grand efpace, déplacer & éclipfer les autres. Il lui eft difficile de cacher fes prétentions, ou du moins ce ne fauroit être pour longtemps. Et comment pourroit-on dérober à des yeux clairvoyans une ambition toujours entreprenante, toujours inquiète? Il y a furtout un mouvement des fourcils, une manière de les monter & de les contracter alternativement, qui trahit bientôt cette paffion. Tout le monde la reconnoît dans le langage, dans l'accent, les geftes & la démarche. L'orgueilleux s'annonce furtout décifivement dans le moment où il vous approche & dans celui où il vous quitte. La plupart du temps vous lui trouverez un profil avancé & fortement arqué, un nez aquilin & des yeux étincellans.

La *bonhommie* fe peint dans tous les traits du vifage. Elle veut une bouche qui a de la mobilité fans agitation, un front bien voûté, un fon de voix uniforme & doux, une nonchalance qui fuit toute efpèce d'affujettiffement. — Son contrafte eft la *malice*, qui n'eft jamais contente, quoique vous faffiez; qui vous referve une réponfe contradictoire à chaque propofition. Elle a pour caractère phyfionomique un fyftême offeux très-maffif, des traits marqués, une joue qui approche de la forme triangulaire, une mâchoire large & groffière, une lèvre d'en-bas qui déborde, de petits yeux, & un front droit, fillonné de lignes transverfales. Le trait qui s'é-

tend

tend depuis le nez jusqu'à la lèvre fupérieure eft fort rapide & presque fans échancrure.

La *chafteté* fe caractérife moins par les formes que par les attitudes: fon regard baiffé & fa contenance modefte l'indiquent affez. Lorsqu'elle eft une *vertu*, une réfiftance aux attraits de la fenfualité, elle peut s'affocier aux tempéramens les plus fanguins. A l'oppofite eft la *volupté*, qui fe manifefte ou par un regard langoureux & à demi-fermé, ou par des yeux à fleur de tête, collés avidement fur l'objet qui les attire, & enfin par un nez ou courbé, ou fort concave. Le voluptueux amoureux voile fes regards —— celui qui eft purement fenfuel vous fixe avec effronterie.

La *modération* dans les defirs marche toujours de pair avec une phyfionomie repofée & féreine, dont les traits font plus ou moins prononcés. Un extrême relâchement dans le bas du vifage, & particulièrement un menton fort charnu, eft la marque, je ne dis pas d'une intempérance décidée, mais au moins d'un penchant naturel vers ce vice, & il en coûte aux perfonnes ainfi conftituées des combats perpétuels pour ne pas fe livrer aux excès. Un nez ou trop plombé, ou trop colorié, l'œil hagard & des lèvres mal clofes, font la fuite ordinaire de l'ivrognerie.

Des contours hardiment prononcés, mais fans dureté, de petites lèvres bien fermées, des yeux perçans & des paupières fupérieures qui fe replient, dénotent un *homme appliqué*. L'*indolence* n'a pas befoin d'être caractérifée: toute la maffe du corps l'annonce, furtout le bas charnu & fpongieux du vifage, la bouche ouverte, l'abattement des yeux, les bras pendans. La *douceur* a tous les dehors de la tranquillité & du calme. Les yeux n'ont ni courbures, ni angles marqués; le nez irrégulièrement desfiné, n'avance presque jamais par le haut: il y a plutôt une petite cavité vers la racine; les lèvres bien ondées ne s'affaiffent pas dans les coins; le front eft couvert d'une peau fine & unie. J'adopte comme fignes de l'*emportement* un front, ou proéminent & fort offeux, ou perpendiculaire & mal arrondi par le haut, des fourcils épais, le plus fouvent de

grands

grands yeux, & quelquefois auſſi de petits yeux bruns, un grand nez & une grande bouche, un menton large & ſaillant avec de profondes inci- ſions, une eſpèce de tremblement dans la lèvre inférieure, une voix ſo- nore, une démarche rapide & inquiète, un pas lourd.

La *nobleſſe du caractère* reparoît principalement dans le paſſage du front au nez: elle ne ſouffre ni entaille, ni inégalité, ni disproportion dans cet- te partie du viſage. Vous la reconnoîtrez d'ailleurs à la ſérénité du re- gard, à des yeux bien fendus, mais qui ne ſortent jamais à fleur de tête ▬▬ au deſſin gracieux de cette partie musculeuſe qui s'étend depuis l'aile du nez jusqu'à la bouche, & pour laquelle la Phyſiologie n'a pas encore inven- té de nom ▬▬▬ enfin à l'arrangement, à la forme & à la propreté des dents. La *baſſeſſe* ne ſauroit ſe déguiſer. Tantôt elle baiſſe le front, com- me ſi elle méditoit; tantôt elle ſe raviſe ſubitement, & s'efforce de redres- ſer la tête, ſans qu'elle parvienne à la tenir longtemps levée, & moins encore à la fixer dans l'équilibre du repos. Son regard eſt profond, tou- jours aux aguets, jamais ſérein, jamais content. Sa bouche oblique eſt défigu- rée par de longues dents mal rangées : elle s'ouvre comme un ſépulcre, dès qu'on vient à parler du bonheur ou du malheur d'autrui. Je ne connois rien de plus cruel & de plus déchirant pour un cœur ſenſible, que l'aſpect d'un homme bas, dans l'inſtant où il triomphe de l'innocence opprimée & timide. La patience des anges ne tient pas contre un tel ſpectacle.

La *libéralité* & l'*avarice*, miſes en comparaiſon, ſe diſtinguent aiſément, quand même elles ne ſeroient pas occupées préciſément à prendre ou à donner. L'air de ſatisfaction & l'inſouciance de l'une, l'inquiétude & la circonſpection de l'autre, forment un contraſte qui n'échappe à perſonne. Obſervez ſeulement la démarche de l'avare quand il vous quitte après un refus, ſurtout s'il n'a pas eu le temps de ſe préparer à ſon refus; & ſup- poſé même qu'il l'ait prévu, ſa prudence ſera pourtant en défaut, & vous le démaſquerez. Sa lèvre eſt toujours marquée d'un *Noli me.*

L'homme *grave* & *décent* vous découvre un front oſſeux, quarré & ſillon- né de rides égales ▬▬▬ de petites pliſſures presque perpendiculaires &
foible-

foiblement prononcées entre les fourcils ——— des lèvres qui ne font ni pendantes, ni jointes avec effort: il fe fait connoître par fon maintien & fes mouvemens, par l'air dont il vous aborde & vous congédie, par l'attention modefte avec laquelle il vous écoute, enfin par des réponfes fages, pertinentes, & qui vont toujours au but, fans écart ni détour. L'é-tourdi & le *moqueur* remuent fans ceffe les lèvres, ils ne fe donnent pas le temps de vous entendre, & leurs réponfes ne font jamais fatisfaifantes. Ils ont toujours la bouche de travers, plus ouverte d'un côté que de l'autre.

La *force de la volonté* eft accompagnée du calme & de la concentration. Une tranfition bien marquée du front au nez, un large nez plus ou moins courbé vers le haut, & un front ouvert qui fe rétrécit doucement par le bas, font les fignes d'un *courage* entreprenant, qui eft fûr de fon énergie & de la réuffite de fes plans.

ADDITIONS.
A.

1. **C**aractère plein de bonté, de candeur & d'ingénuité, mais sans esprit, sans activité & sans énergie.

J'en dirai autant du 2, en ajoutant que le nez me paroît encore plus stupide, ou du moins plus foible que celui du précédent. Ce trait, considéré à part, a de la finesse dans le profil 1.

3. signifie peut-être la modestie d'un tempérament sanguin, peut-être aussi la circonspection d'un homme sensé, mais dont le jugement n'est pas à l'abri de l'erreur.

4. Grandeur & noblesse d'ame, sincérité, droiture de sens, & le tout avec un tempérament très-sanguin.

5. Humilité qui provient d'un retour sérieux sur soi-même.

6. C'est la même expression, seulement avec un petit mêlange de sensualité dans le bas du visage.

7. 8. Exacts jusqu'à la sévérité & fermes par réflexion, ils se recommandent encore par une activité infatigable & une probité éclairée.

ADDITION B.

Malgré la foiblesse du 3 & du 4, nous les préférerions pourtant aux N°. 1. 2. 5. 6. mais s'il falloit un choix, nous nous déciderions sans balancer pour 7 & 8. La sagesse est dans le calme, & une physionomie dont les traits manquent d'harmonie, peut-elle admettre un esprit tranquille? La force du corps, abandonnée à elle-même, sans culture & sans raison, engendre la fureur & une colère indomptable. Gardez-vous de vous lier d'amitié avec un homme qui ressembleroit une seule fois en sa vie au 1. ou au 2. La vraye sagesse lui est étrangère, lors même qu'il n'est pas agité. Ses momens de repos ne font que des momens de foiblesse, & il ne reprend des forces que dans ses emportemens. 5 & 6. font des esprits foibles & grossiers, vides d'idées & pleins de prétentions, méprisans & méprisables, incapables d'aimer & indignes de l'être. Je le répète, nous nous en tiendrons au 7 & au 8, & nous leur passerons un peu de rudesse, parce qu'ils péseront tranquillement ce qu'on leur dira, parce qu'ils répondront sensément & de bonne foi à ce qu'on leur demandera, & qu'ils tiendront fidèlement ce qu'ils auront promis.

TROISIEME

TROISIÈME FRAGMENT.

DU SEXE FÉMININ.

SOMMAIRE du TROISIEME FRAGMENT.

TROISIÈME FRAGMENT.

CHAPITRE I. OBSERVATIONS GÉNÉRALES SUR LE SEXE FÉMININ.

Je commencerai d'abord par avouer que mes obfervations fur cette moitié du genre humain feront très-circonfcrites. J'ai très-peu fuivi les femmes dans les occafions où elles peuvent être étudiées & connues; je ne les ai vues ni dans les grandes fociétés, ni dans le cercle de l'intrigue, ni au théatre, ni au bal, ni au jeu. Je les fuyois même dans ma première jeuneffe, & je n'ai jamais été —— *amoureux.*

Après une telle confeffion de ma part, quelqu'un me dira peut-être: „ vous auriez mieux fait de fauter ce Chapitre & de l'abandonner à un „ *connoiffeur*".

A la bonne heure; mais on ne gagne pas toujours à céder fa tâche. Un autre, quelqu'habile qu'il fut, auroit-il traité la matière à mon gré? l'auroit-il envifagée fous le même point de vue? & le peu que j'en dirai, l'auroit-il dit précifément comme moi?

J'ai fouvent frémi, & je frémis encore, en confidérant jufqu'à quel point la Phyfiognomonie peut compromettre les femmes, à combien d'inconvéniens cette Science peut les expofer.

Il en eft malheureufement de la Phyfiognomonie comme de la Philofophie, de la Poëfie, de la Médecine, & de tout ce qui porte le nom d'Art ou de Science. La *vraye Philofophie* conduit à la *Religion*, & la *demi-Philofophie* achemine à l'*Athéisme.* On peut conclure après cela que les femmes auront beaucoup à craindre de la Pfeudo-Phyfiognomonie.

Ne défefpérons pas cependant. Toutes les *connoiffances humaines* ont leurs *périodes:* elles doivent avoir un commencement & des progreffions, avant d'arriver à la perfection. Ce n'eft que par des chûtes que nous apprenons à marcher ; mais la crainte de tomber, retiendra-t-elle nos piés dans l'inaction ?

Voici en attendant ce qui eft pofitif. Le vrai fens phyfionomique à l'égard du fexe féminin eft un affaifonnement de la vie, & un préfervatif efficace contre l'aviliffement.

Je dis qu'il eft pour l'homme un *affaifonnement de la vie.* Mitiger la rudeffe de nos mœurs, nous relever & nous foutenir dans nos momens de foibleffe, calmer notre efprit dans les emportemens les plus violens, ranimer l'énergie de notre caractère, diffiper nos chagrins & notre mauvaife humeur, charmer nos ennuis & égayer notre triftcffc, répandre des agrémens fur les chemins les plus épineux de la vie — voilà ce que peut une femme par les attraits de fa figure & par la nobleffe de fes fentimens. Son afpect, un doux ferrement de fa main, une larme prête à couler —— en faut-il davantage pour attendrir l'homme le plus endurci? Rien n'opère fur nos cœurs avec plus d'efficace & de douceur que le fentiment vif & pur de cette éloquence phyfionomique des femmes; & je ne crains pas de le dire, ce fentiment eft un bienfait du Créateur: il ajoute un nouvel intérêt à tant de détails indifférens, fatigans & monotones qui reviennent fans ceffe; il adoucit les amertumes dont la carrière la plus heureufe eft toujours femée. Souvent lorsqu'accablé fous le poids d'un travail déchirant, mon ame étoit ferrée —— lorsque mes yeux étoient inondés de larmes brulantes, & ma poitrine preffée d'angoiffe — quand, le cœur plein de mes penfées, j'étois inhumainement repouffé par ceux auxquels j'avois befoin de les communiquer —— quand je voyois mes actions les plus fimples & les plus honnêtes, empoifonnées par la calomnie, l'impulfion facrée de la vérité honnie & taxée de frénéfie —— dans ces momens d'ardeur & de détreffe, où je cherchois inutilement autour de moi un rayon de confolation, mes yeux fe deffilloient tout à coup, & j'étois frappé d'une douce lumière qui me recréoit & me revivifioit.

C'étoit

C'étoit le regard senfible & tendre d'une femme dont j'avois fuffifamment éprouvé la fermeté & le courage; c'étoit la phyfionomie modefte & pure d'une femme chérie qui fait lire fur le vifage de fon époux, & démêler dans les replis les plus cachés de fon ame la moindre de fes émotions, fes plus légères fouffrances; d'une femme qui eft toujours prête à alléger fes peines, & qui dans ces inftans s'embellit à mes yeux comme un ange, fans qu'elle foit douée d'aucun de ces avantages naturels que le vulgaire croit inféparables de la *beauté*.

Etudier le mérite & les grandes qualités d'un Sexe qui a tant de pouvoir fur nous, c'eft le plus noble ufage que nous puiffions faire de notre fentiment phyfionomique.]

J'ai dit en fecond lieu que ce même fentiment eft auffi un *préfervatif contre l'aviliffement*.   Guidé par lui, vous apprendrez à connoître & à fixer la ligne de féparation entre l'efprit & les fens ——— vous pourfuivrez la raifon jufqu'au point où elle femble fe confondre avec la fenfibilité ——— vous démêlerez le vrai fentiment, du faux qui n'eft qu'un jeu de l'imagination——— vous diftinguerez la coquetterie de l'amour, & l'amour de l'amitié ——— vous refpecterez davantage l'innocence des femmes & la pureté de leurs mœurs ——— vous fuirez ces fyrènes impudentes, dont les regards révoltent la modeftie & la vertu. Suivez votre guide, & vous vous détournerez de telle femme qui attire les hommages de la multitude; vous ferez indigné de l'infolent orgueil de fon filence, de l'afféterie de fon langage précieux & vide de fens, de fon regard dédaigneux qui ne s'arrête jamais fur les mifères de l'humanité; vous remarquerez fon nez impérieux———fes lèvres relâchées par l'ineptie, détraquées par le mépris, teintes par l'envie, à demi-rongées par l'intrigue & la méchanceté; vous retrouverez jufques dans l'arrangement de fes dents la jaloufie, l'avidité, la paffion de commander ——— & tous ces traits, & tant d'autres qui ne vous échapperont pas, vous mettront en garde contre l'appat funefte des charmes qu'elle étale fans rougir. Suivez votre guide, & vous fentirez combien il feroit humiliant d'être furpris par une phyfionomie dont vous avez démafqué les vices. ——— Je cite un feul exemple entre mille.

Mais

Mais fi d'un autre côté vous voyez la beauté dans tout fon éclat, dans toute fa dignité & dans toute fa pureté —— une de ces femmes candides & fenfibles qui frappent au premier abord, & qui exercent un empire irréfiftible fur tous ceux qui les approchent —— fi vous découvrez fur fon front voûté une aptitude étonnante à recevoir les inftruction du fage —— fi vous appercevez dans fes fourcils concentrés, mais non trop fortement tendus, un fond inépuifable de fageffe —— dans le contour délicat de fon nez le goût le plus fin & le plus épuré —— dans la blancheur de fes dents, & dans la fraicheur de fes lèvres, le tendre intérêt que dicte la bonté —— dans chaque mouvement de fa bouche, la bienveillance & la douceur, l'humilité & la compaffion —— dans le fon de fa voix, une noble modeftie; fi vous rencontrez dans fes yeux à demi-baiffés & doucement mobiles, une ame qui femble appeller la vôtre; fi elle vous paroît fupérieure à tous les tableaux & à toutes les defcriptions; fi vos fens enivrés fe délectent aux perfections de fa belle forme; fi ces perfections vous échauffent comme les rayons d'un foleil bienfaifant —— votre fentiment phyfionomique tant vanté, ne risque-t-il pas de vous égarer, de vous perdre?

Si ton œil eft fimple, tout ton corps fera éclairé. Le *fentiment phyfionomique* eft-il autre chofe que la *fimplicité de l'œil?* Nous ne faurions étudier l'ame dégagée du corps, mais c'eft par l'extérieur que nous jugeons de l'intérieur, & plus l'efprit parle à nos yeux, plus nous refpectons le corps qui lui fert d'enveloppe. L'homme pénétré d'un fentiment qui émane de la Divinité, pourroit-il profaner ce que Dieu a fanctifié? le *profaner*, c'eft à dire l'affliger, l'avilir, le défigurer, le détruire? Si une grande & belle phyfionomie ne vous infpire pas le refpect & un amour fondé fur la vertu, le fentiment phyfionomique n'eft pas fait pour vous, car il eft une *révélation de l'efprit.* Il eft le gardien de la chafteté, il reprime les defirs déréglés, il élève l'ame, & il communique cette élévation aux phyfionomies qui font en correfpondance avec la vôtre. L'énergie commande le refpect, le fentiment de l'amour produit l'amour même —— mais un amour défintéreffé, mais un amour pûr comme celui des Anges. —— Arrêtons-nous!

✽ ✽
❀

CHAPITRE

CHAPITRE II. Parallèle entre les deux Sexes.

Généralement parlant, les femmes font beaucoup plus délicates, plus tendres, plus fenfibles & plus paffibles, plus faciles à former & à conduire, que le fexe mafculin.

La matière première de leur fubftance paroît plus molle, plus irritable & plus élaftique, que la nôtre.

Elles font créées pour être époufes & mères tendres. Tous leurs organes font fubtils, flexibles, faciles à émouvoir & à bleffer, fufceptibles en tout fens.

Entre mille femmes on en compte à peine une feule qui ne porte les caractères diftinctifs de fon fexe —— la molleffe des chairs, l'arrondiffement des muscles, & l'irritabilité du fyftême nerveux.

Elles font le reflet de l'homme, prifes de lui, faites pour lui être foumifes, pour le confoler de fes chagrins, pour alléger fes peines. Leur bonheur confifte *à procréer des enfans, & à les élever dans la foi, dans l'efpérance, dans l'amour.*

Avec ce caractère de tendreffe, avec cette fubtilité & cette mobilité de leurs fens, & avec ce tiffu léger de leurs fibres & de leurs organes, il n'eft pas furprenant qu'elles foyent fi dociles & en même temps fi foibles, fi promptes à céder à un fexe plus entreprenant & plus fort. Mais d'un autre côté le pouvoir de leurs charmes l'emporte fur la puiffance de l'homme. *Ce n'eft pas l'homme qui a été féduit le premier, mais c'eft la femme; & l'homme a été féduit à fon tour par la femme.*

Soyons juftes cependant. Si la femme fuccombe aifément à la féduction, fon cœur n'eft pas moins porté à chérir la vertu, à fe tourner au bien, à recevoir toutes les impreffions qui peuvent l'ennoblir, l'épurer & la rendre aimable. Les femmes ont un goût naturel pour tout ce qui tient à la *propreté*, à la *beauté*, à la *fymètrie*. Il eft feulement dommage qu'elles s'attachent presque toujours trop à l'extérieur, & qu'elles ne fachent pas apprécier le mérite intrinféque. *La femme vit que le fruit étoit bon à manger & agréable à voir ; & l'arbre lui plut parce qu'il donnoit la fcience , & elle mangea de fon fruit.*

L'homme *penfe*, & la femme *fent*. La force de l'un confifte dans la *réflexion*, la force de l'autre dans le *fentiment.*

L'empire des femmes eft fouvent plus folide, plus abfolu que celui des hommes. Elles l'exercent par un regard, par une larme, par un foupir. Malheur à elles, quand elles ont recours à l'emportement & à la violence ; ç'en eft fait alors de leur pouvoir, & nous les prenons en averfion.

Parmi les vertus de leur Sexe, je compte la fenfibilité la plus pure, une tendreffe de cœur inépuifable, une belle fimplicité de mœurs, une ferveur d'attachement qui va quelquefois jufqu'à l'héroïfme.

La phyfionomie de la femme porte l'empreinte d'une fainteté inviolable, que l'homme d'honneur fe fait un devoir de refpecter, & qui en impofe fouvent aux libertins les plus effrénés.

Irritables par conftitution, peu accoutumées à penfer, à raifonner & à difcerner, entrainées par le torrent du fentiment, elles deviennent aifément *fanatiques*, & rien ne peut les ramener.

Chez elles *l'amour* le plus ardent n'eft pas à l'abri de l'inconftance. Leur *haine* au contraire eft prefque toujours implacable, & ce n'eft que par une flatterie adroite qu'on parvient à les appaifer.

L'efprit de l'homme embraffe *l'enfemble* ; la femme s'attache aux *détails*, elle épluche chaque ingrédient.

Il eft affez naturel que la *timidité* foit l'apanage ordinaire d'un Sexe foible. L'homme favoure le fpectacle majeftueux d'un ciel chargé d'orages, fon ame s'élève quand il entend la foudre gronder fur fa tête. La femme tremble à l'approche du tonnerre ; elle fe cache devant l'éclair, & cherche un afile dans les bras de fon protecteur.

L'homme

L'homme contemple l'arc en ciel comme un météore de la nature ; la femme n'y voit que le jeu des couleurs. Elle fixe ce phénomène à la place où il paroît ; l'homme en pourfuit les rayons dans tout le cercle qu'ils parcourent.

Dans les mêmes circonftances, la femme *pleure*, & l'homme eft tout au plus *férieux* ; elle fe *défole* d'un événement qui chez nous excite à peine un *regret* ; elle fe livre à l'impatience & au murmure, & nous ne fongeons pas feulement à nous plaindre — & cependant la foi de la femme eft plus forte que la foi de l'homme.

Un *homme irréligieux* reffemble à un malade qui fe perfuade qu'il eft bien portant & qu'il peut fe paffer de Médecin. Une *femme fans religion* eft une créature dégoutante. Elle nous révolte quand elle veut faire l'efprit fort, car elle eft formée pour la dévotion & la piété. C'eft aux femmes que le Sauveur reffufcité apparut les premières, mais il fut auffi reprimer leur trop grand empreffement : *ne me touchez.pas.*

Tout ce qui eft neuf & extraordinaire les faifit rapidement & les égare.

Livrées au fentiment feul, elles s'oublient en préfence de l'objet aimé.

Elles font fujettes à tomber dans la plus profonde mélancolie, & leurs jouiffances les raviffent en extafe.

Le fentiment de l'homme prend fa fource dans l'imagination, celui de la femme part du cœur.

Leur franchife eft plus ouverte que la nôtre ; refervées, elles font impénétrables.

A tout prendre elles font plus *patientes*, plus *indulgentes*, plus *bienfaifantes*, plus *confiantes* & plus *modeftes* que nous.

Si l'homme occupe la première place dans l'échelle de la création, le second échellon appartient à la femme. L'homme *seul*, ne l'eſt qu'*à demi*; c'eſt un Roi ſans empire. Il eſt l'honneur & le ſoutien de la femme, mais ce n'eſt que par la femme auſſi qu'il devient ce qu'il peut. & cè qu'il doit être. *C'eſt pourquoi l'homme ne doit pas reſter ſeul. Il abandonne ſon père & ſa mère pour ſuivre ſa femme. Il n'eſt qu'une chair avec elle.*

Rapprochons les rapports phyſionomiques des deux ſexes :

La conſtitution de l'homme eſt plus ſolide —— celle de la femme plus molle.

La forme de l'homme eſt plus droite ——celle de la femme, plus ſouple.

L'homme marche d'un pas ferme —— la femme poſe ſes pieds avec défiance.

L'homme contemple & obſerve —— la femme regarde & ſent.

L'homme eſt grave —— la femme légère.

Le corps de l'homme eſt plus grand & plus large —— le corps de la femme plus petit & plus effilé.

La chair de l'homme eſt dure & rude ——. celle de la femme douce & tendre.

Le teint de l'homme eſt brun —— celui de la femme eſt blanc.

La peau de l'homme eſt ridée —— celle de la femme plus unie.

La chevelure de l'homme eſt plus courte & plus forte —— celle de la femme plus longue & plus fine.

Les ſourcils de l'homme ſont ferrés —— ceux de la femme plus clairs.

Les lignes phyſionomiques de l'homme ſont proéminentes —— celles de la femme rentrent davantage.

Elles ſont droites chez l'homme —— arquées chez la femme.

Les profils d'homme ſont moins ſouvent perpendiculaires que les profils de femme.

Les traits de l'homme ſont plus angulaires —— ceux de la femme plus arrondis.

✳   ✳
✳

ADDITIONS,

ADDITIONS au TROISIEME FRAGMENT.

AVANT-PROPOS.

Les Additions de ce Fragment devroient être en grand nombre, mais je dois me reſtreindre. Je ſupplie le Lecteur de conſidérer la multiplicité des objets que j'ai traités, & de ceux que je dois traiter encore ; je le ſupplie de ne pas oublier que je me borne à de ſimples ESSAIS. Quelqu'imparfaits qu'ils ſoyent, ils ne ſeront pas inutiles à l'obſervateur attentif, & ils contribueront à augmenter la maſſe de ſes idées. Obligé de reſſerrer mes remarques, je ſerai d'autant plus ſcrupuleux dans le choix des exemples, & je tâcherai d'y concentrer la ſubſtance des préceptes qui pourront guider avec ſuccès les Amateurs de la Science.

Ma première page ſera décorée par les contours timides de deux femmes ſublimes. Ils prouveront que la plus foible copie ne ſauroit détruire entièrement l'eſprit & le caractère d'une grande phyſionomie.

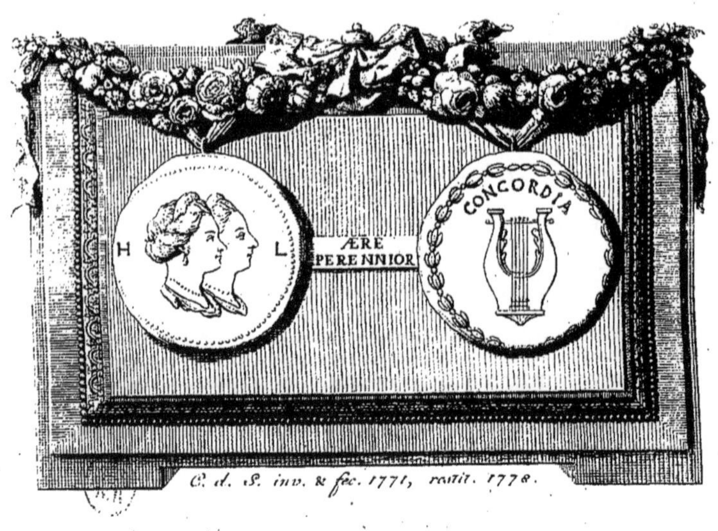

ADDITION A.

J'ignore s'il s'agit ici de la même perſonne repréſentée dans les quatre âges de la vie; mais on ne le diroit pas, & en tout cas la progresſion feroit mal-gardée. Ce font pourtant des phyſionomies de famille, peut-être une mère avec fes trois filles, dont l'ainée m'a l'air d'une maîtreſſe femme dans l'intérieur de fon ménage.

La feconde paroît être auſſi une honnête & excellente perfonne, laborieuſe, amie de l'ordre, droite & fincère.

La cadette fe recommande par un fonds de douceur & de bonté: l'œil & le nez en font foi. Je lui crois plus de folidité & de tact que de vivacité, plutôt une fageſſe réfléchie que l'efprit de faillie.

La vieille eſt d'un caractère naturellement poſé & judicieux; & cependant elle pourroit bien l'emporter fur les trois autres du côté de l'efprit & de l'activité.

A D D I T I O N B.

Les fronts de cette vignette font abfolument eftropiés. Le deffin en eft écrafé, fans nuance & fans délicateffe. Comment peut-on affocier le front & le menton du N°. 1. avec un nez auffi judicieux?

2. Modèle de probité, d'humilité, de piété & de toutes les vertus domeftiques.

3. Carricature d'une phyfionomie du plus grand genre. Couvrez le haut & le bas du vifage, & le milieu vous offrira une fupériorité d'expreffion que vous ne retrouverez pas aifément.

4. Barbouillage impardonnable d'un profil plein de nobleffe, & qui a fubi le fort commun aux portraits de tous les grands perfonnages. On attrape leur reffemblance jufqu'à un certain point, & malgré cela, on manque le véritable efprit de la phyfionomie, on la dépayfe, on en fait une carricature.

Le front du profil placé au bas de la page eft d'une froideur glacée, mais les autres traits fans exception promettent beaucoup, & furtout un caractère bienveillant, quoiqu'enclin à la mélancolie. C'eft la fille d'une mère du plus grand mérite, & elle fera le bonheur de l'époux qui fe rendra digne de fon cœur.

ADDITION C.

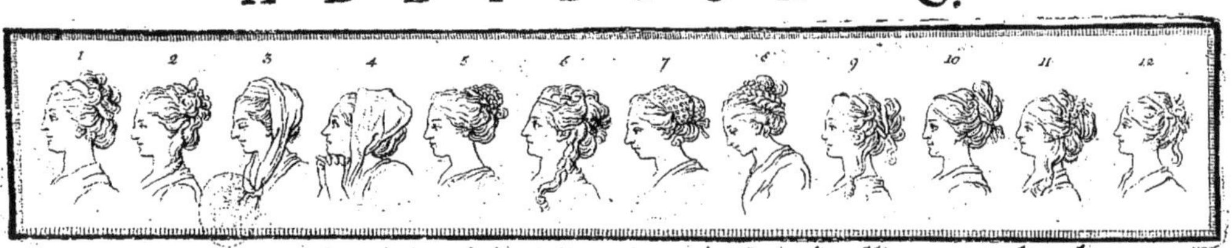

1. Cette phyfionomie eft bonne & honnête; mais elle n'a pas l'ombre de fagacité.

2. L'intention du Peintre étoit de repréfenter un caractère doux & gracieux, mais il a trop affoibli l'expreffion.

3. doit être l'image de l'humilité. L'enfemble de cette phyfionomie me pèfe, parce qu'elle eft un compofé de contraftes; mais fi vous cachez le front & l'œil, elle acquiert une véritable grandeur.

4. Attitude & gefte d'une dévotion fervente & éclairée, mais l'expreffion phyfionomique ne répond guères à l'attitude.

5. Je ne conçois pas comment le Deffinateur a pu nous donner cette tête pour l'idéal d'un caractère religieux. C'eft une phyfionomie pleine de bonté & de probité, voilà tout; & encore faut-il faire abftraction du front, qui eft peu fignificatif. Cette partie n'a pas trop bien réuffi en général dans toute la rangée.

6. Si elle n'étoit pas manquée dans ce profil ci, il pourroit paffer pour judicieux, pour une phyfionomie du plus grand genre.

7. fera une bonne ménagère, amie de l'ordre, de la propreté & de l'économie.

8. Je la crois fidèle à remplir fa tâche, fcrupuleufe à s'acquitter de tous les devoirs qui lui font impofés.

9. A l'exception du front, ce vifage annonce une raifon faine, beaucoup de lumières naturelles, de la facilité à s'exprimer, & de la vivacité.

10. Vertu & probité.

11. Douceur qui va jufqu'à la réfignation.

12. C'eft la candeur qui naît d'une bonté éclairée & d'un efprit fatisfait.

ADDITION

ADDITION. D.

1. **C**aractère droit & ferme, judicieux, réfolu, & qui faura réfifter à la féduction.

2. C'eft la carricature d'une phyfionomie judicieufe ; elle exprime une fenfualité qui n'eft pas excitée par de grandes paffions.

3. Le front eft fort affaiffé, le nez trop émouffé. L'enfemble rappelle une bonté enfantine.

4. Excepté le front, ce profil indique une femme éclairée qui veut le bien, qui femble faite pour diriger & pour régner.

5. Innocence, droiture, honnêteté, & bienveillance.

6. Excellente mère de famille, active & laborieufe, une véritable femme de bien qui réunit les qualités du cœur à celles de l'efprit.

7. Cette phyfionomie eft recommandable par fa belle fimplicité : elle eft droite & honnête fans le moindre apprêt. Le regard promet plus de clarté que de profondeur.

8. Celle-ci n'a pas la même énergie : elle paroît un peu dégradée par la fenfualité.

9. Phyfionomie honnête qui ne manque pas de nobleffe, mais dont 'ingénuité naturelle pourroit devenir dangereufe.

10. Plus avifée & plus rufée que la précédente.

11. Efprit jufte & folide, dont la probité ne fauroit être révoquée en doute.

12. Elle a plus de fentiment, plus de fineffe & de pénétration que toutes les autres.

ADDITION E.

Pas une de ces physionomies n'est méchante.

1. a de la simplicité, de la candeur ; mais elle est froide & n'a rien de distingué.

2. est un peu plus tendre & plus aimante.

3. humble, dévote & réfléchie.

4. se trouve dans une extrême angoisse, & l'élan de sa prière semble partir d'un cœur désespéré.

5. Les yeux annoncent une sagacité qui va jusqu'à la finesse, presque jusqu'à l'intrigue; mais le bas du visage est foible.

6. Ce visage n'est pas fait pour la joye. Il observe en silence & ne démentira jamais sa modestie naturelle.

7. Caractère rusé, avec beaucoup de perspicacité, d'esprit & d'enjouement, mais sans la moindre méchanceté.

8. Cette femme est laborieuse, attentive, paisible, amie de la retraite ; la moindre chose l'allarme.

9. Physionomie ouverte, pleine de bon-sens & de bonne humeur, avec un excellent fond de probité & de bonhommie.

10. Celle-ci est flegmatique, timide & scrupuleuse; & cependant on peut se fier à la bonté & à la noblesse de son caractère.

11. Beaucoup de finesse, de délicatesse & d'irritabilité. Elle l'emporte sur les deux précédentes du côté de l'intelligence.

12. Esquisse manquée d'un caractère sans malice & sans plan, mais simple & serviable.

ADDITION

ADDITION F.

C'eſt la même perſonne repréſentée ſous quatre faces différentes. Je n'ai pas la ſatisfaction de connoître cette Dame, mais ſa réputation lui aſſigne un eſprit transcendant qui s'élève jusqu'aux idées *les plus abſtraites*. Il eſt plus aiſé d'apprécier le mérite d'un individu, que de deſſiner ſon portrait. Dans ceux-ci on auroit de la peine à retrouver le caractère d'une femme qui depuis bien des années paſſe à juſte titre pour un *génie*. Trois de ces figures n'annoncent abſolument rien d'extraordinaire; mais dans la ſeconde, l'enſemble autant que les détails, le front, l'œil & la bouche, retracent un être qui penſe avec énergie. L'obliquité & la mesquinerie du 4. ſont évidemment un effet de la manière & du ſtyle du Peintre. Les yeux 3. & 4. ne diſent presque rien du tout. La bouche & le menton 3. dégénèrent en bonté enfantine. Couvrez l'œil 1, & le reſte du profil eſt plein de ſagacité.

J'ajoute en contraſte une tête dont il ſuffit de voir une partie, pour ſe perſuader qu'il n'y a rien à eſpérer du total.

ADDITION G.

CONTOURS DE FEMMES.

Ces 24 contours font tirés des deſſins de *Chodowiecky*.

1. Sa bonté morale avoiſine presque le ſublime, mais c'eſt une tête creuſe, que je ſerois fâché cependant d'appeller ſtupide.

2. Celle-ci a plus d'originalité & d'énergie. Elle eſt entreprenante, & d'un caractère aſſez décidé pour ſe faire jour par tout où elle voudra.

3. En voici une qui eſt encore vide d'idées, foible, ſenſuelle & inſignifiante.

4. Elle pourra s'élever au deſſus du médiocre, mais elle n'ira jamais au grand.

5. vacille entre la médiocrité & la grandeur. C'eſt un caractère intelligent, bon & ſolide.

6. Plus de légéreté que de ſageſſe, mais tant s'en faut qu'elle ſoit bornée.

7. Bonne, flegmatique, plaiſante peut-être, mais triviale, ſans eſprit & ſans énergie.

8. Légéreté facétieuſe, volupté accompagnée de malice.

9. Couvrez l'œil & le haut du profil, le reſte vous offrira une phyſionomie noble, ſage & généreuſe.

10. Ici encore il faut cacher la partie ſupérieure, pour ne pas méconnoître la bonté, la cordialité & la douceur de l'enſemble.

11. Cette figure eſt forcée, ſans grace & ſans décence: vraiſemblablement la carricature de quelque chanteuſe de théatre.

12. Le front eſt dur, pareil à ceux de 9. & 10. Le reſte du viſage eſt non-ſeulement judicieux, mais plein de ſageſſe.

13. Cette perſonne aſſocie à ſa jovialité naturelle une dévotion qui n'eſt pas éclairée.

14. Celle ci eſt bien plus aviſée, plus meſurée & plus ruſée, mais elle n'a pas le même degré de bonté. Cette phyſionomie a l'air de s'occuper d'un objet qui l'intéreſſe particulièrement.

15. Entêtée, active & d'une économie ſévère: il eſt à parier qu'elle a le propcs très-commun.

16. Mêlange de malice & de folie. Ces yeux ſont ruſés, le nez dur, la bouche ſtupide & avide.

17. C'eſt une belle tête, ſi vous voulez; mais avec toute ſa bonté & ſa ſérénité elle ne ſignifie pas grand choſe.

18. Quoiqu'en diſe la manie des profils grecs, il y a plus de petiteſſe que d'agrément dans celui-ci: la bouche ſurtout eſt très-déplaiſante.

19. Ce front eſt encore inſupportable. A cela près, le viſage eſt judicieux, mais d'un froid qui glace.

20. Elle

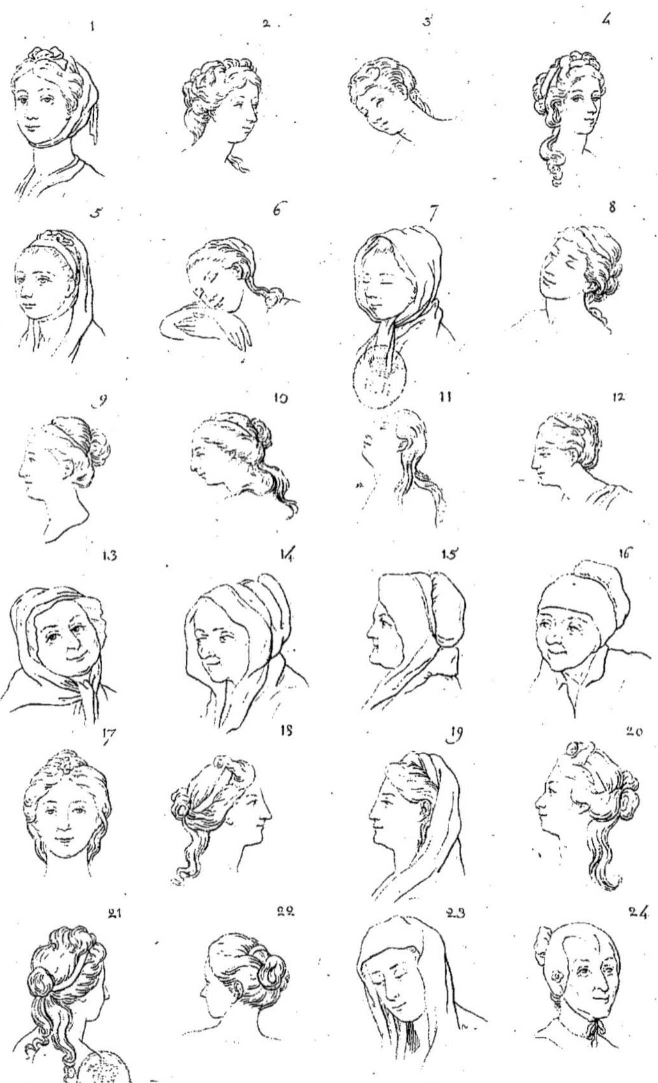

1
2
3
4
5
6
7
8
9
10
11
12
13
14
15
16
17
18
19
20
21
22
23
24

20. Elle eſt aux écoutes, & ſemble réfléchir ſur ce qu'elle entend. Le front eſt manqué derechef, l'œil foible, pas un ſeul grand trait.

21. Phyſionomie voluptueuſe & ſanguine, peu d'eſprit, & pourtant elle a une certaine ſupériorité.

22. Je n'en attendrai rien de grand, ni d'élevé, mais le nez me plait aſſez.

23. Piété ſans élévation, plus de ſuperſtition que de vues éclairées.

24. Cette perſonne pourra ſe rendre utile dans une ſphère bornée. Elle a ſûrement l'envie de faire le bien, & de la gaieté dans l'humeur; je la crois d'ailleurs bonne ménagère.

Je finis cette Addition par le portrait d'une des femmes les plus ſpirituelles que j'aye jamais vues. Le talent poëtique, la force de la penſée & l'originalité ſe réuniſ-ſent rarement à ce point dans une même tête. Comme cet œil vous épie! Comme ce front pèſe les idées! Comme ce nez preſſent & prédomine! Femme admirable, tâ-chez d'être tout ce que vous pouvez devenir, & vous ſerez unique entre dix-mille — ou bien ſoyez ſeulement ce que vous êtes, & dix-mille voix diront encore que vous êtes au deſſus de mes éloges.

ADDITION H.

LA PRUDENCE.

Otez à cette figure les attributs qui la caractérifent, le ferpent de la main droite & le miroir de la gauche, & je vous défie de la re-connoître. Avec un tel vifage, on n'a jamais écrit les préceptes de la *Prudence* ; cette bouche ne les a jamais prononcés ; ce regard enfantin, cette attitude, ce maintien leur font contraires en tout fens. Le front feul pourroit être fignificatif, s'il étoit terminé par des fourcils différens. Dans tout le contour extérieur depuis l'œil jufqu'au cou, je ne retrouve pas une feule nuance que je puiffe rapporter à la *Prudence*. L'enfemble eft fade, fenfuel, inepte ——— & rien de plus.

Comparez ce profil - ci, & admirez en l'heureufe organifation. Que de modeftie, de bonté, & de docilité! quelle délicateffe inaltérable! On croit entendre fortir de cette bouche une voix enchantereffe. Il n'y a qu'un mauvais cœur qui puiffe chagriner ou offenfer une telle phyfio-nomie.

PLANCHE XIV.

LA PRUDENCE.

Lais
Corinthiaca
Zapres
Holben

ADDITION I.

LAÏS DE CORINTHE.

L'original qui appartient à la Bibliothèque de Bâle, eſt, à mon avis, un chef d'œuvre de l'Art, & ſans contredit le meilleur morceau de *Holbein.* Que n'ai-je pu le préſenter à mes Lecteurs dans toute ſa perfection! La noble ſimplicité du tableau, & la douce chaleur qui l'anime, ont entièrement diſparu dans l'eſtampe; & cependant la copie avec tous ſes défauts eſt encore inſtructive pour le Phyſionomiſte. Elle retrace un viſage plein de fineſſe, un fond de douceur & de nobleſſe, & cette eſpèce de bonté qui va ſouvent de pair avec la légéreté. Les yeux annoncent une modeſtie, une pudeur, une innocence que je n'attendrois guères d'une *Laïs de Corinthe.*

Dans le tableau original le nez a des graces infinies, & me paroît preſque trop ſignificatif pour la bouche indiscrette qui l'accompagne; dans l'eſtampe il eſt tortu vers le haut, & les ſourcils ſont groſſiers. Le front auſſi pourroit être mieux prononcé, mais il conſerve pourtant ſon caractère féminin. C'eſt dommage que le ſtyle du Graveur ne ſoit pas plus analogue à l'eſprit de la phyſionomie : le pointillage auroit mieux fait, ſi je ne me trompe.

Vous ne chercherez jamais dans les traits de ce viſage, ni les grands ſacrifices qu'inſpire la vertu, ni les actions héroïques qui partent de l'énergie de l'ame, ni la réſignation confiante & religieuſe qui ſert de conſolation à un cœur navré de triſteſſe. Ces lèvres voluptueuſes & malignes ont l'air de ſavourer le plaiſir d'une intrigue qui a été conduite par la coquetterie la plus rafinée.

PLANCHE XV.

ADDITION

A D D I T I O N K.

A R T E M I S E.

V it-on jamais une figure plus infignifiante, plus fade & plus maniè-rée! Il faut être fans imagination & fans ame pour enfanter une pa-reille compofition, & y ajouter encore l'air de la prétention. Je ne par-le point des défauts choquans de la copie, mais du caractère de l'enfem-ble, qui ne fauroit être rapporté ni à l'un ni à l'autre Sexe. Je ne dirai rien non plus, fi l'on veut, de ce maintien inanimé & purement machi-nal —— quoique ce feroit peut-être le moment de relever le défaut im-pardonnable & trop commun d'une infinité de deffins, de tableaux & d'es-tampes qui font gâtés par la manie des attitudes théatrales. J'en veux ici principalement à l'ineptie & à la fadeur de la phyfionomie, & je me fâ-che furtout contre le mauvais génie de l'Art, qui fous le prétexte d'un *cal-me majeftueux* détruit entièrement l'*expreffion*, & ne produit que des fan-tomes abfurdes. L'Art dans fon origine fe bornoit à une précifion rigou-reufe, qui avoit le mérite de l'exactitude; aujourd'hui, à force de raffi-nemens, il fe jette dans le vague & perd fa vigueur. Nos Connoiffeurs & nos Amateurs fe plaignent de la dureté des premiers ouvrages de l'Art. Ils n'ont pas tort, mais je préfère encore cette *dureté naturelle* au gout bla-fé des modernes. Elle rend du moins les objets tels qu'ils font, elle exprime du moins l'idée de l'Artifte, elle eft du moins l'interprête fidèle de la nature; tandis que le *ftyle maniéré* confond tous les genres, & délaye les caractères au point de les rendre méconnoiffables.

Dans les yeux de l'eftampe ci-jointe, il n'y a ni vérité, ni jugement, ni délicateffe: ils font en diffonance totale avec les fourcils. Repréfentez-vous le profil de ce vifage, & vous appercevrez dans le paffage mal raifon-né du front au nez un contrafte ridicule, qui bleffe impitoyablement le fens phyfiognomonique. L'extrêmité du nez ne fignifie rien du tout, & fi la bouche exprime un peu de bonté, elle n'a pourtant pas le caractère de l'a-mour, & moins que jamais l'intérêt de l'amour affligé.

P L A N C H E XVI.

ADDITION

ARTEMISIA

H.
1

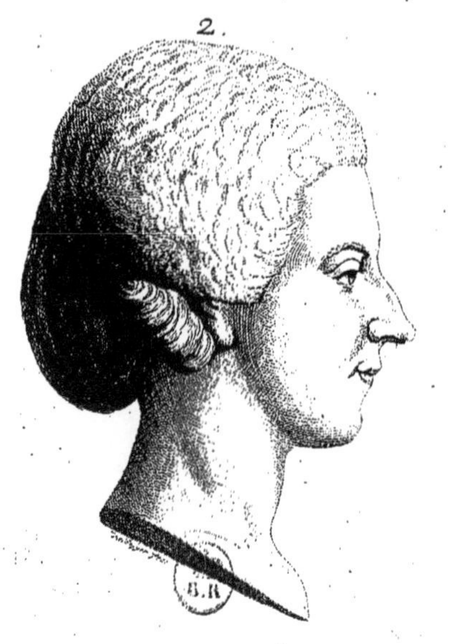
2.

ADDITION L.

Deux bustes de Femmes.

1. Enfant né avec un naturel très-heureux. La bouche & le menton atteſtent ſa bonté, & cette ligne qui ſépare les lèvres peut être adoptée comme chiffre univerſel d'une bonhommie très-bornée & peu ſuſceptible de ſenſibilité.

Un front auſſi élevé ne ſe retrouve guères chez les hommes, ni chez des femmes qui ont un mérite ſupérieur, & vous voyez par cet exemple que les anciens Phyſionomiſtes ont tort d'établir en axiome „ que les „ grands fronts ſignifient telle & telle choſe excluſivement". Celui-ci, pour remonter de la ſorte, devroit faire ſortir davantage le bas du viſage; d'ailleurs la forme convexe du haut de cette tête, eſt, ſuivant mes obſervations, un ſigne de foibleſſe. Les yeux annoncent de la probité, mais peu de talens, & l'opiniatreté dans les petites choſes, avec un mélange de douceur & de modeſtie.

2. Le ſecond viſage eſt bien autrement intéreſſant. C'eſt un concours de grandeur & de petiteſſe. Ses bonnes qualités lui paroiſſent naturelles, & peut-être devons-nous rejeter les défauts ſur le compte du Deſſinateur. Je ne connois pas l'original, & je n'en ferai que plus impartial à juger la copie. Un tel front dans un viſage féminin paſſera toujours pour extraordinaire. Le même caractère de grandeur reparoît encore dans le ſourcil. La paupière ſupérieure de l'œil eſt manquée; mais à cela près, le regard exprime un eſprit fécond, de l'imagination & une originalité inimitable. La narine auſſi eſt incorrecte, le nez en général pourroit être accuſé de trop de ſenſualité, & cependant il dénote une ame au deſſus du vulgaire. Ce qui me choque le plus, c'eſt la tranſition du front au nez. Si cet endroit étoit moins échancré, ſi le front reculoit davantage, l'enſemble de la phyſionomie n'en auroit que plus d'harmonie.

Vous demanderez à préſent quel eſt ſon côté foible? Il ſe décèle par l'extrême tenſion qui domine depuis le nez juſqu'à la pointe du menton, par l'air enfantin, inattentif & doucereux qui défigure tout ce bas. La bouche, conſidérée ſéparément, porte à la vérité l'empreinte d'une bonté virginale; mais ſa molleſſe ſemble confirmer les défauts du nez.

PLANCHE XVII.

ADDITION M.

H. . . . Deux Profils de Femmes.

Malgré la dureté du deffin, ces deux profils méritent d'être diftingués à plus d'un titre. Ils font doués l'un & l'autre d'un grand jugement, mais le 2.ᵈ l'emporte du côté de la pénétration & de l'énergie. Le front 1.. eft plein de raifon; le bas du vifage, depuis le menton jufqu'à la racine du nez foiblit fenfiblement, & le fourcil indique une complexion des plus délicates. Le regard paroît concentré dans la méditation, & cependant je fuis fûr qu'il obferve avec fagacité les objets extérieurs. Le nez promet un jugement exquis; la bouche, une éloquence perfuafive; l'enfemble, des talens & de l'habileté.

Les touches du profil 2. font trois fois plus fortes qu'elles ne devroient l'être, furtout quant aux parties voifines de la bouche. Du refte, cette tête eft du nombre de celles qui intéreffent le Phyfionomifte autant qu'elles déplaifent à l'homme du monde. A peine celui-ci l'honorera-t-il d'un regard, & le connoiffeur lui accordera toute fon eftime. L'un fera rebuté par la dureté des traits, l'autre s'en tiendra à la forme & aux parties folides: il découvrira dans cet œil une prudence, une tendreffe, une pénétration & une profondeur qu'il chercheroit inutilement dans mille autres vifages. On ne réunit guères autant d'irritabilité à autant d'énergie, tant de fineffe à tant d'élévation d'ame. Cette force & ce courage d'efprit ne prédominent que trop dans la copie, & abforbent prefqu'entièrement les nuances délicates, du moins aux yeux des gens qui ne font pas accoutumés à prendre les contours de la forme & les parties folides pour bafe de leurs jugemens phyfiognomoniques.

PLANCHE XVIII.

ADDITION

1.
D.F.
2.

A D D I T I O N N.

D: . . F . . .

L'Artiste qui a deſſiné les têtes 1. a voulu nous donner deux jolies petites phyſionomies de femmes, mais il n'étoit pas ſûr de ſon fait; & crainte de renforcer ſes touches, il les a énervées & leur a ôté toute eſpèce d'expreſſion. L'autre Deſſinateur a fait encore pis, & il a manqué ſon but au point qu'on ne ſait plus ſi le buſte 2. eſt homme ou femme. Le front n'a rien de féminin; le nez, vu par devant, eſt mâle au poſſible; l'aile du nez, la bouche & le menton ne ſont d'aucun ſexe. L'enſemble préſente un viſage d'airain & un caractère d'airain; le regard, quoique perçant, eſt immobile, & avec cette conformation de l'œil, l'angle extérieur de la paupière ne ſauroit ſe terminer ainſi en pointe.

Quelques différentes que ſoyent ces trois têtes, elles n'ont point de caractère perſonnel. L'un & l'autre Deſſinateur a négligé un principe eſſentiel, qui malheureuſement a ſouvent été oublié auſſi par les Philoſophes du premier rang, ſavoir, que *rien n'eſt général dans la nature*, que *tout ce qui exiſte, a ſon exiſtence individuelle*, que *chaque choſe eſt déterminée d'une manière qui lui eſt propre*. J'en demande pardon à nos Payſagiſtes, dans toute l'immenſité de la création il n'exiſte pas un ſeul *arbre général*. Au contraire, chaque arbre ſe rapporte à une claſſe, à une eſpèce particulière; il a une individualité qui lui appartient excluſivement; & dans les ouvrages de l'Art on voit bientôt ſi tel arbre peint ou deſſiné eſt dans le vrai, c'eſt à dire, s'il eſt conforme à ſon individualité. Je ferai la même obſervation aux Peintres en portraits, & je leur dirai que ni dans la nature, ni dans le monde idéal, il ne ſe trouve un ſeul viſage qui ne forme un tout, n'importe de quels extrêmes ce tout ſoit compoſé; que par conſéquent il n'exiſte pas un ſeul caractère qui ne ſoit cohérent en lui-même, qui n'ait ſon individualité, qui ne ſe diſtingue de tout ce qui n'eſt pas *lui*. Les trois viſages de la Planche ci-jointe péchent diamétralement contre cette règle fondée ſur la nature & ſur la vérité; ce ſont des *qui pro quo* dépourvus de caractère & d'invidualité.

PLANCHE XIX.

ADDITION

ADDITION O.

Il y auroit de la témérité à juger fur ce fimple croquis, une femme fublime qui eft l'ornement de fon Sexe & que je n'ai jamais vue. Le deſſin que nous avons fous les yeux ne ſauroit être entièrement exaᴄt, & on m'affure cependant qu'il a de la reffemblance. Quoiqu'il en foit, la forme du vifage eft très extraordinaire, & annonce une ame pleine de tendreffe & de force. On ne risque rien de fuppofer avec une certitude qui approche de la conviᴄtion, qu'un caraᴄtère auffi original fe foutient par lui-même, qu'il réunit la douceur & l'énergie, la délicateffe & la fermeté des deux fexes. J'attribue à ce profil une élafticité des plus mobiles, qui fe plie à tout, fans qu'il lui en coûte le moindre effort; le regard promet une droiture & une clarté de fens admirables; ce nez fi heureufement nuancé porte l'empreinte d'un preffentiment exquis; une telle bouche doit être prompte à rendre les apperçus, & la hardieffe de fes réflexions eft tempérée à coup fûr par fa modeftie naturelle. La feᴄtion qui s'étend depuis le milieu du menton jusqu'au bas du cou retrace la vigueur de l'homme contenue dans les bornes du caraᴄtère féminin. Il y a beaucoup de nobleffe dans la volubilité de la chevelure; & ce qu'on apperçoit du front, ou plutôt ce qu'on en devine, indique une netteté d'efprit & une abondance de facultés intelleᴄtuelles qui font bien rarement l'apanage de la femme.

Catharina II.

ADDITION P.

CATHERINE II.

Je l'ai déjà dit plus d'une fois, & c'eſt ici le cas de le répéter, „ il n'eſt „ point de portrait parfaitement reſſemblant"; encore moins au burin que ſur la toile, & moins que jamais lorsque l'eſtampe eſt la copie d'une copie. La difficulté augmente quand il eſt queſtion de repréſenter l'image d'un grand *homme*, & celle d'une *femme* célèbre eſt le dernier écueil de l'Art. Le meilleur portrait a toujours ſes défauts ; d'ordinaire il affoiblit les traits les plus nobles, & à la fin le nom de l'original ſe trouve écrit au bas d'un masque qui ne retrace guères que la forme du viſage en gros. Ne ſoyons pas trop ſévères cependant, & ſongeons aux obſtacles que l'Artiſte doit ſurmonter. Des perſonnes d'un rang élevé, ou d'un eſprit ſupérieur, lui accordent-elles toujours le temps & les facilités dont il a beſoin pour ſon travail ? & le Peintre lui-même, s'il eſt plein de ſentiment & de chaleur, ſe poſſède-t-il aſſez pour ſuivre minutieuſement tous les détails ? Le Graveur eſt encore plus à plaindre, & ſouvent la hardieſſe du burin ne fait que diminuer l'expreſſion ; inconvénient, qui prouve combien il faut être ſur ſes gardes quand on eſt réduit à juger un grand caractère ſur la foi d'une eſtampe.

J'avois beſoin de toutes ces réflexions préliminaires, en approchant l'image auguſte qui eſt ſous mes yeux. Le peu que j'haſarderai d'en dire, ne ſera pas la dixième partie de ce que j'en pourrois dire, car la copie nous offre à peine la dixième partie des perfections qui nous frapperoient dans l'original. Cependant il ne faut qu'un coup d'œil pour voir, pour ſentir, & pour avouer que ce viſage ſe diſtingue entre mille, qu'il inſpire le respect, respeĉt, que tous ses traits sont nobles , &, ce qui est si rare, qu'il est régulier & harmonique dans toutes ses parties. Qu'on efface le nom, qu'on mêle cette estampe à mille autres portraits de femmes, & qu'un homme judicieux soit chargé de choisir dans le nombre celle qui lui paroît la plus digne du trône, celle qu'il voudroit couronner de préférence, je gage qu'il ne se méprendra pas, & que cette expérience fera le panégyrique de la Physiognomonie. Quiconque a la vue saine, quiconque est observateur, me permettra de soutenir sans aucune considération personnelle, que ce visage est celui de la *raison*. Auprès de lui, la *Prudence* dont nous avons cité le portrait ci-devant, n'est qu'une idiote. Un caraĉtère aussi male, aussi ferme & aussi entreprenant, détermine & gouverne tout ; il projette & exécute ses plans lui-même , il est maître de lui-même dans la prospérité, & se relève sans effort dans les revers. Où trouver un front de femme qui ait tant de supériorité d'esprit sans raffinement, tant d'indulgence sans mollesse, tant d'énergie sans opiniâtreté ? Où trouver de tels sourcils & un tel regard ? Et voyez comme tout le reste y répond, le nez, la bouche , le menton ; pas un seul trait qui soit hétérogène ! La fortune ne m'a pas reservé le bonheur de paroître devant l'immortelle Cathérine ; mais je suis sûr que son portrait est inexaĉt à plusieurs égards. Dans l'original la narine est certainement plus ouverte, plus respirante & plus animée ; ces intervalles, d'ailleurs si beaux, qui séparent les sourcils & les yeux, doivent être nécessairement plus remplis & plus mobiles. Je parie encore que le contour de la paupière supérieure est marqué du côté de l'angle par une cavité dans laquelle l'*esprit* & la *bonté* se disputent la préférence. Avec cet œil perçant la paupière inférieure doit avoir plus d'expression, la lèvre d'en-haut des nuances plus délicates ; & à raison du front, il faut que la lèvre d'en-bas & le menton ayent plus de précision. Si je ne voyois de cette tête que le front, ou les yeux, ou les sourcils, ou les extrêmités antérieures des sourcils, ou seulement l'espace qui est entredeux, j'en augurerois déjà une ame sublime. . . . Je me tais. Pardon-

nez ,

nez, Grande Princeffe, & Vous fes Admirateurs, fi je me fuis laiffé en-traîner par mon fujet, quoique trop foible pour m'élever à fa hauteur.

La vignette qui va fuivre paroît avoir un peu plus de fineffe & de dou-ceur que la grande eftampe. La bouche, malgré fon air de bonté, a quelque chofe de gêné qui ne s'accorde guères avec la nobleffe de l'en-femble; mais rien ne manque à la dignité du front, de l'œil, du nez & du menton.

A D D I T I O N Q.

A . . . L . . .

Quoique je fois l'ennemi irréconciliable d'un ftyle maniéré & blafé qui détruit l'expreffion, je ne fuis pas moins éloigné d'admirer cette dureté rébutante qui eft l'antipode des graces & de l'aménité. S'il faut choifir cependant entre les deux extrêmes, le Phyfionomifte préférera toujours un deffin renforcé à une touche énervée & timide. Tant que la forme & les traits du vifage ne font pas altérés, il peut fuppofer du moins jufqu'à quel point la phyfionomie eft fufceptible d'agrément, au lieu qu'un petit nombre de traits ifolés ne fuffifent pas pour donner une jufte idée de la forme: en un mot, il eft plus aifé de retrancher ce qu'il y a de trop, que de fuppléer à ce qui manque. L'eftampe ci-jointe fert de preuve à ma leçon. La forme eft féminine au poffible, & malgré toute fa dureté, on ne s'y trompera pas. Le vifage de l'homme eft généralement parlant plus quarré; celui de la femme plus oblong, plus uni & plus arrondi.

Tout front qui a les contours auffi nets que celui-ci, & une petite concavité entre les fourcils, doit être regardé comme le véritable type du fexe féminin, & vous ne risquez rien d'en inférer le doux penchant d'une dévotion religieufe, qui s'accorde fi bien avec la fenfibilité. Ces fortes de fronts s'affocient ordinairement un nez qui paroît oblong en face & étroit en profil, des fourcils minces, diftans de l'œil, qui annoncent moins de pénétration & de réflexion que de clarté & de tendreffe. Le creux qui fépare les fourcils des paupières eft une fource de fentimens délicats & de mélancolie religieufe. Il eft évident que les formes & les traits de cette efpèce ne renferment ni la gayeté du tempérament fanguin, ni la hardieffe du colère, mais plutôt un mêlange de flegme & de mélancolie. Gardez-vous de faire fortir une telle femme de la fphère de fes occupations domeftiques; un rien la bleffe & la défaccorde; elle fera admirable, je dirois prefque parfaite, fi vous la laiffez tranquille dans le cercle qu'elle fe tracera elle-même d'après le fentiment de fes propres forces. Elle ne pouffera pas fon amour jufqu'à la paffion, mais elle fera reconnoiffante de la moindre marque d'attention. Un feul de vos regards fuffira pour la conduire, mais ne cherchez point à la maitrifer par l'autorité. Menez la pas à pas, doucement & par degré, & vous en ferez tout ce que vous voudrez. Vous l'engagerez même à fe charger des devoirs les plus pénibles, à s'impofer tous les facrifices de la vertu, à risquer s'il le faut des entreprifes hardies; car fes yeux & fa bouche ont un fond de raifon pratique, & toute l'activité néceffaire pour arriver à la perfection.

ADDITION

A. L.

Mme L......et sa fille.

ADDITION R.

Silhouette d'une Mère avec son Enfant.

Abstraction faite du mécontentement hétérogène qui a dérangé la bouche de la Mère, je ne connois guères de profil qui rappelle au même degré le caractère distinctif du sexe féminin. Un tel front, un tel menton, & une telle forme de visage ne sauroient convenir à l'homme. Ces traits si peu saillans, & cet air de douceur inaltérable, n'appartiennent qu'aux femmes seules. Elles seules ont reçu en partage cette droiture de sens qui supplée au raisonnement, sans avoir besoin de remonter à l'analyse, & qui est une de leurs qualités innées, sujette à s'altérer cependant, parce que nous autres hommes ne prenons pas toujours soin de la cultiver & de la diriger. De plus, le calme & la passibilité de cette physionomie font encore des prérogatives du sexe ; enfin elle annonce la simplicité, l'amour de l'ordre, la propreté & la décence qu'une femme n'oseroit jamais négliger entièrement, sans s'avilir & se dégrader.

Tels font les traits fondamentaux que je retrouve dans la figure principale de nos deux silhouettes. Quant au profil de l'enfant, la section du haut promet beaucoup de finesse d'esprit, & le bas toute la candeur de son âge ; seulement le dessin de la bouche est incorrect.

PLANCHE XXII.

ADDITIONS.

Cenci.

Je n'examine point si ce portrait de la fameuse & malheureuse *Cenci* est authentique ou non ; mais je soutiens hardiment, sans craindre de me tromper, ni de choquer le sentiment physiognomonique d'un connoisseur impartial, que ce visage, *tel qu'il est là*, n'est pas celui d'une femme impudique, ou d'une parricide dénaturée. Il faudroit avoir le cœur bien dur pour ne pas affectionner une figure aussi intéressante : elle est capable d'aimer, & quiconque sait aimer n'est pas foncièrement méchant ; quoique d'un autre côté le cœur humain soit sujet à des égaremens de toute espèce, quoique la chair ne soit que trop foible à succomber au péché. Oublions donc entièrement l'histoire infortunée de l'original, & tenons-nous en à la copie. D'après son caractère physionomique, cette femme, plutôt passive qu'active, a des besoins que le monde visible ne sauroit satisfaire ; la cruauté & la débauche sont des vices qui ne l'ont jamais souillée ; elle ne doit pas même être mise au rang des coquettes ; & si elle a failli, c'est par un excès de tendresse, & non par volupté. Avec tant de simplicité & d'ingénuité elle peut se passer de l'intrigue. Toute entière à l'amour, elle séduit, elle enchaine, sans le vouloir, sans en former le projet, sans songer à jouir de ses triomphes. Si je ne craignois pas d'être mal interprêté, j'oserois dire que je n'ai jamais vu de physionomie qui soit plus dans le goût d'une Madelaine. Si elle est coupable, elle conserve du moins autant de pureté que peut en admettre une faute involontaire & imprévue. Elle ne cherche pas à briller ; il ne lui en coûte pas de rester dans l'obscurité, pourvu qu'elle soit aimée. L'amour est le milieu par lequel elle envisage tout : elle ne sait ni calculer, ni abstraire, elle ne voit que ce qu'elle apperçoit immédiatement. Exempte de malice, elle ne pense mal de personne. Chaque trait de son visage respire l'ardeur du désir & une douce langueur. En un mot elle ne réfléchit pas, elle contemple & sent. Au reste j'avoue que l'Estampe n'a pas été embellie par la main des graces ; on n'y retrouve aucune de ces nuances délicates qui ajoutent un si grand prix aux portraits de femmes, & si j'en excepte la belle expression des yeux, celui-ci a l'air d'être copié sur le plâtre.

PLANCHE XXIII.

QUATRIEME

Cenci
Ho. Sturz. del.
Joh. H. Lips sculp: 1778

QUATRIÈME FRAGMENT.

DES
RESSEMBLANCES DE FAMILLE,
ET DES
PHYSIONOMIES NATIONALES.

SOMMAIRE DU QUATRIÈME FRAGMENT.

QUATRIÈME FRAGMENT.

A. Des Ressemblances de Famille.

CHAPITRE I.

De la Ressemblance entre les Parens et les Enfans.

> *Fit quoque ut interdum similes existere avorum*
> *Possint & referant proavorum sæpe figuras,*
> *Propterea, quia multimodis primordia multis*
> *Mixta suo celant in corpore sæpe parentes*
> *Quæ patribus patres tradunt a stirpe profecta.*
> *Inde venus varias producit scite figuras,*
> *Majorumque refert vultus, vocesque, comasque,*
> *Quandoquidem nihilomagis hæc de semine certo*
> *Fiunt, quam facies & corpora, membraque nobis.*
>
> LUCRETIUS.

Tout le monde admet une ressemblance entre les Parens & les Enfans, & chacun de nous en a vu cent exemples.

Les physionomies de famille sont aussi réelles que les physionomies nationales. Nier le fait, ce seroit nier ce qu'il y a de plus évident; prétendre l'expliquer en plein, ce seroit vouloir pénétrer les mystères incompréhensibles de la Nature. Mais quoique la conformité physionomique des parens avec leurs enfans ait été reconnue de tout temps, on a pourtant négligé jusqu'ici d'examiner les rapports qui se trouvent dans les familles entre les caractères & les traits du visage. Aucun Auteur n'a traité, que je sache, cette matière à fond, & moi-même j'avoue que je

n'y

n'y fuis pas encore trop initié. En attendant je rendrai compte des obfervations qu'elle m'a fournies.

Quelque borné, quelque ftupide que foit le père, pourvu que la mère foit une femme fenfée, les enfans auront de l'intelligence.

Le père eft-il foncièrement bon, il transmettra à fes enfans fon caractère, ou du moins beaucoup d'aptitude à le contracter.

Les garçons paroiffent hériter de préférence le caractère moral du père, & les facultés intellectuelles de la mère. Les filles adoptent plus communément le caractère de la mère.

Pour bien démêler la reffemblance des enfans avec leurs parens, il faut commencer à l'étudier une ou deux heures après la naiffance. C'eft alors qu'on peut appercevoir avec jufteffe fi la conformité de l'organifation primitive fe rapporte plus particulièrement au père ou à la mère. Cette reffemblance originaire s'éclipfe fort vite la plupart du temps, & ne reparoît fouvent qu'au bout de plufieurs années, quelquefois même feulement après la mort.

Si les enfans, à mefure qu'ils grandiffent, continuent à reffembler vifiblement & de plus en plus aux parens par la forme du vifage & par la taille, on peut en inférer auffi une reffemblance progreffive du caractère; car fi indépendamment de la conformité phyfique, il fe manifeftoit une différence marquée au moral, elle proviendroit certainement d'une caufe étrangère ou de quelques circonftances acceffoires; & il faudroit que celles-ci fuffent prodigieufement prépondérantes, pour ne pas être furmontées tôt ou tard par la reffemblance de la forme.

La conftitution robufte du père ne détermine pas la forme de l'enfant, mais elle fe communique au fyftême offeux & au fyftême mufculaire.

La

La complexion de la mère influe fur la forme du vifage & fur le fyftême nerveux; à moins que par un effet de l'imagination & de l'amour, elle ne fe foit trop fortement imprimé la phyfionomie du mari.

Il y a des enfans dont les formes de vifage paroiffent encore indécifes, & dont on ne fait pas trop fi la reffemblance fe tournera du côté du père ou de la mère. Dans ces fortes de cas la prédilection de l'un des parens, ou feulement l'habitude, fans compter une infinité de circonftances extérieures, fuffit pour faire pencher la balance.

On voit auffi des enfans, qui après avoir reffemblé pendant un temps au père, quittent leurs premiers traits, pour fe rapprocher enfuite de l'image de la mère.

Nous n'entreprendrons pas d'*expliquer* les caufes des phénomènes finguliers que le corps humain préfente quelquefois au Phyficien; mais il eft permis au Philofophe, il eft même de fon devoir, d'éclairer modeftement les cas extraordinaires & rares, par l'analogie des exemples connus & fréquens, quoiqu'également difficiles à concevoir.

Nous favons avec certitude que les *envies*, & toutes les fingularités nombreufes qui font de la même nature, ne dérivent pas du père, mais uniquement de l'imagination de la mère. Bien plus, il eft pofitif que les enfans ne reffemblent jamais davantage au père, que lorfque la mère joint à la vivacité de l'imagination, beaucoup d'amour ou beaucoup de crainte pour fon mari. Il paroît donc que c'eft proprement le père qui détermine l'*étoffe* & *la quantité de force & de vie*, & qu'il faut attribuer à l'imagination de la mère la *fenfibilité du fyftême nerveux*, la *forme & l'air du vifage*.

Si dans un certain moment décifif l'imagination de la mère paffe rapidément de la phyfionomie du père à la fienne propre, cette tranfition fubite

peut

peut fervir à indiquer comment il arrive qu'un enfant commence par avoir de l'affinité avec le père, & finit enfuite par reffembler davantage à la mère.

Il eft des formes & des traits de vifage qui fe perpétuent de génération en génération; d'autres s'éteignent presqu'auffitôt. Les vifages ou très-beaux, ou très-laids, ou plutôt les figures qui paffent pour décidemment belles ou laides, ne font pas celles qui fe transplantent le plus aifément ; les phyfionomies médiocres ou infignifiantes durent tout auffi peu dans les mêmes familles; mais ce font les *formes de vifage caractérifées* qui paffent fouvent à la poftérité la plus reculée.

Tel enfant a le nez grand & bien marqué, tandis que les parens auront de petits nez ; mais l'inverfe arrive d'autant plus rarement. Le père ou la mère ont-ils le nez fort & offeux, ce trait paffera du moins à l'un des enfans, & ne fortira plus de la famille, furtout fi c'eft la lignée féminine qui l'hérite : il pourra fe déguifer pendant quelque temps, mais il reparoîtra tôt ou tard, ne fut-ce qu'un ou deux jours après la mort.

Lorsque la mère a des yeux vifs, on peut compter à peu près que les enfans auront fon regard; car c'eft le trait favori de la femme, celui dont elle s'occupe de préférence, celui dont elle aime à nourrir fon imagination. D'ailleurs le fens phyfionomique s'attache jusqu'ici beaucoup plus aux yeux qu'au nez ou à telle autre partie du vifage. Si nos femmes s'avifent un jour d'étudier tous les traits de la phyfionomie avec autant d'attention qu'elles en donnent aujourd'hui à leur regard, ils fe propageront auffi davantage dans les familles.

Les fronts raccourcis & voûtés fe transmettent aifément, mais ils ne durent pas longtemps, & on peut leur appliquer l'apophtegme: *quod cito fit, cito perit.*

C'eft

C'eſt un fait également poſitif & inexplicable, que certaines phyſionomies frappantes ne ſe reproduiſent preſque pas : il y en a d'autres qui ne s'éteignent jamais.

Remarquez encore comme une choſe infiniment ſingulière que ſouvent les phyſionomies très-caractériſtiques du père ou de la mère ſe perdent dans la première génération, & reparoiſſent enſuite complettement dans la ſeconde.

Une preuve évidente combien l'imagination de la mère eſt active dans la procréation, c'eſt que les enfans du ſecond lit reſſemblent quelquefois au premier mari, du moins quant à l'air du viſage. Mais il y a de l'extravagance à ſoutenir avec les Italiens que tout enfant qui reſſemble parfaitement au mari, eſt un enfant adultérin ; parce que, ſelon eux, la mère dans le moment de ſa faute, craint la poſſibilité d'une ſurpriſe & s'occupe par cette raiſon de l'image de ſon époux. Si l'inquiétude d'une mère coupable pouvoit influer ſur l'enfant dans l'inſtant de la conception, celui-ci ne recevroit pas ſeulement la *figure* du mari abſent, mais auſſi l'impreſſion de ſes *mouvemens de colère & de vengeance* ; car en ſuppoſant que le trouble de ſa femme infidèle ſoit réel, c'eſt le reſſentiment de l'époux qu'elle doit redouter & ſe repréſenter, plutôt que ſon image.

Les *batards* reſſemblent ordinairement à l'un des parens beaucoup plus que les enfans légitimes.

Plus les parens s'aiment, plus leurs cœurs ſont unis, leurs ſentimens purs & intimes, leur tendreſſe mutuelle & volontaire, & plus les phyſionomies des enfans forment un heureux mélange de celles du père & de la mère. La réciprocité de l'amour, & l'intérêt qu'elle inſpire, refluent naturellement ſur l'imagination, & diſpoſent la mère à communiquer la reſſemblance de l'objet qui fait ſes délices.

De tous les tempéramens il n'en eſt aucun qui ſe propage plus aiſément que le *ſanguin*, & avec lui on hérite presque toujours la *légéreté*, ſa
compagne ordinaire. Lorsqu'une fois cette mauvaiſe qualité a pris racine dans une famille, il faut des efforts ſoutenus & pénibles avant de
l'extirper.

Le tempérament *mélancolique* du père devient ſouvent héréditaire par la
ſeule crainte de la mère. Elle risque ſurtout de transmettre cette diſpoſition à l'enfant, lorsque ſes appréhenſions la ſaiſiſſent dans un inſtant déciſif; le danger diminue, quand la crainte eſt continuelle & réfléchie. C'eſt
ainſi qu'on voit des femmes enceintes ſe tourmenter longtemps par l'idée
qu'elles imprimeront à leur fruit quelque marque ou quelque difformité
dont elles ſe retracent vaguement le ſouvenir, & ce ſont préciſément ces
femmes là qui mettent au monde les enfans les mieux conſtitués & les plus
beaux; car leurs craintes, quoique réelles, n'en étoient pas moins ſans
fondement ; elles n'étoient pas l'effet électrique d'une apparition inatten-
due, ſeule capable d'exciter une averſion ſubite.

Quand par l'aſſociation de deux époux également *colériques*, cette eſpèce
de tempérament s'eſt introduit dans une famille, il faut des ſiècles entiers
pour le déloger. Il n'en eſt pas de même du *flegmatique*, les parens y fuſſent-
ils diſpoſés l'un & l'autre. La vie eſt entrecoupée de momens où l'homme le plus indolent doit raſſembler toutes ſes forces pour ſe mettre en
activité: il agit alors avec une énergie extraordinaire, par la raiſon même
qu'il exerce ſi rarement l'emploi de ſes facultés dans toute leur étendue.
Ces ſortes de mouvemens, répétés de temps en temps, doivent néceſſairement produire un effet durable, & tourner tôt ou tard en habitude.

Il eſt une vertu qu'on peut regarder comme inextinguible dans les familles qui la poſſèdent —— c'eſt l'*amour du travail*, le beſoin d'agir; beſoin

heureux, qui eſt inhérent à certaines organiſations. Elle dégénère difficilement cette vertu, quand elle part de la ſouche commune d'un couple
bien aſſorti, qui aime l'*occupation*, non pour ſatisfaire ſimplement aux né-
ceſſités de la vie, mais par inſtinct & par principes. Enfin il ſeroit d'autant plus ſurprenant de voir éteindre cette belle qualité dans tous les des-
cendans, que les femmes laborieuſes ſont auſſi toujours les mères les
plus fécondes.

❋   ❋
❋

CHAPITRE II. EXAMEN DES SYSTÊMES DE Mrs. DE BUF-FON, HALLER ET BONNET, SUR LES RESSEMBLANCES ENTRE LES PARENS ET LES ENFANS.

I.

On connoît la théorie, ou plutôt l'hypothèſe de Mr. de *Buffon* ſur la formation des corps. Voici comment *Haller* la préſente en abrégé.

„ Les deux ſexes ont leur liqueur ſéminale qui eſt compoſée de molécu-
„ les mouvantes, dont la réunion forme le fœtus.

„ Les molécules contiennent la reſſemblance de toutes les parties du
„ père & de la mère. La nature, en Artiſte habile, les a détachées des
„ parties groſſières & informes des ſucs des parens, & les a modelées ſur
„ toutes les parties de leurs corps. De là proviennent la reſſemblance
„ des enfans avec leurs parens, le mélange des traits du père & de la mè-
„ re dans le même enfant; les taches des animaux quand on accouple un
„ mâle & une femelle de couleur différentes; l'état mitoyen des Mulatres
„ qui tient du blanc & du noir. Enfin cette théorie explique pluſieurs dif-
„ ficultés dont la *théorie du développement* n'offriroit qu'une ſolution imparfaite.

„ Si l'on demande après cela comment il fe peut que ces molécules fui-
„ vent la ftruĉture interne du corps du père, tandis qu'elles devroient
„ être tout au plus les empreintes de vaiffeaux caverneux? Mr. de *Buffon*
„ répond que nous ne connoiffons pas toutes les forces de la nature;
„ qu'elle s'eft refervé exclufivement l'art de former les moules intérieurs,
„ & celui de faire des empreintes internes qui rendent toute la denfité
„ du moule ".

Haller dans fa Préface de l'Hiftoire Naturelle de Mr. de *Buffon* a refuté,
fi je ne me trompe, victorieufement fon Auteur; mais loin d'expliquer
la reffemblance entre les parens & les enfans, il femble la nier en s'éten-
dant fur la diffemblance phyfiologique interne des corps humains, & en
oppofant cette idée au Naturalifte François.   L'hypothèfe de celui-ci révolte la Philofophie. *Bonnet*, avec lequel nous différons d'ailleurs à plufieurs égards, a fuffifamment combattu ce fyftême fragile, dont Mr. de
Buffon lui-même ne fauroit avoir été intimément convaincu; mais foit dit
avec tout le refpeĉt que nous devons au Philofophe Suiffe, il a esquivé à
fon tour la queftion de la reffemblance des enfans avec leurs parens, ou
du moins il ne s'eft pas foucié de la discuter à fond, afin de diminuer les
difficultés qui en feroient réfultées pour fon hypothèfe.

2.

BONNET, *Sur les corps organifés.* Tome I. Chap. V. §. 65. 66.

„ *Queftion.*   Les germes d'une même efpèce, font-ils tous égaux &
„ femblables: ne diffèrent-ils que par les organes qui caraĉtérifent le
„ fexe? ou, y a-t-il entre eux une diverfité analogue à celle que nous ob-
„ fervons entre les individus d'une même efpèce de plante ou d'animal?

„ *Réponfe.*   Si nous confidérons l'immenfe variété qui règne dans la na-
„ ture, le dernier fentiment nous paroîtra le plus probable.   C'eft peut-
„ être moins du concours des fexes, que de la configuration primitive des
„ ger-

„ germes, que dépendent les variétés que nous remarquons entre les in-
„ dividus d'une même efpèce".

Sur la reſſemblance des enfans à leurs parens. „ J'avouerai cependant
„ qu'il eſt des traits de reſſemblance entre les enfans, & ceux auxquels
„ ils doivent le jour, que je ne ſuis point encore parvenu à expliquer
„ par l'hypothèſe que je propoſe. Mais ces traits ne ſont-ils point
„ équivoques ? (Je ſuis fâché qu'un Philoſophe ait oſé avancer, pour l'a-
mour de ſon hypothèſe, une queſtion, je dirois presque auſſi révoltante.
Combien de millions d'exemples n'y a-t-il pas d'une reſſemblance frappante entre les parens & les enfans?)

„ Ne prenons-nous point pour cauſe ce qui n'eſt pas cauſe? Un père
„ boſſu a un enfant boſſu ; on en conclud auſſitôt que l'enfant tient ſa boſ-
„ ſe de ſon père. Cela peut être vrai, mais cela peut auſſi être faux. La
„ boſſe de l'un, & celle de l'autre peuvent dépendre de différentes cauſes,
„ & ces cauſes peuvent varier de mille manières.

„ Les maladies héréditaires ſouffrent moins de difficultés. On conçoit
„ aiſément que des ſucs viciés doivent altérer la conſtitution du germe.
„ Et ſi les mêmes parties qui ſont affectées dans le père ou dans la mère,
„ le ſont dans l'enfant, cela vient de la conformité de ces parties qui les
„ rend ſuſceptibles des mêmes altérations.

„ Au reſte les difformités du corps découlent ſouvent de maladies héré-
„ ditaires, ce qui diminue beaucoup la difficulté dont je parlois il n'y a
„ qu'un moment. Les ſucs qui doivent ſe porter à certaines parties
„ étant mal conditionnés, ces parties en feront plus ou moins défigu-
„ rées, ſuivant qu'elles ſe trouveront plus ou moins diſpoſées à recevoir
„ ces mauvaiſes impreſſions."

REMARQUE.

REMARQUE.

Mr. *Bonnet*, en suivant son hypothèse, ne pouvoit point arriver à la cause des ressemblances de famille. Mais examinons de plus près les causes naturelles qu'il admet pour les maladies héréditaires. Si les sucs viciés du père ou de la mère doivent altérer considérablement le germe, & produire, à l'égard des mêmes parties dans lesquelles le père ou la mère sont affectés, des difformités analogues, selon la disposition du germe & son plus ou moins de résistance ; pourquoi d'un autre côté les bons sucs des parens laisseroient-ils le germe tel qu'il est? Concourront-ils moins à le pénétrer & à le développer que les sucs viciés? Leur mélange & leur influence ne seront-ils pas également décidés dans ce cas ci, par la constitution du père & de la mère? Et puisque les parens s'assimilent les alimens qui servent à leur subsistance ; puisque d'après l'opinion généralement reçue, leurs liqueurs séminales ne sont autre chose qu'un extrait concentré & spiritueux de l'abondance du suc nourricier ; pourquoi les sucs non-viciés n'agiroient-ils pas avec une puissance égale sur le germe, & pourquoi n'influeroient-ils point sur la ressemblance aussi bien que les sucs corrompus? Cette *action*, je n'en disconviens pas, doit varier à l'infini, selon les circonstances ; & le germe n'en conserve pas moins dans un degré éminent sa qualité individuelle, qui diffère encore à bien des égards du père & de la mère, & qui souvent ne contracte qu'une très petite affinité, lorsque des causes ou des changemens accessoires s'y opposent. Mais quoiqu'il en soit, & en considérant sommairement les ressemblances & les dissemblances de famille, il paroît, à mon avis, que la nature à établi dans la propagation des espèces une sorte d'équilibre entre la force individuelle du germe primitif, & l'assimilation des parens. Cet équilibre est ménagé de manière que l'originalité ou la propriété primitive du germe n'est pas entièrement détruite, & que l'assimilation des parens ne devient pas trop prédominante. Il faut que ces deux forces agissent réci-

proque-

proquement l'une fur l'autre, & qu'elles reftent foumifes aux circonftances, qui influent enfuite fur leur développement plus ou moins parfait, afin de manifefter davantage la richeffe, la variété & l'utilité des créatures, & leur dépendance commune de celui qui eft l'Auteur & le principe de toutes chofes (*).

Jusqu'ici, je ne faurois le déguifer, mes obfervations réitérées fur les reffemblances de famille m'ont évidemment démontré que les théories de Mrs. de *Buffon* & *Haller* ne fourniffent point une folution fatisfaifante. On a beau diminuer les difficultés, le phénomène exifte, les faits font là, ils bravent les hypothèfes & les fophismes de tous les temps. Si le *germe préformé* git dans la mère, peut-on lui fuppofer déjà une aptitude phyfionomique? peut-il reffembler d'avance au père futur? Si non, d'où nait la reffemblance? Dira-t-on peut-étre que le germe phyfionomique provient du père? mais comment fe fait-il que l'enfant reffemble tantôt au père, tantôt à la mère, tantôt à tous les deux? & pourquoi encore les enfans n'ont-ils fouvent aucune efpèce de rapport phyfionomique avec leurs parens?

Si je ne me trompe, il doit y avoir dans la mère un *atome de germe*, un *tout* fufceptible d'organifation & difpofé à prendre la forme humaine; mais ce commencement de germe ne peut être que la bafe du principe déterminant qui émane du père & de la mère, & qui devient la caufe efficiente de la vivification. Le germe, qui fans doute eft analogue au naturel & à la complexion de la mère, qui eft préadapté à la figure humaine, reçoit enfuite une phyfionomie particulière, individuelle & perfonnelle, felon la conftitution du père ou de la mère, felon le caractère qui prédomine

dans

(*) Paffage communiqué.

dans l'inftant de la conception , peut-être même felon les momens décififs qui fuccèdent à celui-ci. Cependant tout n'eft pas dit encore par ces premières influences. Le développement après la naiffance , & la liberté naturelle à l'homme, ne contribuent pas moins à le former au phyfique & au moral. Nous pouvons détériorer ou corriger nos fucs, contraĉter des paffions ou douces ou violentes , exciter & fomenter en nous des fentimens de toute efpèce , renforcer ou affoiblir nos facultés intelleĉtuelles. Voilà bien des caufes & principales & fubféquentes qui peuvent influer fur le fyftême offeux, fur les muscles, fur les nerfs , & finalement fur le caraĉtère. Il n'eft donc pas néceffaire de remonter à une préformation phyfionomique antérieure à la génération , quoiqu'à tout prendre le germe primitif & organique ait auffi une individualité propre qui le difpofe à recevoir ou à repouffer les impreffions. Mais cette queftion me meneroit trop loin, & je n'entreprendrai pas de la discuter.

❋   ❋
❋

B. Des PHYSIONOMIES NATIONALES.

CHAPITRE I. Observations générales.

Si les Nations font différenciées par le caraĉtère moral, elles doivent l'être auffi par la phyfionomie. Le fait eft réel; & pour en douter, il ne faudroit jamais avoir vu des hommes de diverfes nations, il ne faudroit jamais avoir rapproché les extrêmités de deux nations oppofées. Mettez en parallèle le *Nègre* & l'*Anglois*, le *Lappon* & l'*Italien*, le *François* & le *Tungoufe*; comparez leurs formes, leurs traits, leurs facultés intellectuelles & leurs caraĉtères. Rien n'eft plus aifé que de reconnoître ces

diffé-

différences prodigieuses, rien n'est plus difficile que de les déterminer scientifiquement.

Je n'ai pas eu l'occasion de visiter les nations étrangères & de les étudier de près ; je ne les connois pour ainsi dire que par théorie, & voilà pourquoi je serai obligé d'emprunter mes autorités, en ajoutant tout au plus la pite de mes remarques particulières.

Tout ce qu'on a écrit jusqu'à présent sur cette matière, & tout ce que j'en dirai ici, n'est rien en comparaison des discussions intéressantes qu'elle peut fournir. Il me suffira d'indiquer l'extrême importance du sujet, & les moyens de l'approfondir. Il me suffira de faire sentir qu'il mériteroit d'être traité dans un ouvrage séparé, qu'il seroit digne d'occuper l'attention de nos Académies & d'exercer la libéralité de nos Princes. Déterminer le degré & l'espèce de culture dont chaque nation est susceptible, fixer de quelle manière on pourroit & devroit agir sur chacune pour la conduire à la perfection —— ce seroit une recherche qui tourneroit à la gloire de l'humanité, & qui produiroit des avantages immenses. Je nommerai Mrs. de *Buffon, Camper, Kant, Lichtenberg, Blumenbach* & *Herder*, à la tête de ceux qui auroient & les talens & le savoir requis pour nous instruire sur ces grands objets.

Pour bien connoître les différences spécifiques des physionomies nationales, il n'est pas absolument nécessaire de voir les nations *en corps*, de les suivre chez elles ; il vaut mieux les étudier premièrement par individus. Il ne me paroît pas bien difficile de démêler dans un petit nombre de visages isolés le caractère physionomique qui tient à la nation, mais je doute qu'il soit aussi aisé d'abstraire de toute une nation les traits caractéristi-

ques

ques de l'individu (*). C'eft du moins la marche à laquelle j'ai été réduit. Je m'en fuis tenu aux Voyageurs que j'ai rencontrés par hafard;

j'en

(*) Peut-être même exifte-t-il des *odeurs nationales.* Et pourquoi tous les fens ne con-
courroient-ils pas à éclaircir nos idées, & à guider notre marche dans les chofes incertai-
nes? Un de mes amis prétend pouvoir diftinguer, les yeux bandés, & au fimple flair, un
ducat d'or d'une monnoye d'argent, fans les toucher ni l'un ni l autre. Je ne me vanterai
pas de la même fineffe d'organe, mais je me fais fort de dire en entrant dans un apparte-
ment vide, s'il eft occupé par un étique, ou par un maniaque, ou feulement par une
perfonne qui eft menacée de cette maladie, les fymptômes ne fe fuffent-ils pas encore ma-
nifeftés. Bien plus, je reçus un jour la vifite d'un étranger qui portoit dans ma chambre
une odeur extraordinaire, que je crus d'abord lui être individuelle & à laquelle je ne fis
pas beaucoup d'attention. Six mois après, cette même odeur, que je me rapelois à peine, reparut avec un autre voyageur qui vint me voir, & j'appris bientôt que ces deux hommes étoient compatriotes. C'eft delà que j'ai conçu le premier foupçon qu'il pouvoit y avoir
des *odeurs nationales,* & cette réflexion a été confirmée depuis par des expériences réitérées. J'ai
encore découvert des *odeurs de famille,* qui étoient inféparables de toute une parenté, & tout auffi
frappantes que les reffemblances des phyfionomies. Il ne faut pas aller bien loin pour chercher
des caufes plaufibles à ces fortes d'odeurs caraétériftiques. Elles peuvent s'expliquer par la nourriture & le genre de vie, par la qualité du fang & la conftitution des pores. Il ne s'agit pas au
moins des exhalaifons de la mal-propreté, mais de celles qui font inhérentes au corps. Nous favons tous que les *Nègres,* les *Calmouques,* & les *Juifs* font fujets à des odeurs dont ils ne fe dé-
font jamais, quelque foin qu'ils y mettent. ,,Il y avoit à Corte, dit Mr. *Lambert,* un homme rare',
,, qui diftinguoit au goût & à l'odorat des terres, la patrie de tout étranger qui eut de fa
,, terre natale fur lui. L'Etat l'établit examinateur d'un homme qui s'étoit caché & qui
,, déclinoit le pays d'où il étoit. . . . Cet expert d'un nouveau genre commença fes effais
,, en fe faifant donner la valife du prifonnier; il flaira fes bottes, & à l'odeur de la terre
,, attachée fous le talon, il reconnut que l'homme en queftion étoit des Alpes Suiffes. . . .
,, Cet effai décontenança l'anonyme, il avoua". J'oferai même affirmer qu'il eft des figures
& des phyfionomies, dont on peut dire, ou plutôt preffentir, qnelle eft leur odeur particulière. Le teint, la forme des joues, le contour du nez & furtout de fa racine, mais
plus particulièrement encore la couleur des lèvres, l'arrangement & la couleur des
dents, fourniffent des induétions à cet égard. Voilà des idées qui derechef pourront paroître ridicules au premier abord, mais il refte à favoir fi elles ne feront pas vérifiées par
l'Obfervateur impartial qui eft à portée de voir différentes fociétés d'hommes, & qui fe
donne la peine de les étudier. D'ailleurs la chofe n'eft pas indifférente pour le Médecin.
Ses traitemens deviendront plus pofitifs & plus fûrs, à mefure qu'il apprendra à connoître
par de nouveaux fymptômes l'ennemi qu'il doit combattre.

j'en ai vu un grand nombre, j'ai foigneufement obfervé leurs phyfionomies & les variétés nationales qui les diftinguent — & toutes mes obfervations fe bornent cependant au foible réfumé que je vais expofer.

Le *François* n'eft pas facile à dépeindre. Ses traits font moins hardis que ceux de l'Anglois, plus décidés & plus unis que ceux de l'Allemand; fes dents & fa manière de rire le caractérifent peut-être mieux que le refte de fa phyfionomie. Je reconnois l'*Italien* à la coupe de fon nez, à la petiteffe de fes yeux & à fon menton faillant; l'*Anglois* au front & aux fourcils, à l'ovale ou à l'arrondiffement du vifage, à fa bouche ondulée; le *Hollandois* à la rondeur de la tête & à la molleffe des cheveux; l'*Allemand* aux plis qui entourent fes yeux, & aux fillons qui entrecoupent fes joues; le *Ruffe* à fon nez retrouffé & à fes cheveux noirs ou blancs.

Je reviens encore une fois aux *Anglois*. Ils ont plus qu'aucune autre nation le front court & voûté, c'eft à dire, taillé de façon qu'il fe voûte par le haut, & qu'en fe terminant vers les fourcils, il décrit une ligne ou doucement tendue, ou tout à fait droite; leurs nez font rarement pointus, mais d'autant plus fouvent arrondis, émouffés & moëlleux. A l'exception des *Quakers* & des *Herrenhuthiens* qu'on trouve parmi eux, & qui ont toujours, quelque foit le pays qu'ils habitent, de petites lèvres mal bordées, celles de l'Anglois font toujours bien prononcées, bien fendues & bien ondulées. Joignez à cela un menton rond & replet, des fourcils touffus, un regard ouvert, plein de franchife & de pénétration. Leurs phyfionomies en général font deffinées à grands traits, mais elles n'ont pas cette variété de nuances, ni cette quantité de plis & de rides qui diftinguent les vifages Allemands. Le teint de l'Anglois eft auffi plus blanc.

Toutes les Dames Angloifes que j'ai vues, foit en original, foit en portraits, annoncent une complexion forte & nerveufe. Elles ont la taille

élan-

ncée, fuelte & bien prife. Leurs figures & leurs traits font éloignés
tout ce qui s'appelle rudeffe, dureté ou ténacité.

Les Suiffes n'ont point de caractère phyfionomique national ou *générique*,
ce n'eft leur regard de franchife. Ils diffèrent entr'eux autant que les
tions les plus diftantes. Le payfan de la *Suiffe Françoife* & celui d'*Ap-*
zel ne fe reffemblent en rien. Il fe peut cependant qu'un Obfervateur
ranger faififfe mieux qu'un indigène le caractère général qui diftingue no-
e nation du refte de la France & de l'Allemagne.

D'un autre côté chaque Canton de la Suiffe préfente des différences très
enfibles. Par exemple, les habitans de *Zuric* font de taille moyenne,
lutôt maigres que gras, ou bien donnant dans l'un des deux extrêmes. Il eft
re de leur trouver des yeux étincellans, ou de grands nez, ou de petits
ez fins; leurs traits ne font ni hardis, ni tout à fait mesquins. Notre
anton a peu de beaux hommes, mais une jeuneffe charmante, qui mal-
eureufement dégénère de bonne heure. Le *Bernois* eft d'une ftature droi-
e & élevée: il a le teint blanchâtre, la chair molle, & un air réfolu.
)'ordinaire la rangée fupérieure de fes dents eft très-blanche, régulière
z fort apparente. Le *Bâlois* a une forme de vifage plus ronde, plus plei-
e & plus tendue; le teint, d'un jaune tirant fur le blanc, les lèvres
nolles & mal-clofes. Ceux de *Schafhoufe* ont les os forts, les yeux plus
communément enfoncés qu'à fleur de tête, les faces latérales du front
livergentes au deffus des tempes, les joues pleines, la bouche grande,
charnue & béante; ils font en général plus membrus que les *Zuriquois*.
Dans tout le Canton de Zuric il n'y a pas un feul village dont les habitans ne diffèrent confidérablement du village voifin, indépendamment du
roftume, qui à fon tour eft auffi phyfionomique.

*   *

*

CHAPITRE

I. Extrait abrégé de l'Histoire de l'Homme par Mr. de BUFFON.

„ En parcourant la furface de la terre, & en commençant par le Nord, on trouve en *Lapponie* & fur les côtes feptentrionales de la Tartarie, une race d'hommes de petite ftature, d'une figure bizarre, dont la phyfionomie eft aufli fauvage que les mœurs. Tous les peuples de cette contrée ont le vifage large & plat, le nez camus & écrafé, l'iris de l'œil jaune-brun & tirant fur le noir, les paupières retirées vers les tempes, les joues extrêmement élevées, la bouche très-grande, le bas du vifage étroit, les lèvres groffes & relevées, la voix grêle, la tête groffe, les cheveux noirs & liffes, la peau bafanée: ils font très-petits, trapus quoique maigres: la plupart n'ont que quatre pieds de hauteur, & les plus grands n'en ont que quatre & demi. Les *Borandiens* font encore plus petits que les Lappons; les *Samoïedes*, plus trapus. Ceux-ci ont la tête plus groffe, le nez plus large & le teint plus obfcur, les jambes plus courtes, les genoux plus en dehors, les cheveux plus longs & moins de barbe. Les *Groenlandois* ont encore la peau plus bafanée qu'aucun des autres, ils font couleur d'olive foncée. Chez tous ces peuples les femmes font aufli laides que les hommes. . . . . Non-feulement ces peuples fe reffemblent par la laideur, la petiteffe de la taille, la couleur des cheveux & les yeux, mais ils ont aufli tous à peu près les mêmes inclinations & les mêmes mœurs, ils font tous également groffiers, fuperftitieux, ftupides; la plupart font idolâtres, plus groffiers que fauvages, fans courage, fans refpeft pour foi-même.

„ En examinant tous les peuples voifins de cette longue bande de terre qu'occupe la race Lapponne, on trouvera qu'ils n'ont aucun rapport avec cette race; il n'y a que les *Oftiaques* & les *Tongufes* qui leur reffemblent. Les *Samoïedes* & les *Borandiens* ne reffemblent point aux Rufliens; les *Lappons* ne reffemblent en aucune façon aux *Finnois*, aux *Goths*, aux *Danois*, aux *Norvégiens*. Les *Groenlandois* font tout aufli différens des Sauvages du *Canada*; ces autres peuples font grands, bien faits, & quoiqu'ils foyent affez différens entre eux, ils le font infiniment plus des Lappons. Mais les *Oftiaques* femblent être des *Samoïedes* un peu moins laids & moins raccourcis que les autres, car ils font petits & mal faits".

⁂

„ Les peuples de la *Tartarie* ont le haut du vifage fort large & ridé, même dans leur jeuneffe, le nez court & gros, les yeux petits & enfoncés, les joues fort élevées, le bas du vifage étroit, le menton long & avancé, la mâchoire fupérieure enfoncée, les dents longues & féparées, les fourcils gros qui leur couvrent les yeux, les paupières épaiffes, la face plate, le teint bafané & olivâtre, les cheveux noirs: ils font de ftature médiocre,

R 3

mais

mais très-forts & très-robustes, ils n'ont que peu de barbe, & elle est par petits épis comme celle des Chinois, ils ont les cuisses grosses & les jambes courtes".

*

„ Les *Calmuques* qui habitent dans le voisinage de la Mer Caspienne, entre les Moscovites & les grands Tartares, font, selon *Tavernier*, des hommes robustes, mais les plus laids & les plus difformes qui foyent fous le ciel; ils ont le visage si plat & si large, que d'un œil à l'autre il y a l'espace de cinq ou six doigts, leurs yeux font extraordinairement petits & le peu qu'ils ont de nez est si plat qu'on n'y voit que deux trous au lieu de narines, ils ont les genoux tournés en dehors, & les pieds en dedans. Les Tartares du Dagheftan font, après les Calmuques, les plus laids de tous les Tartares.

*

Les petits Tartares ou *Tartares Nogais* ont perdu une partie de leur laideur, parce qu'ils fe font mêlés avec les Circassiens. A mefure qu'on avance vers l'Orient dans la Tartarie indépendante, les traits des Tartares fe radouciffent un peu, mais les caractères effentiels à leur race restent toujours; & enfin les Tartares *Mongoux* qui ont conquis la Chine, & qui de tous ces peuples étoient les plus policés, font encore aujourd'hui ceux qui font les moins laids & les moins mal faits; ils ont cependant, comme tous les autres, les yeux petits, le visage large & plat, peu de barbe, mais toujours noire ou rousse, le nez écrasé & court. . . . . Parmi les Tartares *Kergiffi* & *Tcheremiffi* il y a un peuple entier dont les hommes & les femmes font d'une beauté singulière. Les *Chinois* ont des mœurs tout oppofées à celles des Tartares, mais si on les compare à ces derniers par la figure & par les traits, on y trouvera des caractères d'une ressemblance non équivoque. Les Chinois ont les membres bien proportionnés, & font gros & gras; ils ont le visage large & rond, les yeux petits, les fourcils grands, les paupières élevées, le nez petit & écrasé; ils n'ont que fept ou huit épis de barbe noire à chaque lèvre, & fort peu au menton".

*

„ Les Voyageurs Hollandois s'accordent tous à dire que les *Chinois* ont en général le visage large, les yeux petits, le nez camus & presque point de barbe. La différence de leur teint & de leurs mœurs n'empêche point qu'ils ne fortent tous d'une même fouche; car pour ce qui est du teint, la différence vient du climat & de celle des alimens, & à l'égard des mœurs, la différence vient aussi de la nature du terroir & de l'opulence plus ou moins grande. Les *Japonois* font affez femblables aux Chinois. Les habitans d'*Yeço* font groffiers, brutaux, fans mœurs, fans arts: ils ont le corps court & gros, les cheveux longs & hériffés, les yeux noirs, le front plat, le teint jaune, mais un peu moins que celui des Japonnois; ils font fort velus fur le corps & même fur le visage.

Le

Les habitans d'*Aracan* eftiment un front large & plat, & pour le rendre tel, ils appliquent une plaque de plomb fur le front des enfans qui viennent de naitre. Ils ont les narines larges & ouvertes, les yeux petits & vifs, & les oreilles fi alongées qu'elles leur pendent jufque fur les épaules; ils mangent fans dégoût des fouris, des rats, des ferpens & du poiffon corrompu".

*

„ Les habitans de la côte de la *Nouvelle-Hollande*, qui eft à 16 degrés & 15 minutes de latitude méridionale & au midi de l'île de Timor, font peut-être les gens du monde les plus miférables, & ceux de tous les humains qui approchent le plus des brutes; ils font grands, droits & menus, ils ont les membres longs & déliés, la tête groffe, le front rond, les fourcils épais; leurs paupières font toujours à demi-fermées, ils prennent cette habitude dès leur enfance, pour garantir leurs yeux des moucherons qui les incommodent beaucoup; & comme ils n'ouvrent jamais les yeux, ils ne fauroient voir de loin, à moins qu'ils ne lèvent la tête, comme s'ils vouloient regarder quelque chofe au deffus d'eux. Ils ont le nez gros, les lèvres & la bouche grande; ils s'arrachent apparemment les deux dents du devant de la mâchoire fupérieure; car elles manquent à tous, tant aux hommes qu'aux femmes, aux jeunes & aux vieux. Ils n'ont point de barbe; leur vifage eft long, d'un afpect très-défagréable, fans un feul trait qui puiffe plaire; leurs cheveux ne font pas longs & liffes comme ceux de prefque tous les Indiens, mais ils font courts, noirs & crépus, comme ceux des Nègres; leur peau eft noire comme celle des Nègres de Guinée".

*

„ Si nous examinons maintenant les peuples qui habitent fous un climat plus tempéré, nous trouverons que les habitans des provinces feptentrionales du *Mogol* & de la *Perfe*, les *Arméniens*, les *Turcs*, les *Géorgiens*, les *Mingréliens*, les *Circaffiens*, les *Grecs* & tous les peuples de l'Europe, font les hommes les plus beaux, les plus blancs & les mieux faits de toute la terre, & que quoiqu'il y ait fort loin de *Cachemire* en *Efpagne*, ou de la *Circaffie* à la *France*, il ne laiffe pas d'y avoir une fingulière reffemblance entre ces peuples fi éloignés les uns des autres, mais fitués à peu près à une égale diftance de l'Equateur. Les *Cachemiriens* font renommés pour leur beauté; ils n'ont point ce nez écaché & ces petits yeux de cochon qu'on trouve chez leurs voifins. Le fang de *Géorgie* eft encore plus beau que celui de Cachemire; on ne trouve pas un laid vifage dans ce pays, & la Nature a répandu fur la plupart des femmes, des graces qu'on ne voit pas ailleurs. Les hommes font auffi fort beaux, ils ont naturellement de l'efprit, & ils feroient capables des

des fciences & des arts, mais leur mauvaife éducation les rend très-ignorans & très-vicieux. Avec tous leurs vices, les Géorgiens ne laiffent pas d'être civils, humains, graves & modérés, ils ne fe mettent que rarement en colère, quoiqu'ils foyent ennemis irréconciliables lorsqu'ils ont conçu de la haine contre quelqu'un. Les *Circaffiens* & les *Mingréliens* font tout auffi beaux & auffi bien faits que les Géorgiens. Il eft rare de trouver parmi les *Turcs* des boffus & des boiteux. . . . . . Les *Efpagnols* font maigres & affez petits, ils ont la taille fine, la tête belle, les traits réguliers, les yeux beaux, les dents affez bien rangées, mais ils ont le teint jaune & bafané. On a remarqué que dans quelques provinces d'Efpagne, comme aux environs de la rivière de *Bidaffoa*, les habitans ont les oreilles d'une grandeur déméfurée". (Entend-on mieux avec de grandes oreilles qu'avec des petites? Je connois un homme qui, avec des oreilles longues & groffières, a l'ouïe extrêmement fine & un efprit très judicieux. Sans cela je n'ai guères retrouvé les oreilles trop longues qu'aux têtes ftupides; les petites oreilles annoncent au contraire un caractère foible, fenfible ou efféminé). ,, Les hommes à cheveux noirs commencent à être rares en *Angleterre*, en *Flandre*, en *Hollande*, & dans les provinces feptentrionales de l'*Allemagne*; on n'en trouve presque point en *Dannemarc*, en *Suède*, en *Pologne*. Selon M. *Linnæus* les *Goths* font de haute taille, ils ont les cheveux liffes, blonds argentés, & l'iris de l'œil bleuâtre. Les *Finnois* ont le corps mufculeux & charnu, les cheveux blonds-jaunes & longs, l'iris de l'œil jaune-foncé".

,, Il y a autant de variété dans la race des *noirs*, que dans celle des *blancs*. Les noirs ont, comme les blancs, leurs Tartares & leurs Circaffiens; ceux de *Guinée* font extrêmement laids & ont une odeur infupportable; ceux de *Sofala* & de *Mozambique* font beaux & n'ont aucune mauvaife odeur. Ces deux efpèces d'hommes noirs fe reffemblent plus par la couleur que par les traits du vifage; leurs cheveux, leur peau, l'odeur de leur corps, leurs mœurs & leur naturel font auffi très-différens. Les *Nègres du Cap-verd* n'ont pas une odeur fi mauvaife à beaucoup près que ceux d'*Angola*, & ils ont la peau plus belle & plus noire, le corps mieux fait, les traits du vifage moins durs, le naturel plus doux & la taille plus avantageufe. Les *Sénégalois* font de tous les Nègres les mieux faits & les plus aifés à difcipliner. Les *Nagos* font les plus humains, les *Mondongos* les plus cruels, les *Mimes* les plus réfolus, les plus capricieux & les plus fujets à fe défefpérer". (S'il en étoit ainfi; il faudroit étudier foigneufement toutes ces têtes, & indiquer dans chaque efpèce les traits qui font communs aux mêmes caractères). ,, Les Nègres de *Guinée* ont l'efprit extrêmement borné, ils n'ont point de mémoire, & on en voit qui ne peuvent jamais compter au delà de trois. Quelque peu d'efprit qu'ils ayent, ils ne laiffent pas d'avoir beaucoup de fentiment; ils ont le cœur excellent & le germe de toutes les vertus. . . . Tous les *Hottentots* ont le nez fort plat & fort large; ils ne l'auroient cependant pas tel fi les mères ne fe faifoient un devoir de leur aplatir le nez peu de temps après leur naiffance". (Eft-il bien décidé *qu'ils ne l'auroient pas*? & la forme naturelle de la tête ne doit-elle pas fervir de bafe à la forme du nez? Il y a des têtes qui par leurs formes impli-
quent

quent de toute néceſſité l'aplatiſſement du nez; il y en a d'autres dont le nez ne ſauroit être aplati que par l'effort le plus violent. Mais l'habitude même qu'ont les Hottentots d'aplatir le nez de leurs enfans, n'eſt-elle pas une preuve que cette forme leur eſt plus naturelle que toute autre?) „Ils ont auſſi les lèvres fort groſſes, ſurtout la ſupérieure, les dents fort blanches, les ſourcils épais, la tête groſſe, le corps maigre, les membres menüs. . . . . Les Sauvages du *Canada* &. des terres voiſines ſont tous aſſez grands, ro-buſtes, forts & aſſez bien faits; ils ont tous les cheveux & les yeux noirs, les dents très-blanches, le teint baſané, peu de barbe, & point ou preſque point de poil en aucune partie du corps, ils ſont durs & infatigables à la marche, très-légers à la courſe; ils ſup-portent auſſi aiſément la faim que les plus grands excès de nourriture, ils ſont hardis, courageux, fiers, graves & modérés; enfin ils reſſemblent ſi fort aux Tartares Orientaux par la couleur de la peau, des cheveux & des yeux, par le peu de barbe & de poil, & auſſi par le naturel & les mœurs, qu'on les croiroit iſſus de cette nation, ſi on ne les re-gardoit pas comme ſéparés les uns des autres par une vaſte mer; ils ſont auſſi ſous la même latitude, ce qui prouve encore combien le climat influe ſur la couleur & même ſur la figure de l'homme". —— (Et par conſéquent auſſi ſur ſon caraĉtère, ſur ſon eſprit & ſur ſes mœurs).

❋   ❋
❋

2.

Paſſages tirés d'une Diſſertation de M. le Profeſſeur K A N T, de *Koenigsberg*.
Voyez le Recueil intitulé *le Philoſophe du Monde par M.* E N G E L.
T. II. p. 125.

„ **M** de M A U P E R T U I S prétendoit qu'en ſéparant ſoigneuſement & de bonne heure les enfans qui dégénèrent, de ceux qui ſont parfaitement bien conſtitués, on parviendroit à former des eſpèces choiſies qui ſe ſoutiendroient de ligne en ligne. D'a-près ce principe il vouloit raſſembler dans une province à part une race d'hommes heu-reuſement organiſés, & chez lesquels l'eſprit, le talent, l'honnêteté, deviendroient un apanage héréditaire. Suppoſé qu'on fût tenté d'exécuter un tel projet, la ſâge nature ſe hâteroit bientôt de le traverſer, car c'eſt préciſément dans le mêlange du bien & du mal qu'il faut chercher les reſſorts puiſſans qui meuvent les facultés cachées de l'homme, & qui l'obligent à développer ſes talens pour approcher de la perfeĉtion. D'ailleurs ſi vous laiſſez opérer tranquillement la nature pendant pluſieurs générations de ſuite, ſans la troubler par des transplantations ou par des aſſociations étrangères, elle ne manquera pas de produi-re avec le temps une race durable, qui ne ſera jamais confondue avec une autre nation....

On peut, je crois, compter quatre races différentes, dans lesquelles ſont compriſes toutes les variétés ſenſibles & immuables qui partagent le genre humain. Nous avons 1, la race des *Blancs*; 2, celle des *Nègres*; 3, celle des *Huns* (des *Mongales* ou *Calmuques*); 4. celle des *Indiens* ou de l'*Indoſtan.*

„ *Les* objets extérieurs peuvent être les cauſes accidentelles, mais jamais les cauſes effi‑cientes, de ce qui nous eſt transmis héréditairement par nos parens. Il n'eſt point de haſard phyſique, ni de cauſe mécanique, qui puiſſe produire un corps organiſé, ni par conſéquent ajouter à la vertu générative de notre corps des effets qui ſe perpétuent d'eux‑mêmes, tan‑dis qu'ils dérivent de la forme ou de la proportion particulière de telle ou telle partie.

„ L'homme eſt formé pour tous les climats & pour tous les ſols. Il doit donc renfer‑mer différens germes, & différentes diſpoſitions naturelles, prêtes à être développées ou retenues ſelon les occurrences, & relativement à la place qui lui eſt deſtinée, & où il doit ſe perpétuer dans la ſuite des générations.... L'air & le ſoleil ſemblent être les cauſes qui influent le plus directement ſur la vertu générative, celles qui décident le développe‑ment réel des germes & des diſpoſitions, celles en un mot qui peuvent fonder une race. Le genre de vie contribue auſſi, il eſt vrai, à la diverſité des eſpèces, mais alors les diffé‑rences diſparoiſſent dès qu'on change de climat. Tout ce qui ſert à la *conſervation de la vie* ne produit que des impreſſions paſſageres; mais pour agir puiſſamment ſur la force gé‑nérative, il faut des cauſes qui affectent les *ſources* mêmes de la vie, c'eſt à dire, les pre‑miers principes de ſon économie & de ſon mécanisme animal. La taille de l'homme trans‑planté dans la zone glaciale devoit s'abatardir néceſſairement, & c'étoit pour ſon bien, par‑ce que dans un petit corps, dont les forces vitales ſont d'ailleurs les mêmes, le ſang cir‑cule en moins de temps, le pouls bat plus vîte & la chaleur du ſang augmente. En effet *Cranz* a trouvé que non‑ſeulement la ſtature des *Groenlandois* eſt de beaucoup au deſſous de celle des autres Européens, mais auſſi que la chaleur naturelle de leur corps eſt plus conſi‑dérable. Il n'eſt pas jusqu'à la disproportion entre la hauteur du corps & les courtes jam‑bes des peuples ſeptentrionaux, qui ne ſoit adaptée à leur climat; car dans les grands froids les extrêmités du corps ſont celles qui ſouffrent le plus, à cauſe de leur éloignement du cœur.

„ Grace aux ſoins de la nature, les parties proéminentes du viſage qui ſont les plus expoſées au froid, s'aplatiſſent ſucceſſivement pour s'en préſerver. La bouffiſſure du haut des joues, les paupières clignantes & à demi fermées, ſemblent deſtinées à garantir les yeux, ſoit contre le deſſéchement de l'air, ſoit contre l'éclat des neiges; mais d'un autre côté la diſpoſition de ces parties peut être regardée auſſi comme un effet naturel du climat, puisque ſous un ciel plus doux on trouve également des effets analogues, ſeule‑ment dans un moindre degré. Peu à peu ſe forment le menton ſans barbe, le nez éca‑ché, les lèvres minces, les yeux clignans, le viſage aplati, le teint rouſſâtre, les che‑veux noirs, en un mot la figure *Calmuque.* ——— &, répétée de génération en génération

dans

dans le même climat, elle prend racine & conftitue une race permanente, qui fe confer-ve même quand par la fuite la nation transfère fes établiffemens dans un pays plus tem-péré.

„ Le rouge tirant fur le brun, ou le teint rouffâtre, eft auffi naturel aux climats froids, que le teint olivâtre l'eft aux climats chauds; fans parler de la complexion des Américains, qui décèle des forces vitales à demi éteintes; effet naturel d'une température glacée. L'ac-croiffement des parties fpongieufes du corps doit être la fuite immanquable des influences d'un climat chaud & humide; de là un gros nez retrouffé & des lèvres à bourlet. La peau doit s'huiler, non feulement pour modifier l'excès de l'évaporation, mais auffi pour pré-venir la réforption des humidités putrides. Les parties ferrugineufes dont le fang de l'homme eft toujours imprégné, font très abondantes chez le Nègre; l'évaporation de l'a-cide phofphorique, (dont il porte l'odeur,) les précipite vers la membrane rétiforme de la peau, & elles forment enfuite cette couleur noire qui perce au travers de l'épiderme." Outre cela la fubftance ferrugineufe du fang eft encore néceffaire pour empêcher le relâ-chement des fibres.

„ Au refte l'humidité de l'air favorife en général la croiffance animale, & nous en voyons la preuve dans le Nègre. Son organifation répond parfaitement à fon climat; il eft robufte, fouple & charnu; mais borné dans fes befoins, il devient pareffeux, douillet & infouciant.

„ Voici maintenant les principales branches de l'efpèce humaine:

„ Les *Blancs* d'un teint plus ou moins foncé — fouche primitive.

„ *Première race.* La couleur *blonde*, (l'Europe Septentrionale); effet d'un froid humide.

„ *Seconde race.* Le *rouge tirant fur le cuivre*, (les Américains); effet d'un froid fec.

„ *Troifième race.* La couleur *noire*, (le Sénégal); effet d'une chaleur humide.

„ *Quatrième race.* Le *jaune -olive*, (les Indiens); effet d'une chaleur fèche.

„ Lorfque la fouche, ou la forme primitive vient à dégénérer, elle produit une race nouvelle; & celle-ci une fois décidée, étouffe tous les autres germes & réfifte à toute transformation ultérieure, parce que le caractère de la race eft devenu prédominant dans la faculté générative.

**　　　　**

**

3.

WINKELMANN Hiſtoire de l'Art de l'Antiquité, Tom. I. p. 38.

„ A l'égard de la configuration des hommes, l'expérience nous a fait voir que l'ame & le caractère des nations ſont peints la plupart du temps ſur les phyſionomies des individus. Comme la nature, toujours variée dans ſes opérations, a ſéparé les grands pays & les puiſſans empires par des montagnes, des fleuves & des mers, elle a de même imprimé des traits caractériſtiques aux habitans des régions diverſes. Auſſi voit-on que dans les pays très éloignés elle a marqué les parties du corps de l'homme, ainſi que toute ſa ſtature, par des différences ſenſibles. Il eſt de fait que les animaux dans leurs eſpèces & ſous des climats divers, ne diffèrent pas plus entre eux que les hommes. On ſait qu'il eſt des obſervateurs qui prétendent avoir remarqué que les bêtes prennent le caractère des habitans du pays où elles vivent.

„ La configuration du viſage eſt auſſi différente que les langues & que les dialectes des langues. Comme cette différence du langage provient des organes de la parole, il réſulte que les nerfs de la langue doivent être plus engourdis dans les régions froides que dans les pays chauds. Si donc les Chinois, les Japonnois, les Groenlandois & diverſes nations de l'Amérique manquent de lettres, c'eſt dans le même principe qu'il faut en chercher la cauſe. Delà vient que les langues du Nord ſont compoſées de tant de monoſyllabes & hériſ-ſées de tant de conſonnes, que la combinaiſon & la prononciation de ces langues devient, ſi non impoſſible, du moins très-difficile aux autres nations.

„ Un célèbre Ecrivain du commencement de ce ſiècle, cherche la différence des dialectes de la langue Italienne dans la tiſſure & dans la conformation des organes de la parole. En partant de ce principe, il dit que les *Lombards*, nés dans les contrées les plus froides de l'Italie, ont une prononciation rude & ſyncopée; que les *Toscans* & les *Romains*, habitant un climat plus tempéré, parlent d'un ton plus plein & plus meſuré; que les *Napolitains*, jouiſſant d'un ciel encore plus chaud, articulent les mots d'une bouche très ouverte & font ſonner les voyelles plus que les Romains. Ceux qui ſont dans le cas de voir des hommes de différentes nations, les diſtinguent auſſi parfaitement par les traits de la phyſionomie que par les ſons de la parole.

„ L'homme ayant toujours été le principal objet de l'Art, les Artiſtes de tous les pays ont donné à leurs figures la phyſionomie de leur nation. Mais ce qui prouve ſurtout que l'Art de l'Antiquité avoit adopté une diverſité de forme d'après la configuration des hommes, ce ſont les mêmes rapports qui ſe trouvent entre nos nations modernes & qui ont

été

été rendus de même par nos Artiftes.   Il eft certain que les Allemands, les Hollandois & les François font aufli différens entre eux que les Chinois, les Japonnois & les Tartares; aufli les Artiftes de ces pays, lorsqu'ils ne font jamais fortis de leur patrie & qu'ils n'ont pas pris de caractère étranger, fe reconnoiffent-ils toujours à leurs tableaux. *Rubens* après un féjour affez long en Italie, a conftamment deffiné fes figures comme s'il 'n'eut point quitté la Flandre".

Tome II. p. 34.   „ La bouche élevée & gonflée, que les Maures ont de commun avec les finges de leur pays, eft une excroiffance, une bouffiffure, caufée par la chaleur du climat: c'eft ainfi que les lèvres s'enflent foit dans l'excès de la chaleur, ou dans l'abondance des humeurs acres, foit, comme il arrive à quelques hommes, dans les tranfports de la colère.   Les petits yeux des habitans du Nord & du Midi, doivent être rangés dans la claffe des imperfections de leur taille, qui eft courte & ramaffée.   La nature, à mefure qu'elle s'approche des extrêmités, produit plus généralement de ces formes ébauchées.   Obligée de combattre tour à tour le chaud & le froid, elle n'enfante que des fubftances imparfaites: là fes plantes précoces pouffent trop vite, ici fes végétaux tardifs ne parviennent point à maturité.   Les fleurs, expofées aux ardeurs du foleil, perdent leur fraicheur, & privées de fes rayons, elles ne prennent point de couleur: nous voyons même dégénérer les plantes enfermées dans un lieu fombre.   Mais elle eft plus régulière dans fes formes, plus vigoureufe dans fes productions, à mefure qu'elle s'approche de fon centre, qu'elle habite un climat tempéré.   Il réfulte delà que nos idées de la beauté, ainfi que celles des Grecs, moulées fur les formes les plus régulières, doivent avoir plus de juftelle que les notions que peuvent en avoir des peuples qui, pour me fervir de la penfée d'un Poëte moderne, ne font qu'une ébauche de l'image de leur Créateur".

4.

JOANNES FRIDERICUS BLUMENBACH, de Generis Humani varietate nativa.   Gottingæ 1775.

„ *Pauca interim proferre exempla fufficiat, quorum notiffimum omnium & fallere nefcium præbet* Ifraëlitarum *gens, vel folis oculis, Orientem fpirantibus, ubivis facillime agnofcenda.* Vallones *etiamfi per plurimos annos inter* Suecos *verfati fuerint, conftanter tamen faciei lineamenta,,*

menta, fibi propria, fervant, quibus prime intuitu ab indigenis diftingui poffunt. Helvetorum *ferenus & ingenuus vultus, hilaris* Sabaudorum *puerorum, virilis & ferius* Turcarum, *fimplex & incallidus gentium maxime* Borealium, *facile etiam a parum phyfiognomice doctis dignofci poterit. —— Ut* Sinenfes *taceam, quos tota capita fibi adeo deformia reddere diximus, ut in his, quid naturæ, quid arti tribuendum fit, vix dicere audeam,* Maris *tamen* Pacifici *incolæ evidentiæ fatis phyfiognomiæ exempla præbent. Trucem v. c. & efferatum* Novo-Hollandorum *& * Novo-Zeelandorum *vultum quivis ex abfolutiffimis* PARCINSONII *tabulis agnofcet, cum* Uttahitenfes *e contrario in totum fpectati, mitioris longe indolis effe videantur, quam & pleræque eorum imagines apud eumdem egregium virum textantur".*

5.

Recherches Philofophiques fur les Américains par M. de P. . . .

a) „ **L**es Américains étoient furtout remarquables en ce que les fourcils manquoient à un grand nombre, & la barbe à tous. De ce feul défaut on ne peut inférer qu'ils étoient affoiblis dans l'organisme de la génération, puisque les *Tartares* & les *Chinois* ont à peu près ce même caractère: il s'en faut néanmoins de beaucoup, que ces peuples ne foyent & très féconds & très portés à l'amour; mais auffi n'eft-il pas vrai que les Chinois & les Tartares foyent abfolument imberbes; il leur croit à la lèvre fupérieure, vers les trente ans, une mouftache en pinceau, & quelques épis au bas du menton.

b) „ Outre les *Eskimaux* qui diffèrent par le port, la forme, les traits & les mœurs, des autres Sauvages du Nord de l'Amérique, on peut encore compter pour une variété les *Akanfans*, que les François nomment communément les *beaux hommes*: ils ont la taille élevée, les traits de la face bien deffinés fans le moindre veftige de barbe, les yeux bien fendus, l'iris bleuâtre, & la chevelure fine & blonde; tandisque les peuples qui les environnent font d'une ftature médiocre, ont la phyfionomie abjecte, les yeux noirs, & les cheveux couleur d'ébène, d'un poil extrêmement gros & rigide.

c) „ Les *Péruviens* n'ont pas la taille fort élevée; mais quoique trapus, ils font affez bien faits: il y en a, à la vérité, quantité qui font monftrueux à force d'être petits, d'autres qui font fourds, imbécilles, aveugles, muets; & d'autres à qui il manque quelque membre en naiffant. Ce font apparemment les travaux exceffifs auxquels la barbarie des

Efpa-

Efpagnols les affujettit, qui y produifent tant d'hommes défeétueux: la tyrannie y a influé jufque fur le tempérament phyfique des esclaves. Ils ont le nez aquilin, le front étroit, la tête bien fournie de cheveux noirs, rudes, liffes; le tein roux-olivâtre, l'iris de l'œil noir & le blanc un peu battu. Il ne leur croit jamais de barbe, car on ne peut donner ce nom à quelques poils courts & rares qui leur naiffent par-ci par-là dans la vieilleffe: les hommes & les femmes n'y ont point ce poil follet qu'ils devroient avoir généralement après avoir atteint l'âge de puberté; ce qui les diftingue de tous les peuples de la terre, & même des Tartares & des Chinois. C'eft le caraétère de leur dégénération comme dans les eunuques.

d) „ A juger du goût ou de la fureur des Américains pour fe contrefaire & fe défigurer, on croiroit qu'ils ont été tous mécontens des proportions de leurs corps & de leurs membres: on n'a pas découvert dans cette quatrième partie du monde un feul peuple qui n'eut adopté la coutume de changer par artifice, ou la forme des lèvres, ou la conque de l'oreille, ou le contour de la tête, & de lui faire prendre une figure extraordinaire & impertinente.

„ On y a vu des fauvages à tête piramidale ou conique, dont le fommet fe terminoit en pointe; d'autres à tête aplatie, avec un front large, & le derrière écrafé: cette bizarrerie paroît avoir été le plus à la mode; au moins étoit-elle la plus commune. On a trouvé des Canadiens qui portoient la tête parfaitement fphérique: quoique la forme naturelle de la tête de l'homme approche le plus de la figure ronde, ces fauvages qu'on nomme à caufe de leur monftruofité *têtes de boule*, n'en paroiffent pas moins choquans pour avoir trop arrondi cette partie & violé le plan original de la nature, auquel on ne peut ni ôter, ni ajouter, fans qu'il en réfulte un défaut effentiel qui dépare toute la ftruéture de l'animal.

„ Enfin on a vu fur les bords du Maragnon des Américains à tête cubique ou quarrée; c'eft à dire, aplatie fur la face, fur le haut, fur l'occiput & les tempes, ce qui paroît être le complément de l'extravagance humaine.

„ Il eft difficile de concevoir comment l'on peut guinder & plier en tant de façons diverfes les os du crâne, fans endommager notablement le fiège des fens, les organes de la raifon, & fans occafionner ou la manie ou la ftupidité, puisque l'on voit fi fouvent que de violentes bleffures ou de fortes contufions faites à la région des tempes, jettent plufieurs perfonnes dans la démence, & leur ôtent pour le refte de leurs jours la fonétion de l'intelleét. Car il n'eft pas vrai, comme on l'affure dans les anciennes relations, que tous les Indiens à tête plate ou pointue étoient réellement imbécilles: il faudroit en ce cas qu'il y eût eu en Amérique des nations entières de frénétiques & de forcenés; ce qui eft impoffible même dans la fuppofition."

On

(On trouvera difficilement toute une *nation de frénétiques*, mais il y a des nations entières d'*idiets*, lesquelles peuvent aifément paffer à la folie. Je fais une grande diftinction entre l'*imbécille* & le *fou*. Celui-ci, confidéré comme tel, ne s'affecte de rien ; une indifférence totale pour les chofes les plus intéreffantes, voilà fi non l'*effence* de la folie, du moins un trait commun à tous les fous. Avec tous les dehors de la *paffion*, ils ne la fentent jamais ; leur efprit eft toujours abfent, en dépit du masque trompeur qui annonce quelquefois fa préfence. L'idiot au contraire eft borné à un petit nombre d'idées, fes notions font très-imparfaites, ou bien il ne connoît pas la valeur reçue des fignes arbitraires, mais il eft fusceptible de grandes paffions. La folie proprement dite, l'impaffibilité & l'atonie de l'ame, provient ou de la conftitution primitive, ou d'une agitation violente du fyftême nerveux, & de l'engourdiffement qui doit en réfulter. Si donc les nerfs n'ont pas été émouffés dans la première jeuneffe par une compreffion forcée des parties folides, il n'y a pas de *véritable folie* à craindre ; mais ce qui fuivra infailliblement, c'eft la bétife & la *ftupidité d'efprit* : auffi auroit-on bien de la peine à tirer de toutes ces difformmités nationales dont il eft queftion ici, l'exemple d'un feul homme raifonnable ou fenfé. Pour établir des principes phyfionomiques ou anti-phyfionomiques fur les défigurations qui font en ufage chez la plupart des peuples du nouveau-monde, il faudroit de longues & de fréquentes expériences ; il faudroit tirer de la même contrée, & élever de la même manière un certain nombre d'enfans dont les uns auroient eu la tête comprimée, & les autres pas. Mais quoiqu'il en puiffe arriver, je dirai d'avance qu'on infulteroit au bon fens & à la nature, en fuppofant que les preffions violentes laiffent aux facultés intellectuelles un auffi libre cours que les formes naturelles).

6.

Digreffion on Phyfiognomy. — Differtation Angloife peu intéreffante, qui fe trouve imprimée à la fuite d'un Traité fur la Numismatique, dont le titre m'eft échappé.

„ Les *Ruffes*, les *Polonois*, les *Allemands* & les *Hongrois* ont l'air mâle, le nez plus camus & moins courbé que les *Italiens*. Parmi ceux-ci les *Vénitiens* font bien proportionnés & d'une figure agréable. Les *Suiffes*, (notamment les payfans *Grifons*, ceux du Canton de *Glaris* & du *Valais*), & en général les habitans des Alpes, ont presque tous des goitres, & très-fouvent le vifage de travers ; défauts qu'on attribue à l'eau de neige dont ils font leur boiffon. Les *Génois* font fameux par leurs têtes pointues & coniques. Les *Efpagnols* & les *Portugais* confervent toujours un refte de la couleur & de la conformation du peuple qu'ils ont fi inhumainement expulfé. Les *Perfes* & les *Arméniens* fe diftinguent par des traits gracieux & majeftueux, & furtout par un beau nez aquilin, qui femble être particulier à leur nation & qui nulle part ailleurs n'eft auffi commun. *Plutarque* rapporte
qu'*Ar-*

qu'*Artaxerxès* avoit un nez d'aigle: on dit la même chofe de *Demetrius*, de *Gryphius*, de *Néoptolème*, d'*Augufte*, de *Galba*, de *Conftantin* le Grand, de *Scanderberg*, de *Solyman*, qui tous étoient des guerriers, des héros, des hommes magnanimes. Autrefois le nez aquilin étoit un trait national des *Romains*, mais aujourd'hui ils n'y ont pas plus de droit que les autres Européens. Les *Indiens* ont le front naturellement élevé & le nez camus; cette règle fouffre cependant des exceptions pour ceux qui fe font mêlés au fang Portugais, & pour ceux qui font moins voifins des parties méridionales. Dans les pays exceffivement chauds, les habitans font d'ordinaire, ou frénétiques, ou d'une capacité très bornée. Les habitans des côtes maritimes font communément plus rufés que ceux du continent; delà vient le proverbe: *Infulanos effe malos, Sicilianos autem peffimos.*

Nous favons que *St. Paul* a répété d'après *Epiménides*, comme un témoignage authentique:

Κρητες αἐι ψευςαι, κακκα θηρια, γαςερες αργαι,

Les Crétois font toujours des menteurs, des bêtes féroces, & des ventres affamés.

※

On peut encore lire fur cette matière ce que *Claramontius* a écrit de l'*Influence du climat fur les différentes formes de l'efpèce humaine.* Lib. II. Cap. II. §. 3–8. Cap. VI. §. 2. *de variis gentibus quid varii fcriptores dixerunt.* §. 3. *Satius effe mores nationum ex obfervatione deprehendere, quam ex cauffarum combinatione.* Il caractérife enfuite les Efpagnols, les François, les Allemands, les Anglois, mais toujours en traits rapides, qui ne font ni vrais, ni faillans. Voyez auffi l'ouvrage de *Guillelmus Gratarolus de prædiétione morum naturarumque hominum facili;* Cap. XIX. *De Gentium aliquarum univerfalis cognitione.* Je ne connois pas *Sandeartus de affeétibus & perturbatione animi,* dont un Ecrivain phyfiognomonique a cité fimplement le Chapitre V. *quomodo homines & nationes ab invice decerni poffint.*

CHAPITRE III. CITATIONS TIRÉES DE MANUSCRITS.

I.

Remarque de Mr. LENTZ.

,,Il eft fingulier que dans les quatre parties du monde les Juifs confervent toujours les caractères diftinétifs de l'Orient, leur première patrie; les cheveux noirs, cours & frifés, & le teint hâlé. Leur langage rapide, l'air brusque & précipité qu'ils mettent en tout ce qu'ils font, femblent remonter à la même origine. Je crois auffi qu'en géné-ral les Juifs ont plus de fiel que nous". (Parmi les traits nationaux de leur phyfiono-mie je compte encore le menton pointu, les groffes lèvres, & la régularité de la ligne de la bouche).

2.

Extrait d'une lettre écrite par M. FUESLIN à Prefsbourg.

„ Je ne me fuis pas arrêté feulement à obferver les différences des phyfionomies natio-nales, mais j'ai eu occafion de me convaincre par des expériences fans nombre, que la forme principale de tout le corps, fon attitude en général, un air de tête ou déga-gé ou embarraffé, une démarche ferme ou incertaine, rapide ou lente, offrent peut-être fouvent des fignes bien plus infaillibles du caractère, que le vifage confidéré féparément. L'homme étudié depuis l'état du plus parfait repos jusqu'au dernier degré de la colère, de la crainte & de la douleur, feroit fi facile à reconnoître, qu'on pourroit diftinguer le Hongrois, l'Efclavon, l'Illyrien & le Vallache, uniquement à l'attitude du corps, à l'air de tête & au gefte. Conféquemment les mêmes fignes ferviroient à fixer nos idées fur le ca-raftère pofitif & invariable de telle & telle nation.

3.

Extrait d'une lettre de M. le Profeffeur CAMPER, en date de
Franecker, du mois de Septembre 1776.

„ Il feroit, fi non impoffible, du moins extrêmement difficile de vous communiquer fuc-cinftement les règles pratiques, à l'aide desquelles on peut diftinguer avec une cer-titude presque mathématique, & la différence des nations, & la différence des âges. La difficulté augmenteroit encore fi je voulois ajouter mes obfervations fur la beauté des an-tiques. Je fuis arrivé à ces règles par une étude progreffive des crânes de diverfes nations, dont je poffède une collettion nombreufe, & par une étude fuivie de l'hiftoire de l'Art des Anciens.

Il m'en a coûté bien du temps avant que je fois parvenu à deffiner exaftement les pro-fils des têtes. J'ai fcié des crânes pour déterminer la ligne faciale & fon angle avec l'hori-fon; expérience qui m'a conduit à la découverte du maximum & du minimum de cet angle, car j'ai commencé par le finge, & en paffant fucceffivement au Nègre, à l'Européen, &c,

je fuis remonté jufqu'aux chefs d'œuvre de l'Antiquité, jufqu'aux têtes de la *Médufe*, de l'*Apollon* & de la *Vénus de Médicis*.   Tout ceci regarde cependant exclufivement le profil; mais il exifte encore une autre différence dans la largeur des joues; elle eft furtout fenfible chez les Calmouques; elle l'eft beaucoup moins chez les Nègres de l'Afie.   Les Chinois, les habitans des Moluques & des autres Iles de l'Afie, paroiffent fe diftinguer par des joues larges, & par une mâchoire plus ou moins faillante; ils ont furtout celle d'enbas fort élevée, formant presque un angle droit, qui chez nous eft obtus, moins cependant que chez les Nègres d'Afrique.

Je ne vous dis rien de la véritable tête Américaine, que je ne n'ai pas encore réuffi à me procurer.

J'avoue auffi à ma honte que je ne fuis pas encore parvenu à pouvoir deffiner une tête Juive, dont les traits font pourtant fi caractériftiques.   Je n'ai guères été plus heureux avec les phyfionomies Italiennes ; mais en général je puis vous donner pour certain que chez les Européens la largeur des deux mâchoires n'excède jamais la largeur du crâne, tandisque chez les Afiatiques c'eft tout le contraire. J'ignore cependant en quoi confifte la différence fpecifique.

Cent fois mon tact phyfionomique m'a fait diftinguer dans une troupe de foldats leur individualité nationale.   Cent fois j'ai diftingué dans les hôpitaux Anglois, l'Ecoffois, l'Irlandois & l'habitant de Londres ——— & jamais je n'ai fu deffiner les traits qui décidoient la différence.

Dans les Provinces Unies le peuple eft un mélange de toutes les nations de l'Univers; mais dans quelques quartiers ifolés les habitans ont la phyfionomie plus platte, & le haut de la tête depuis les yeux, d'autant plus élevé.

4.

Extrait du manufcrit d'un homme de lettres à *Darmftadt.*

„Tous les peuples pafteurs qui habitent les déferts, fans être réunis en fociété, arriveroient difficilement au même degré de culture que les nations Européennes, quand même ils quitteroient leur vie errante.   Vous aurez beau leur ôter les chaines de l'esclavage, leurs facultés intellectuelles refteront toujours affoupies.   Par cette raifon les obfervations qu'on peut faire à leur fujet font presque toujours pathognomiques, (l'Auteur n'a-t-il pas voulu dire *phyfiognomoniques?*) & on s'arrête ordinairement à faire des conjectures fur les progrès dont leur efprit eft capable, parce qu'il n'y a pas grand chofe à dire fur la manière dont ils l'exercent.

T 2

Les

Les peuples qui font privés de quelques-unes des commodités de la vie, n'en font pas plus malheureux pour cela. La fervitude dans laquelle on les tient eft très convenable à leur exiftence phyfique. Ils font infiniment mieux nourris que nos payfans, ils font exempts d'un travail accablant & difpenfés des foins du ménage. Leurs payfans font plus robuftes & plus fains que ceux des nôtres qui ont une propriété, ou qui croyent en avoir une. Leurs befoins font très-fimples, & ils ont affez d'induftrie pour y fubvenir fans fecours étranger. La plupart du temps le payfan Ruffe ou Polonois eft charpentier, tailleur, cordonnier, maçon, ou couvreur, fans avoir appris ces métiers; & quand on examine leur travail, on conçoit très bien comment ils ont pu l'exécuter. Ils ont auffi une aptitude fingulière pour toutes fortes d'arts & de profeffions, & ils y réuffiffent pour peu qu'on leur en montre les principes. Mais l'invention en grand n'eft pas trop leur fait, parce que leur efprit eft comme une horloge; il s'arrête dès l'inftant où le contre-poids de la néceffité & de la contrainte vient à tomber.

※

„ Parmi tant de peuples divers qui font foumis au Sceptre Ruffien, je laiffe de côté les habitans de la vafte Sibérie, & je n'examine que les *Ruffes* proprement dits, qui s'étendent depuis les frontières de la Finlande, de l'Efthonie & de la Livonie, jusqu'aux confins de l'Afie. Ce qui frappe le plus dans cette nation au premier abord, eft fa force étonnante. Elle s'annonce auffitôt par une large poitrine & par un cou vraiment coloffal, qui rappelle l'Hercule de Farnèfe, & que vous retrouverez fans exception dans chaque individu de tout un équipage de matelots. Une chevelure & une barbe noire, épaiffe & rude, des yeux enfoncés & noirs comme du geai, un front étroit qui fe termine près du nez par une inflexion, font encore autant de fignes d'une conftitution robufte. Quelquefois les hommes ont la bouche élégante, mais plus fouvent elle eft maffive, largement fendue & bordée de groffes lèvres. Chez les femmes l'élévation de l'os de la joue, les tempes rentrantes, & un nez camus qui va fe joindre au front couché en arrière, n'offrent guères de traits qui répondent à l'idéal du beau. A un certain âge les deux fexes prennent aifément de l'embonpoint. Leur vertu prolifique paffe toute croyance.

Au centre de l'Empire eft l'*Ukraine*, province dont on tire la plupart des Régimens de *Cofaques*. Ceux-ci diffèrent à peu près des autres Ruffes autant que les Juifs des Chrétiens. Ils ont ordinairement des nez aquilins, ils font bien faits, fenfuels, de bon accord & affez induftrieux. Leur civilifation s'explique bientôt, quand on confidère que depuis plufieurs fiècles ils font réunis en fociété, foumis à un Gouvernement régulier, & accoutumés à l'agriculture, dans un pays extrêmement fertile & fous un ciel dont la température approche beaucoup de celle de la France. Indépendamment de la force de leur conftitution, ces peuples ont encore une grande adreffe pour tous les exercices du corps,

& de la fineſſe dans l'eſprit. C'eſt du vif-argent contre du plomb, ſi on les compare aux gens du commun de nos contrées, & je ne conçois pas comment nos Ancêtres ont pu les appeller ſtupides.

✳

„ Il en eſt des *Turcs* comme des Ruſſes. C'eſt un mêlange du plus beau ſang de l'Aſie-Mineure avec le rébut matériel & groſſier de la race Tartare. Le *Natolien*, né avec de l'eſprit, ſe perd dans les contemplations; ſes yeux immobiles reſtent fixés des journées entières ſur la même place : le jeu des échecs l'attache beaucoup, car dans ſes recréations & dans ſes occupations il préfère toujours celles qui favoriſent ſa taciturnité. Son regard eſt exempt de paſſion, il a de la ſagacité, & même un degré de ruſe qui pourtant ne fait pas tort à ſa probité. Sa bouche annonce le don de la parole ; ſa chevelure, ſa barbe & ſon cou grêle, un homme ſouple. Chez le *Tartare Nomade* le contour de la tê-te, des yeux & de l'os de la joue déſignent la force & la ſenſualité. La coupe de l'œil, des ſourcils, du nez, de l'oreille & de la bouche, tout cela montre ſa conſtitution ro-buſte —— mais en même temps un être qui borne toutes ſes jouiſſances à l'inſtinct phyſique".

✳

„ L'*Anglois* a la démarche droite, & quand il ſe tient de bout, il eſt d'une roideur immobile. Avec des nerfs extrêmement forts il réſiſte aux exercices violens. Ce qui le diſtingue ſurtout des autres nations, c'eſt l'arrondiſſement & l'égalité des muſcles de ſon viſage. Dans le ſilence & dans l'inaction ſa phyſionomie ne fait guères deviner l'eſprit & les capacités qu'il poſſède à un degré ſi éminent. Son œil ſe tait & ne cherche pas à plaire. Son caractère eſt uni comme ſon coſtume. Il ne ruſe pas, mais il ſait être ſur ſes gardes, & il n'y a qu'un homme mal-aviſé qui puiſſe entreprendre de le duper. Il eſt trop brave pour chercher querelle, mais une fois irrité il ne ſe poſſède plus. Comme il ne ſe ſoucie pas de paroître différent de ce qu'il eſt, il déteſte les prétentions de ceux de ſes voiſins qui ſe pârent d'avantages qu'ils n'ont pas. Jaloux de ſon exiſtence perſonnel-le, il ſe met peu en peine de l'opinion publique, quitte à paſſer pour ſingulier. Son imagination reſſemble à ſes charbons de terre: c'eſt un feu qui ne jette ni flamme ni éclat, mais qui produit une chaleur durable. L'Anglois a une patience opiniâtre dans l'invention. Invariable dans ſes principes, c'eſt cette perſévérance qui a créé & ſoute-nu ſon eſprit national, les lois de ſon gouvernement, de ſon commerce, de ſes manufac-tures & de ſa navigation. Sa probité le rend obſervateur religieux de ſa parole. Il n'eſt pas libertin par goût, mais il lui arrive quelquefois d'afficher la théorie du vice.

✳

„ Parmi toutes les nations priſes enſemble, le *François* eſt le ſanguin par excellence. Naturellement bon, léger, tour à tour avantageux & ingénu, il conſerve une heureuſe gaieté juſques dans l'âge le plus avancé, il eſt toujours prêt à ſaiſir le plaiſir, & toujours

T 3

de

de la meilleure fociété poffible. Il fe permet bien des chofes, mais il en permet tout autant aux autres, pourvu qu'ils fe reconnoiffent *étrangers*, & qu'ils lui laiffent *l'honneur d'être François*. Sa démarche eft danfante, fa diction fans accent, & fon oreille fans juftefie. Son imagination fuit les objets jusques dans leurs moindres rapports avec la rapidité d'une pendule à fecondes, mais elle ne rend jamais des fons clairs & diftincts, capables de réveiller l'attention de toute une nation. L'*efprit* eft l'apanage du François. Sa phyfionomie ouverte annonce dès le premier abord mille chofes agréables & aimables. Il ne fauroit fe taire, & lorsque fa bouche a ceffé de parler, fes yeux & les muscles de fon vifage en difent encore affez. L'éloquence de fon extérieur devient quelquefois étourdiffante, mais fa bonté naturelle couvre tous fes défauts. Quelque diftinguée que foit fa figure, il eft difficile de la décrire. Aucune nation n'a fi peu de traits marqués & tant de mobilité. Le François exprime tout ce qu'il veut, par fa phyfionomie & par fon gefte; auffi le démêle-t-on aifément, parce qu'il ne fait pas fe déguifer.

*

,, La phyfionomie de l'*Italien* eft tout ame. Son langage eft une exclamation & une gefticulation continuelle. Rien de plus noble que fa forme; fon pays eft le fiège de la beauté. Un petit front, les os de la joue fortement prononcés, un nez énergique & une bouche élégante, atteftent fes droits de parenté avec l'ancienne Grèce. Le feu de fon regard prouve derechef jusqu'à quel point le développement des facultés intellectuelles dépend des influences d'un heureux climat. Son imagination eft toujours active, toujours en fympathie avec les objets qui l'environnent. Son efprit eft un reflet de la création entière. Voyez avec quelle fupériorité l'*Ariofte* en a parcouru tous les domaines! un poëme comme le fien, eft à mon avis le prototype du génie. Enfin chez l'Italien tout eft poëfie, mufique & chant, & le fublime de l'art lui appartient en propre. Il eft vrai que dans les temps récens le fyftême religieux & politique peut avoir donné un faux pli au caractère de la nation, mais il n'y a que la populace qui mérite le reproche de perfidie; on trouve dans les autres claffes de la fociété les fentimens les plus honnêtes & les plus généreux.

*

,, Le *Hollandois* eft d'un efprit paifible, apathique & borné: il femble *ne rien vouloir*. Sa démarche & fon regard n'expriment rien, & vous pouvez converfer des heures entières avec lui, fans qu'il lui arrive d'avancer une opinion. Il n'eft pas homme à s'embarquer fur la mer orageufe des paffions: il y verra naviguer toutes les nations des quatre parties du monde, elles ne le féduiront & ne le dérangeront pas. La poffeffion & le repos font fes idoles. Les Arts par lesquels il peut fe procurer ces avantages de la vie font les feuls qui l'occupent. Le principe de s'affurer la proprieté tranquille de ce qu'il a acquis, conftitue même l'effence de fes loix politiques & mercantiles. Il ne participe guères aux conteftations qui s'élèvent chez fes voifins fur des matières intellectuelles; il
reftera

restera tolérant pourvu que vous ne troubliez ni son commerce ni son culte. Le caractère dominant de cette nation reparoît dans la quantité d'ouvrages philologiques qu'elle a
produits en tout genre; la poësie & ce qui tient à l'imagination l'intéresse d'autant moins.
Au reste j'entends par *Hollandois* l'habitant des sept Provinces Unies, & non le *Flamand*,
dont le caractère jovial tient le milieu entre l'Italien & le François, comme il est aisé de
s'en convaincre par ses ouvrages de l'Art.

„ Un front élevé, les yeux à demi fermés, un nez charnu, les joues affaissées, la
bouche béante, les lèvres plattes & un large menton, tels sont les traits dont il faut
composer la physionomie du Hollandois.

✻

„ *L'Allemand* est honteux de ne pas tout savoir; l'idée d'être pris pour un ignorant
l'effraye, & cependant sa retenue & son excès d'honnêteté lui donnent quelquefois l'air
d'un homme borné. Il s'attache de préférence à la solidité du jugement & à la pûreté des
mœurs. Il est excellent Soldat, & toute l'Europe rend justice à son érudition. Son esprit
inventif est cité par tout, mais il en est si peu fier que souvent les étrangers s'attribuent
l'honneur de ses découvertes pendant des siècles, sans qu'il le sache seulement. Depuis les
temps de *Tacite* il s'est toujours plu à vivre dans la dépendance des Grands & à recher-
cher leurs faveurs; il fait pour eux celque d'autres nations font pour la liberté & pour la
propriété. A une certaine distance sa physionomie est plus expressive; elle ne fait pas effet
comme une peinture à fresque, mais elle demande à être approfondie & étudiée de près.
Son caractère de bonhomie & de bienveillance est souvent offusqué par un extérieur rem-
bruni, & il faut beaucoup d'attention pour débrouiller ses traits à travers les rides qui
les couvrent. L'Allemand est difficile à émouvoir, & il ne parle guères de soi que le
verre à la main. Rarement il se doute de son mérite, & il est tout surpris quand vous
lui en trouvez. La candeur, l'application & la discrétion font ses trois colonnes d'appui. Le *bel-esprit* n'est pas son affaire, mais il se nourrit d'autant plus du *sentiment*. Le
beau-moral est le vernis dont il colorie tous les ouvrages de l'art; delà son extrême indulgence pour tant de monstres qui portent ce masque. Son génie épique & lyrique suit
une route détournée: il s'y laisse égarer quelquefois par des fantomes gigantesques, mais
il est rarement guidé par des apparitions lumineuses. Enfin l'Allemand est sobre dans la
jouissance des biens de la vie; il a peu de penchant à la sensualité & il évite les excès;
mais d'un autre côté il est roide dans ses manières & moins sociable que ses voisins.

✻

„L'air d'hypochondrie & d'abattement, la relaxation & l'affaissement des muscles chez
tous les peuples du Nord & du Sud qui ont à lutter contre la faim, font des preuves évi-
dentes que le sort les a condamnés à occuper la dernière place sur l'échelle de l'espèce
humaine, & que le *bonheur*, dans le sens que nous attachons à ce mot, ne sera jamais
leur partage".

ADDITIONS

ADDITIONS.

A.

Cette Planche de *M. Chodowiecki* est un chef d'œuvre, & il ne falloit pas moins que son habileté pour rapprocher dans un aussi petit groupe, les caractères physionomiques, les attitudes & les costumes de tant de nations différentes. Si la place avoit permis à l'Artiste de s'étendre davantage, il auroit certainement renforcé ses traits, & l'expression y auroit gagné.

Le *François* (9.) qui se balance sur la pointe des piés, semble s'être engagé dans une discussion à la quelle l'*Anglois* (11.) a beaucoup de peine à comprendre quelque chose. L'*Italien* (7) avec sa physionomie mobile, & le *Portugais* indifférent (8), attendent tranquillement l'issue de la contestation. Si je ne me trompe, cet homme (10) froid, circonfpect & fenfé, qui paroît fuspendre fon jugement , ne caractérife pas affez l'*Allemand.* Vous voyez enfuite (4) un *Suédois* flegmatique à côté du *Bâlois* (5) qui a l'honneur de repréfenter la *Suiffe.* L'*Efpagnol* (6) eft plutôt reconnoiffable à fon attitude & à fon coftume qu'aux traits de fon vifage. Je crois que le 3. eft un *Lapon* , le 2. peut-être un *Hotten-tot*, & le 1. ou un *Otaïtien*, ou un *Prêtre de la Tranfilvanie.* Le *Turc* (15) a l'air trop avifé pour fe laiffer duper par le *Juif* (17) qui en guète l'occafion. Il y a de l'énergie dans le profil de l'*Esclavon* (16). Celui du *Moscovite* (12) exprime l'attention, & la tête du *Perfan* (13) rappelle un efprit intelligent & paffionné. Le peu qu'on apperçoit du *Grec* (14) ne fignifie rien du tout. Le *Cofaque* (18) eft des plus bornés. Ce *Polonois* bien nourri (19) fe plait à écou-ter un récit qui vraifemblablement eft au deffus de fa portée. Le *Tranfilvanien* (20), l'*Hongrois* (21), & l'habitant de l'*Ucraine* (22), font parfaitement bien carac-térifés. Le nez écrafé & les groffes lèvres du *Nègre* (23) contraftent fingu-lièrement avec le feu de fon regard, ce qui produit le fingulier mêlange de fa ftupidité d'efprit , & de la force de fes paffions phyfiques. Une des meilleures figures eft encore celle du *Bohémien* (24), qui a concentré toute fon intelligen-ce fur un petit nombre d'objets dont il s'occupe exclufivement. Le *Chinois* (25) fixe fon regard à terre pour ruminer quelque fupercherie. Viennent après cela l'*Américain* (26), le *Japon* (27) timide & fuperftitieux, & le *Tartare* (28) dans toute fa rudeffe.

Seroit-ce faire tort au vifage de la vignette, que de lui attribuer une irrita-bilité ardente, une volupté brutale, & une avidité infatiable ?

Tome IV.

ADDITION B.

Un front arrondi & ouvert, qui n'eſt ni roide ni perpendiculaire, un nez crochu & moëlleux, des yeux colères-ſanguins, & un menton ſaillant —— telle eſt à peu près la phyſionomie nationale des *Turcs*, autant que j'en puis juger par les deſſins de M. *Chodowiecki*. Les joues bouffies, les traits ou trop émouſſés, ou trop aigus, & les lignes toutes droites, ſont presqu'exclus de leurs figures, & il réſulte de cette conformation que la douceur, l'humilité & la chaſteté doivent être chez eux des vertus beaucoup plus rares que la probité & le courage.

ADDITION C.

Quel tableau effrayant, & quelle horrible engeance! Quel degré de brutalité & d'aviliffement! La plûpart de ces perfonnages femblent pour ainfi dire deftinés à la fervitude, à la mendicité, à l'ignominie. La terreur peut feule les contenir dans l'ordre; relâchez un inftant leurs chaînes, ils ne refpecteront plus ni frein ni bornes. Jamais leurs cœurs ne s'ouvriront à un fentiment honnête & délicat, ils ne cherchent & ne connoiffent de jouiffances que dans les excès les plus groffiers. Comment ces femmes bien nées ont-elles le courage d'approcher un grouppe auffi rébutant! Le choix des vêtemens eft très bien entendu, & très analogue aux caractères, quoiqu'à tout prendre on démêle encore dans la foule quelque phyfionomie qui infpire un certain intérêt.

V 2

ADDITION

ADDITION. D.

Profil d'un jeune *Calmouque*. La largeur disproportionnée du crâne, l'angle rentrant de la nuque, la distance de ce foible fourcil à l'œil, l'im-
perceptibilité de la paupière supérieure, (qui dans l'original, & vue par
devant, fe réduit presque à rien,) l'œil ainfi rapproché du contour de la
racine du nez, la petiteffe de ce nez relevé, la longueur de la lèvre d'en-
haut, & enfin la grandeur monftrueufe de l'oreille, ce font autant de traits
caractériftiques du peuple Calmouque (*). Du refte ce garçon a de la
bonhomie, de la dextérité & de la vivacité, & malgré fon naturel fauvage, je ne le crois ni fourbe ni méchant.

(*) Le *Calmouque* eft un mélange fingulier de fineffe & de brutalité. Le feu & la mobilité de fon regard annoncent un efprit infiniment irritable. A la guerre il fait des prodiges
de valeur, & dans d'autres occafions il eft lâche au poffible. La grande difficulté confifte à
fixer fon caractère, & on n'y réuffit presque jamais. Il a la conception aifée; il eft même
fpéculatif & fe plait comme tous les Mongoles à fuivre les idées metaphyfiques de la Cosmo-
gonie. D'un autre côté il reffemble au Nègre par les défauts de fon caractère moral: il eft
lafcif, voleur, vindicatif, flatteur & menteur. (Note tirée d'un Manufcrit).

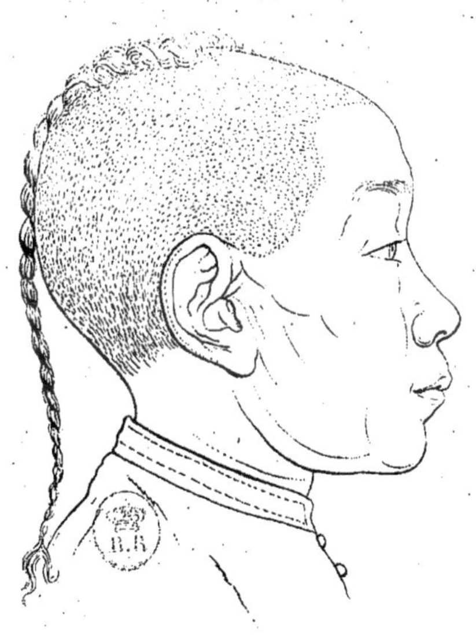

ADDITION F.

HOLLANDOIS, ESPAGNOL, AMÉRICAIN, AFRICAIN.

1. *Guillaume Hondius*, Graveur, natif de la Haye, & dont le portrait eſt copié d'après van Dyck. Comparez le Hollandois avec l'Eſpagnol, & vous aurez la différence entre l'*humilité* & la *fierté*. Vous verrez d'un côté l'induſtrie douce & active, qui ſuit tranquillement la route qu'elle s'eſt frayée; de l'autre, l'impétuoſité d'un eſprit hardi, qui ſent ſon énergie & qui ſait la faire valoir. Dans ce contraſte vous trouverez au Hollandois un front arrondi, qui pourtant n'a rien d'ignoble ni de commun, des ſourcils ondulés, des yeux battus & affaiſſés, toute la forme de viſage plus ovale, plus flexible, plus ingénue que celle du N°. 2.

Celui-ci eſt *Louis de Varges*, Peintre de Seville, & il a toute l'expreſſion phyſionomique de ſa nation. Un front large & élevé, des ſourcils touffus, des yeux ouverts & éveillés, un nez fort large, & ſurtout par l'épine; une bouche qui annonce un caractère ſec, courageux, opiniâtre & reſervé.

3. *Américain* de la Virginie. Il l'emporte ſur le Nègre par la nobleſſe du caractère, par ſa bonté, par ſa ſenſibilité, & s'il a de commun avec lui le penchant à la volupté, il y met du moins plus de délicateſſe. Quelle douceur féminine dans l'enſemble, & comme le crâne eſt régulièrement voûté! Je demanderai à cette occaſion aux Obſervateurs attentifs, s'ils n'ont pas remarqué que des yeux enfoncés & à demi fermés s'aſſocient toujours un nez échancré? Il me ſemble que ces traits ſont l'indice certain d'une complexion amoureuſe. Du reſte ſi tous les Américains reſſembloient à celui-ci, que deviendroient les aſſertions des *Recherches philoſophiques de M. P * * ?*

4. *Nègre.* Toute la nation Moresque ſe diſtingue ſans exception par des contours fortement arqués, par la largeur des yeux, par un nez écaché, & ſurtout par des lèvres épaiſſes & proéminentes, dont la forme eſt auſſi rébutante que disgracieuſe.

V 3

ADDITION

ADDITION F.

Turc, Russe, Allemand, Anglois.

1. Le *Turc* est reconnoissable à la proéminence du sourcil, à son nez aquilin, à l'arrondissement de l'occiput, à l'épaisseur de la barbe, mais surtout au contour du front, à cette bouche entr'ouverte, à ce regard où se peint une curiosité avide.

2. Soldat *Russe*, né à *Nisja-Novogrod*, & transplanté dans l'Armée Prussienne. C'est un caractère sauvage & grossier, mais pourtant honnête. Remarquez comme tous les traits sont massifs & tendus.

3. Cet *Allemand* offre le modèle d'un homme énergique, courageux, attaché à ses devoirs, & simple dans ses mœurs: il est d'un tempérament colère-mélancolique. Jamais l'Anglois ni le François n'auront une pareille physionomie. Celle-ci a un peu plus de douceur dans l'original, mais elle conserve toujours son caractère Germanique, c'est à dire, beaucoup de rides & une force d'expression qui approche de la dureté.

4. *Garrik*. Voyez comme l'*Anglois* perce encore jusques dans la plus chétive copie. Observez ce front étroit & l'élégance de sa voute, ce coup d'œil pénétrant, la précision d'esprit qu'annonce le nez, (qualité qu'il faut cependant rapporter plutôt individuellement à *Garrik* qu'à sa nation), l'expression de la narine, quoique si grossièrement renforcée dans la copie, & le rapport nuancé qui se trouve entre ce trait & la pointe du nez; ces muscles qui descendent de l'œil & du nez vers la bouche; la bouche même, défigurée par le Dessinateur, & cependant encore pleine de finesse & de sel attique —— puis ce menton saillant qui n'est ni trop pointu, ni trop émoussé —— & enfin la belle proportion de l'ensemble. Retrouverez-vous jamais un tel assemblage de traits dans les physionomies les plus distinguées du Russe, du Maure, ou du Chinois ? J'en doute.

ADDITION

ADDITION G.

1. **A**rtifte renommé de la ville d'*Augsbourg*, & par conféquent *Allemand*. Oferois-je dire que fon air de franchife, d'honnêteté & de fimpli-cité l'annonce affez. C'eft toujours le même vifage expreffif & ridé, qui appartient diftinctivement à fa nation. Elle peut réclamer auffi comme un de fes traits caractériftiques, les fourcils ondoyans.

2. *Suédois*, brave & honnête homme, dont le caractère national eft plus aifé à fentir qu'à décrire. On pourra le prendre pour un Allemand; mais examinez le à côté du précédent, & vous ne les confondrez pas.

3. *Gentilhomme Polonois.* C'eft une véritable tête nationale. On la re-connoît à ce beau front couché en arrière, à cet arc faillant de l'occiput & à l'efpèce de chevelure qui le couvre, enfin aux fourcils, & à l'arrangement de la mouftache.

4. *Turc élevé en Hongrie*, & ce mélange des deux nations eft fenfible. Le front eft ce qu'il y a de mieux dans ce profil nerveux, & le fourcil n'eft pas moins expreffif. Cette bouche promet la fidélité & la conftance, & elle tiendra fes engagemens. Le nez raccourci rappelle le Hongrois, mais l'occiput & la nuque atteftent l'origine Turque.

ADDITION

A D D I T I O N H.

Il y a un fond de bonhomie dans la plupart de ces visages. La femme *Samojède* 3, me paroît rendue avec le plus de vérité nationale. La *Devineresse Mongale* 1, dont la figure est dessinée de travers, conserve dans le trait de la bouche une bienveillance flegmatique. Il en est de même de la *Jakute* 7, quoique ses facultés intellectuelles soyent plus bornées. La *Finlandoise* en habit de fête 4, ne porte pas trop le caractère de l'authenticité. Je le retrouve davantage à la *Schamanque* 5, à la *Bratski* 8, à la *Tschumasche* 2, dont la tête devroit être cependant plus globuleuse, & au *Samojède* 6. Du reste mes Lecteurs seront persuadés, sans que je le dise, qu'aucune de ces têtes ne produira ni une *Henriade*, ni un *Paradis perdu*.

ADDITION

ADDITION I.

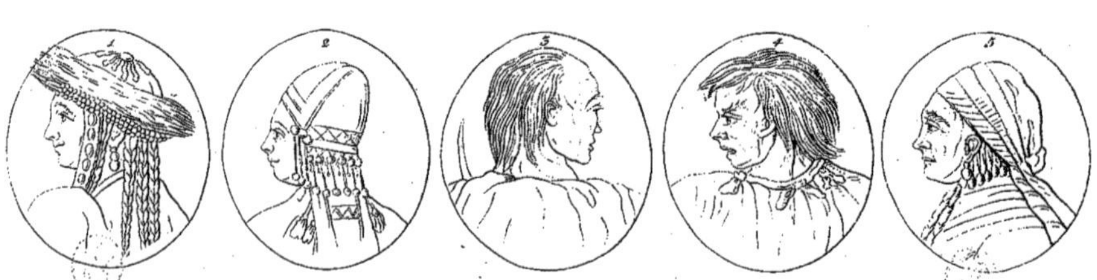

J'avoue qu'à l'exception peut-être du 3. ces cinq profils n'ont pas beaucoup d'expression nationale. En leur fuppofant cependant le mérite de l'exactitude, il vaudroit la peine de remarquer dans le *Tartare* 1. la diftance de l'œil au point le plus avancé du front— dans la *Morduane* 2. les contours émouffés du front & du menton —— dans le 3. *Tungoufe* du fleuve *Argun*, le petit menton pointu, le regard fingulier & la chevelure —— dans le *Kamtchadale* 4. la bouche béante & fes cheveux liffes & écourtés —— enfin la forme du front dans la *Moscovite* 5. Quoique les deffins en général ne foyent pas fort caractériftiques, les phyfionomies 1. & 2. ont pourtant un air de bonté, mêlé à une grande foibleffe d'efprit, dont les fronts portent fuffifamment l'empreinte. 3. eft entièrement fauvage & plein de fuperftition. 4. tout autant, & de plus tourmenté par la crainte. 5. pourroit avoir de l'application & un fond de probité.

On ne fauroit guères envifager fans effroi la figure de ce monftre de la *Terre de Feu*. Efpérons que la copie eft exagérée; efpérons que l'humanité ne fauroit déchoir auffi bas: un tel état de dégradation nous rapprocheroit trop près de la brute.

Tome IV.

ADDITION K.

UNE GÉORGIENNE ET UN BASKIR.

L'énorme différence des deux têtes que nous allons examiner, doit frapper tous les yeux, & devenir fenfible même aux animaux. Le Phyfionomifte peut obferver cette différence fous plufieurs points de vue, relativement à l'humanité en général, au caractère national, à la beauté & à la laideur des formes. L'une & l'autre tête appartient à l'efpèce humaine, & quand même je ne répondrois pas de l'exactitude fcrupuleufe du Deffinateur, je garantirois pourtant la vérité des formes principales, & le degré de la différence. Un témoin oculaire, fur lequel je peux compter, me protefte que la difformité du Baskir n'eft point exagérée; mais fuppofé qu'elle le fût, je gagerois pourtant que la beauté de la Géorgienne n'a pas été atteinte dans toute fa perfection. On ne risque rien de dire de fon portrait ce qu'on peut dire des portraits de la plupart des perfonnages diftingués: *Là où il y a tant, il doit y avoir davantage.*

C'eft donc jufqu'à ce point que l'homme diffère de l'homme, l'humanité de l'humanité ! Il eft très probable que ce Baskir fe trouve rélégué fur le dernier échelon de notre efpèce, & par conféquent on pourroit abftraire de fon crâne & de fa phyfionomie, les contours, les lignes & les angles de la forme humaine dans toute fa dégénération. Entrons en quelques détails.

Qu'eft-ce proprement qui dégrade fi prodigieufement ce vifage, & qui le rend fi hideux ? C'eft 1, ce front raboteux, incliné ou plutôt affaiffé en avant; ce front qui ne fauroit fe joindre à un autre front, & qui ne pouvant fe lever au ciel, ceffe d'en devenir le reflêt, & perd ainfi une des plus belles prérogatives de l'homme: *Os homini fublime dedit, cœlumque tueri juffit.* C'eft 2, cet œil qui tient de la brute, tant par fa petiteffe que parce qu'il eft fans paupière. 3, Ces grands fourcils hériffés. 4, Ce petit nez écaché, & fa racine enfoncée, qui forment une difproportion fi révoltante avec le front. 5, L'extrême petiteffe de la lèvre fupérieure. 6, Cette maffe de chair rébondie, qui forme la lèvre d'en-bas, & enfin 7, le petit menton. Chacun de ces traits pris à part eft déjà fuffifant pour caractérifer la bêtife, pour exclure toute efpèce de culture. Un être tel que notre Baskir ne fauroit être fufceptible ni d'amour ni de haine, parce que fon efprit eft fermé à toute idée abftraite. Il pourra fe mettre en colère, mais il ne haïra pas, la haine n'étant qu'une fuite de notre manière d'envifager les imperfections de nos ennemis. L'amour dont cet homme-ci peut être capable, n'eft apparemment que l'état où il n'a point d'emportemens.

Le profil de la Géorgienne met en évidence que les anciens Artiftes ont été plutôt imitateurs que modèles. L'enfemble de la forme eft abfolument l'idéal de l'antique; même fimplicité, même douceur dans les contours, même harmonie ⸻ mais après ces éloges tout eft dit auffi, & l'on eft obligé d'ajouter ,,que ce vifage eft *fans expreffion & fans amour.* Peu m'importe que fa forme puiffe admettre l'un & l'autre, il n'y paroît pas. Ainfi cette belle figure n'eft au fond qu'un vafe inutile. Avec un bel extérieur on *peut* aimer fans doute, mais il ne s'enfuit pas qu'on *aimera.* Or le vrai beau prend fa fource dans le fentiment, & quelque foit l'élégance du profil de la Géorgienne en comparaifon de fon pendant, & en comparaifon de cent autres vifages moins hideux que ce dernier, on pourroit certainement deffiner plus d'une tête qui l'emportât fur la Géorgienne, autant que celle-ci l'emporte fur le Baskir; mais pour cet effet il ne faudroit pas négliger l'expreffion du *fentiment.* On ne fauroit le dire affez fouvent ni avec affez d'énergie: *Chaque faculté morale active, chaque fentiment & chaque mouvement de bienveillance produit ou favorife la beauté du phyfique; fut-ce dans la forme la plus abjecte, pour peu qu'elle foit encore fufceptible d'amour.* Tout ce qui aime, peut auffi

s'em-

s'embellir. Rien ne fauroit renverfer cette vérité inconteftable: *l'amour, l'amour feul em-*
bellit tout ce qui refpire: point de beauté fans amour. Notre Géorgienne n'eft que belle en apparence: elle ne l'eft pas en effet, elle n'eft guères plus qu'un beau masque. Ifolez-la,
mettez la hors de relation avec des figures laides, & j'avoue que fon genre de beauté
me fera infupportable: elle eft froide comme la glace, infenfible comme le marbre, &
la feule expreffion avantageufe qu'on puiffe lui accorder, c'eft celle de la bonté. Si
vous examinez les traits féparément, vous ne ferez content ni du front, ni de fa tranfition au nez. Quelque beau que foit le profil du nez, il ceffe d'être naturel, s'il eft fans
ondulation, car *la nature répugne aux lignes droites.* Tout le refte du contour depuis la pointe du nez jufqu'au menton eft vague, & tout au plus l'ombre d'une belle forme; je n'y vois
rien de grand, rien d'attrayant, & la vivacité du regard n'eft pas affez mitigée.

Quoiqu'il en foit, le connoiffeur découvrira bientôt à travers ces défauts, que le Peintre
eft refté au deffous de l'original, & qu'il a pour ainfi dire engourdi fa copie. Cette efpèce
d'engourdiffement, je le retrouve même dans les plus beaux ouvrages de l'Art antique, &
j'ofe l'avouer en dépit des éloges qu'on leur prodigue. Quand on fuit affidument la nature
dans fes productions les plus ordinaires, le fentiment phyfiognomonique s'exerce & s'ai-
guife au point d'appercevoir les moindres imperfections des contours qui ont été deffinés
d'après les plus beaux modèles; on diftingue la plus légère dégradation, la plus légère charge. J'attends encore l'Artifte qui perfectionnera ce profil ci, en y mettant plus d'accord,
plus de vérité & de naturel. Si je puis m'exprimer ainfi, je trouve à la phyfionomie du Baskir de l'harmonie dans fes diffonances, & celle de la Géorgienne eft diffonante jufques dans
fon harmonie —— ou pour parler en termes plus clairs & plus fimples, le vifage de la femme eft hétérogène dans fa beauté, & celui de l'homme eft du moins homogène dans fa laideur. Mais comme ils font rapprochés ici, & que l'un infpire l'horreur & le dégoût, nous
nous hâtons de repofer nos regards fur l'autre, qui à plus d'un titre eft fait pour nous captiver, & dont nous ne nous donnons pas le temps d'éplucher les défauts.

C O N C L U S I O N.

L'Hiſtoire Naturelle des phyſionomies nationales eſt une étude digne d'occuper l'homme & le Philoſophe, un eſprit actif & un eſprit purement ſpéculatif. Elle eſt une des premières & des principales baſes de la Phyſiognomonie, & je le répète, nier les phyſionomies nationales & les caractères nationaux, c'eſt nier qu'il fait jour en plein midi. La probité & la ſageſſe peuvent habiter en tout lieu; je le ſais, & chaque pays nous fournit ſes exemples.

> *Summos poſſe viros & magna exempla daturos*
> *Vervecum in patria, craſſoque ſub aëre naſci.*

Je ſais auſſi que Dieu n'a égard ni à la perſonne ni au climat, qu'il prend plaiſir aux cœurs honnêtes, n'importe à quelle nation & à quelle contrée ils appartiennent. Cependant il n'en eſt pas moins évident & décidé, que chaque climat, en vertu des cauſes moyennes qui y ſont attachées ou qui en dérivent, produit des caractères eſſentiellement différens de ceux qui naiſſent ſous un autre ciel; & ce qui eſt également poſitif, c'eſt que le rapport harmonique de tant de nations diverſes doit former aux yeux du Créateur & de ſes créatures raiſonnables le ſpectacle le plus intéreſſant. Cette variété infinie & pourtant uniforme ne ſauroit manquer de ſe perpétuer en toute éternité. Les choſes d'ici-bas pourront changer, s'ennoblir, s'épurer — elles n'en ſuivront pas moins dans leurs mutations leur eſſence primitive; elles n'en feront pas moins fidèles à leur caractère original: jamais une eſpèce ne paſſera à une autre eſpèce, jamais un individu ne ſe convertira en un autre individu. Mais s'il eſt vrai qu'une belle phyſionomie & une heureuſe organiſation ſont des faveurs du ciel pour chaque individu ſéparé qui les a reçues en partage, combien plus une nation entière ne doit-elle pas reconnoître le bonheur d'être placée dans un climat qui ſeconde le développement de toutes les facultés phyſiques & intellectuelles! Quant à vous, êtres disgraciés de la nature, qui ne jouiſſez pas des mêmes bienfaits, raſſurez-vous. Vous êtes enfans d'un même Père, & rachetés par un même Redempteur, qui s'eſt choiſi dans toutes les générations, dans toutes les langues & dans toutes les nations, des vaſſaux de ſon Royaume.

CINQUIEME

CINQUIÈME FRAGMENT.

DE LA RELIGION

ET DES

PHYSIONOMIES RELIGIEUSES.

CINQUIÉME FRAGMENT.

DE LA RELIGION

ET DES

PHYSIONOMIES RELIGIEUSES.

L e mot de Religion se trouve dans la bouche de tout le monde, & chacun y attache, pour ainsi dire, un sens différent. Ce terme si clair & si intelligible est rarement bien compris.

La Religion seroit-elle la *vertu fondée sur l'amour de Dieu?* oui & non. Toute vertu fondée sur l'amour de Dieu est Religion, mais toute Religion n'est pas simplement la vertu fondée sur l'amour divin.

Quelle différence encore entre la vertu & la Religion, malgré les rapports & les liaisons étroites qui existent & qui doivent nécessairement exister entr'elles! Je conçois très bien qu'il peut y avoir une vertu sans religion, & une religion sans vertu — du moins sans *vertu pratique*, lorsque l'occasion nous manque de la mettre en œuvre. La vertu consiste dans la force de l'esprit. Elle est le triomphe de la raison & du sentiment moral sur les passions — elle est l'impulsion naturelle du sentiment qui nous fait préférer la justice à l'injustice — elle est la conviction interne d'une augmentation de bonheur que nous espérons d'obtenir en renonçant volontairement à des plaisirs illicites; —— ou en d'autres termes, la vertu est précisément la force d'esprit qui résulte de cette conviction, & qui m'engage à me priver des plaisirs auxquels je n'ai pas droit de prétendre, & dont la jouissance me prépare des regrets & des maux.

La *vertu* considérée séparément comme telle, & hors de ses rapports avec la Religion, a pour domaine le *monde présent*, le *monde visible*. L'incrédule, l'athée, peut être vertueux, parce qu'indépendamment de ses

X 3

penchans

penchans pervers, il fe croit obligé pour le bien de la fociété & pour fon intérêt particulier, de donner à chacun ce qui lui revient, de ne prendre à perfonne ce qui lui appartient. J'appelle un homme vertueux celui qui reprime fa colère pour épargner fon adverfaire, celui qui néglige un avantage dont l'acquifition pourroit nuire à autrui, celui qui facrifie fes propres intérêts pour avancer le bien-être du prochain. La vertu eft *l'empire que l'efprit exerce fur la chair.*

Mais la *Religion*? Defcendue d'un monde fupérieur, elle tend fans ceffe à y retourner. Le ciel eft le but qu'elle fe propofe, & non pas la terre, parce que c'eft du ciel qu'elle tire fon origine. Elle ne s'attache pas au vifible, mais à l'invifible. Un bonheur paffager n'eft point fait pour elle. Son regard embraffe des félicités éternelles; c'eft là fon monde, fon efpérance & fon amour.

Lecteurs, je n'oublie pas que j'écris des *Effais fur la Phyfiognomonie, deftinés à faire connoître l'homme & à le faire aimer.* Ce que je viens de dire, & ce que je dirai encore, n'eft pas étranger à mon fujet, & la digreffion dans laquelle je m'engage n'eft au fond qu'apparente. Il faut me la par_ donner, elle nous fournira des applications utiles, & dans un voyage auffi long que le mien, il eft bien permis de s'arrêter fur une hauteur qui préfente tant de vues raviffantes —— il eft bien permis de confacrer quel-ques inftans à des réflexions fur ce qui fait la bafe de notre bonheur.

La Religion confifte dans le *befoin des chofes invifibles qui font au deffus de ce monde, & auxquelles nous mettons notre foi.* La Religion eft le fens interne, le fentiment & le goût de ce qui eft invifible, fublime, furhumain: elle repofe toujours fur la foi, lors même qu'elle dégénère en fuperftition & en fanatisme. La *fuperftition* eft la foi dirigée vers des êtres non-exiftans,

vers

vers des chofes invifibles qui ne peuvent pas agir fur nous; c'eft une religion malade, une religion dénuée de raifon. Le *Fanatisme* eft la foi qui s'attache aux illufions du monde invifible, une religion fans expérience. La *vraie Religion* eft la foi qui fe fonde fur des chofes invifibles réellement exiftantes, & dont nous éprouvons l'influence par le moyen des fens; cette foi aux êtres fupérieurs & invifibles eft auffi ferme que le fentiment de notre propre exiftence; & puisqu'elle eft fondée fur l'expérience, elle ne fauroit nous induire en erreur, ni laiffer des doutes fur fa réalité —— Voilà ce que j'appelle la Religion faine & pure.

Ainfi dans tous les cas la Religion eft la foi aux chofes fupérieures & invifibles —— le don de fe les repréfenter comme fi elles étoient vifibles.

Confidérée fous ce point de vue, elle répond toujours à la dignité & à l'excellence de la nature humaine. Nous avons une foi innée qui nous élève involontairement au deffus des objets vifibles. Si j'avois le malheur de ne pas croire à l'exiftence de Dieu, cette faculté même négative de la foi me feroit déjà fentir ma fupériorité fur la brute & me feroit refpectable, parce qu'à l'aide du raifonnement elle me conduiroit naturellement à la ferme conviction „ que cette même faculté négative de la foi „ ne fauroit exifter fans être fondée fur un monde invifible quelconque —— „ de même qu'il doit y avoir dans ce monde - ci des objets vifibles qui fe „ rapportent à l'organe de la vue, & des fons qui fe rapportent à l'or- „ gane de l'ouïe".

La *faculté de la foi* doit en même temps avoir fon principe dans la ftructure & dans l'organifation de notre corps. Elle eft refufée aux animaux, parce qu'elle eft incompatible avec leur conformation ignoble.

Que de nouveaux motifs pour étudier attentivement le vifage de l'homme, qui renferme ce fentiment fupérieur dont nous chercherions en vain l'expreffion dans les figures des animaux!

A mon avis la Religion eſt donc le *ſenſorium* de la Divinité & du monde invisible ———— c'eſt à dire d'un monde meilleur & plus durable que le nôtre. Elle eſt le preſſentiment des choſes inviſibles & immortelles qui ſe maniſeſtent par ce qui eſt viſible & mortel.

*

Tâchons d'analyſer jusqu'à un certain point la différence des *ſentimens religieux*.

La *Religion philoſophique* (ce terme a paſſé en uſage,) admet un Dieu inviſible & un monde inviſible ——— & cette eſpèce de foi eſt tirée par induction du monde viſible.

La *Religion Juive* croit au Dieu d'Israël, & ſe fonde ſur les documens de la Bible qui portent le nom de Vieux Teſtament. Sa foi eſt appuyée ſur l'authenticité de ces Ecrits & ſur des expériences analogues aux faits qui s'y trouvent annoncés.

La *Religion Chrétienne* ſe rapporte au Père du Meſſie & à l'Eternité de ſon Règne inviſible, qui s'eſt manifeſté par la doctrine, les actions, la paſſion, la réſurrection & l'empire de Jéſus Christ. Avoir la vie & le mouvement en ce Dieu, l'éprouver tel que ſon Divin Fils l'a éprouvé lui-même, être en communion avec lui, être initié à ſon eſprit ——— tels ſont les premiers fondemens de la Religion Chrêtienne.

Maintenant j'approche du but auquel je voulois arriver, but ſolide, qui eſt pour moi un point d'appui inébranlable, quand même d'autres y découvriroient ou un abyme ſans fond, ou une hauteur inacceſſible. *La Religion eſt au deſſus de la vertu*, non ſeulement parce qu'elle engendre la vertu comme le ſoleil engendre la lumière, mais auſſi parce qu'elle eſt plus dégagée des ſens, plus ſublime & plus immatérielle que la vertu.

La

La vertu élève l'homme au deſſus de l'animal, & ſi je ne craignois pas d'être mal entendu, j'ajouterois que la Religion élève *l'homme au deſſus de l'humanité.* La vertu fait que l'homme eſt homme, la Religion fait que l'homme eſt un ange. La vertu nous aſſure des plaiſirs nobles & purs dans la vie préſente ; la Religion nous prépare des jouiſances céleſtes dans l'Eternité. Autant que l'homme eſt au deſſus de l'animal par la vertu, autant l'homme religieux & vertueux l'emporte - t - il ſur celui qui a de la vertu ſans religion. Si d'un côté l'animal n'atteint pas à la moralité de l'homme vertueux, celui-ci à ſon tour n'arrive point au ſyſtème plus ſublime & plus immatériel de l'homme religieux. La Vertu eſt la religion de la Terre, & la Religion eſt la vertu du Ciel. Celui qui eſt ſimplement vertueux ſans religion, ne le ſera jamais autant que l'homme dont la vertu eſt fondée ſur des prin. cipes religieux. C'eſt la clarté de la lune comparée à la ſplendeur du ſoleil.

Il eſt vrai *à bien des égards* que la foi qui perce dans le monde inviſible, qui y puiſe ſes principes avec autant de confiance & de certitude que ſi elle les choiſiſſoit dans le monde viſible, eſt capable de *transplanter des montagnes.* Elle pénètre par tout, elle opère tout, elle vient à bout de tout, elle ſouffre & ſurmonte tout.

L'*Israëlite,* s'il ne borne pas ſa religion à des ſons, à des mots vides d'idées, au méchanisme des formules, s'il la fait conſiſter dans la foi, dans cette eſpèce de foi qui nous tient lieu d'intuition & d'expérience immédiate, l'Israëlite doit avoir en vertu de ſa religion plus de force active & paſſive que n'en peut donner la ſeule *religion philoſophique,* car la *prétendue religion naturelle* ſe trouve déjà compriſe dans celle des Juifs. *C'eſt le Dieu de Jacob qui a fait le ciel, & la terre, & la mer, & tout ce qu'ils renferment.*

Le *Chrétien* dont le viſage retrace l'amour, la ſageſſe & la puiſſance de Jéſus Chriſt & de ſon Père Eternel — le Chrétien qui ſait en qui il a la foi, qui eſt ſûr de la vie & de la toutepuiſſance de Chriſt, comme il eſt

Y 2

ſûr

fûr de fa propre exiftence —— (& peut-on être chrétien fans cette certitude!) —— le Chrétien, dis-je, eft capable de pratiquer des vertus, auxquelles ni le Philofophe, ni l'Israëlite, malgré toute la pureté de leurs
fentimens, ne fauroient atteindre. *Qui eft-ce qui triomphe du monde, fi ce
n'eft celui qui croit que Jéfus eft le fils de Dieu?* Que ne puis-je rapprocher
dans un même grouppe phyfionomique le Philofophe honnête-homme qui
borne fa foi à la religion naturelle, l'Israëlite fans fraude qui adore le Dieu
de fes Pères, & le Chrétien apostolique, participant tous trois à une même
action vertueufe! Qu'une telle comparaifon feroit inftructive! Mais
où trouver le Peintre qui rendroit toutes les nuances du tableau? où trouver les trois originaux qui, malgré la différence de leurs opinions religieufes, confentiroient à s'entendre fur un même but moral?

✻

Enfuite quelle diverfité infinie n'y a-t-il pas entre les *facultés religieufes!*

N'eft-ce pas la fageffe éternelle qui l'a décidé ainfi? *La chofe ne dépend
du vouloir de perfonne, mais uniquement de la miféricorde de Dieu.*

Et cette miféricorde divine veut que *tous les hommes arrivent à la connoisfance de la vérité*, c'eft à dire, *à la foi en notre Seigneur & Sauveur Jéfus Chrift.*

Religion de Jéfus, c'eft toi qui fais le bonheur, la dignité & la gloire
de l'homme. Je le répète encore, nos facultés religieufes feules nous élèvent au deffus du refte des créatures; elles ennoblisfent, elles divinifent,
fi j'ofe m'exprimer ainfi, la forme & la phyfionomie de l'homme.

Puisque nous fommes doués de ces facultés religieufes, puisque nous par-
ticipons aux preffentimens, aux efpérances, aux deftinées qu'elles prépa-
rent, ne s'enfuit il pas que notre organifation eft femblable à celle du pre-
mier-né des hommes, du *fils unique de Dieu, dans lequel réfide la plénitude
de la Divinité?*

Si le Père de Jéfus Christ, lui *qui fait que nous fommes des vaiffeaux fragiles & qui connoît que nous ne fommes que pouffière* — s'il veut *qu'il y ait en nous un même fentiment tel qu'il eft en Jéfus Chrift*, il faut auffi néceffairement qu'il ait organifé & formé nos corps à la reffemblance de *celui qu'il nous a propofé pour modèle, & dont il veut que nous fuivions les traces;* car c'eft uniquement par le fecours de nos organes phyfiques que nous pouvons agir & fentir. *Il ne moiffonne pas où il n'a pas femé, & il ne reprend pas ce qu'il n'a pas donné.* Il ne demande pas du Payen les vertus de l'Israëlite, à moins de lui avoir révélé le Dieu d'Israël. Il ne demande pas de l'Israëlite les devoirs du Chrétien, avant de lui avoir révélé le Sauveur.

Dieu ne voudroit ni ne pourroit nous impofer les vertus du Chriftianifme, fi de toute éternité il n'avoit élu & deftiné l'homme à être femblable à Jéfus Chrift.

Les exhortations & les encouragemens que Dieu nous adreffe pour fuivre la Religion de Jéfus Chrift, nous offrent la preuve la plus complette de la noblesfe de la nature humaine & de notre deftinée immortelle.

D'après le même raifonnement nous ne faurions douter que notre conformation phyfique n'ait reçu un degré d'excellence analogue à la perfection des facultés de notre ame. Un père qui appelle fon fils, doit favoir d'avance que celui-ci eft en état de le joindre; s'il lui tend fa main paternelle, s'il lui dit „ viens & fuis moi ", il doit être perfuadé que l'enfant fait marcher, qu'il a la capacité d'obéir.

Ainfi l'ordre qui nous eft donné de fuivre les traces de Jéfus Chrift, fuppofe que nous fommes organifés comme lui, & faits à fon image. Notre conformation a donc un caractère divin; elle nous met en relation avec ce Dieu que Jéfus Chrift appelle fon Père, & dont il eft l'image la plus parfaite. Et ce qui rend la forme humaine encore plus refpectable, c'eft qu'en remontant à fon Auteur, elle nous ramène auffi à fa Religion &

V. 3

aux vertus divines qui en font la bafe. Cette forme n'eft pas faite feulement pour le monde vifible, toujours en lutte avec la mort & avec la deftruc-tion —— elle eft refervée pour un monde invifible & éternel comme fon Créateur. Enfin cette forme, quelque foit la décadence qu'elle puiffe fubir, eft toujours fufceptible d'être réintégrée dans fa reffemblance primi-tive avec Jéfus Chrift; elle appartient à tous les enfans d'Adam, elle eft inféparable de notre efpèce, & on la reconnoît encore dans le pécheur le plus reprouvé.

La Religion, la Foi, l'élévation dans le Royaume célefte —— la Reli-gion du meilleur des Maîtres —— cette Religion qui defcend immédiate-ment du fanétuaire de la Divinité & qui y remonte —— nous la voyons attaquée, combattue & fapée par des hommes qui fe difent fages & bons, qui parlent fans ceffe de la dignité & de l'excellence de l'efprit humain! Leurs efforts font inutiles, je le fais, mais ils n'en excitent pas moins l'indignation des cœurs honnêtes. Se dire l'*Ami des hommes*, être fier de ce titre, le briguer — & vouloir ébranler notre foi en Jéfus Chrift! vou-loir nous ôter le modèle le plus parfait & qui approche le plus de la Divi-nité! —— car, de l'aveu même de nos incrédules, ils ne connoiffent perfonne dont la doétrine & les aétions méritent davantage d'être admirées & fuivies. Il y a de la contradiétion à s'ériger en Apôtre de l'humanité, & à fe montrer l'ennemi de Jéfus Chrift & de fa Religion —— à fe dire l'ami des hommes, & à vouloir renverfer une Religion qui fait leur bon-heur. Quoi, nous *voyons*, & on ne nous permet pas de *croire*? nous de-vons *jouir*, & ne pas nous *raffafier*? *fouffrir*, & ne pas *efpérer*? *connoître*, & ne pas *fentir*? toujours *agir*, & ne nous *attacher* à rien, & *n'aimer* jamais rien? L'homme appercevra fon néant, il entendra la voix qui l'appelle à de plus hautes deftinées, & il n'ofera pas écouter cette voix, & il n'ofera pas chercher dans le Ciel une félicité qu'il ne fauroit trouver fur la Terre, il n'ofera pas mettre fa confiance en celui qui eft venu pour fauver le monde ?

de ? Apôtres de l'Humanité, Hérauts de la Vertu, Enfans de la Philoſophie , eſt-ce là ce qu'enſeigne votre froide Raiſon ?——— Ha, qu'ils ſont
différens tes préceptes, Fille du Ciel, Sainte Religion!

La Religion ſera toujours le beſoin & la gloire de l'humanité. L'homme
doit adorer en eſprit & en vérité le Dieu inviſible comme s'il étoit viſible——— il doit croire en ce Dieu, tel qu'il s'eſt manifeſté autrefois ſous
une forme humaine. Vouloir bannir cette foi, & la Religion dont elle
eſt la baſe, parce qu'elles peuvent dégénérer en ſuperſtition & en fanatiſme,
ce ſeroit tirer tout le ſang d'un corps bien portant, pour ne pas l'expoſer
à une pléthore.

✷

Mais venons-en à ce que la plupart des Lecteurs appelleront le *but* de
mon ouvrage, & à ce qui n'en eſt cependant que le *moyen*.

Je dis que la Religion eſt un ſentiment interne qui élève l'homme vers
la Divinité & vers le monde inviſible ; ſentiment énergique & qui vivifie tout,
quand il eſt éclairé par l'inſtruction, quand il eſt actif & paſſif à la fois ; ſentiment plus efficace que tous nos organes phyſiques, & ſupérieur à tout ce
qui tient au monde viſible. Et ce ſentiment ſi vif ne ſe manifeſteroit pas
dans l'extérieur de l'homme, dans ſa phyſionomie, & dans ſes traits ? il
n'embraſeroit pas tout ſon être ? Cette foi qui ſe perd dans l'immenſité de
l'avenir——— cette force d'eſprit qui nous ſoutient & qui nous fait enviſa-
ger les choſes inviſibles comme ſi elles étoient viſibles——— cette fermeté
d'eſpérance qui ſurpaſſe la foi, & qui lui eſt auſſi ſupérieure que Dieu
lui-même l'eſt à ſes promeſſes——— cet amour qui en regardant avec indifférence les plaiſirs paſſagers de ce monde, ne connoît & ne cherche d'autre
félicité que celle du Ciel & de l'Eternité——— toutes ces vertus divines
reſteroient cachées & enfouies, elles ne luiroient pas ſur la face de l'homme ? Ou bien, ſon caractère altéré par l'orgueil, par l'avarice, par la
volupté,,

volupté, par toutes fortes de vices & de vanités, laifferoit à fon vifage l'expreffion de douceur & de tranquillité qui annonce le Chrêtien? Le moindre mouvement d'honnêteté fe peindra dans la phyfionomie de l'homme de bien — & le fentiment religieux, & l'amour qui embraffe l'univers entier, ne fe peindra pas dans nos traits? Contradiction évidente. A chaque battement du cœur, cet amour divin imprime fon feu à toutes les particules du vifage, & fon langage fe fait entendre à tous ceux qui font dans la vérité.

*

La *piété* —— la *dévotion* —— *l'adoration du Très - Haut* —— que ces mots font impofans pour le mortel que Dieu a vifité, pour celui qui a éprouvé dans fon cœur l'ardeur d'une foi vive & pure. Dévotion, rayon échappé d'un meilleur monde, qui pourra te décrire, te dépeindre! L'incrédule lui-même ofera-t-il méconnoître les phyfionomies que tu éclaires, méconnoître tes caractères divins, la *patience* & *l'amour*, abforbés dans la penfée de celui, qui, prêt à fuccomber fous le poids de fes fouffrances, s'écria: *Père, pardonne leur, car ils ne favent ce qu'ils font* !

Quel tableau que celui du Chrêtien fage & bon, qui adore fon Dieu avec la fimplicité d'un enfant, & qui, rempli de l'Eternel, fe fent deftiné à l'Eternité! Non, il n'eft pas de plus beau fpectacle fur la terre. L'homme de bien en eft touché, & peu s'en faut que le méchant n'y foit fenfible (*).

On

*

(*) Vous favez combien l'aviliffement de l'humanité me fait fouffrir, mais je perds patience quand je vois l'envieux, l'orgueilleux, le colère, l'impudique, le calomniateur, l'avare, échapper impunément au bras de la juftice. Si j'étois chargée de leur infliger un châtiment, *je les ferois peindre dans l'inftant où leurs mouvemens vicieux éclatent fur leur vifage*, & je ferois expofer ces effigies aux endroits publics qui font propres à imprimer la terreur. (Voyages de Sophie, Vol. 1. p. 293.)

On a dit que le génie ne se cache pas plus que l'éclair. Il en est de même de la *Religion active* & des dispositions que nous y apportons ⸺ car la Religion est le *génie des choses invisibles* ⸺ *le pressentiment des choses invisibles en ce qui est visible.*

Il suffit d'être homme pour être susceptible de religion : il suffit d'être organisé comme *celui qui a été semblable en toutes choses à ses frères*, pour ne point être exclu de la miséricorde divine.

Mais chaque chose a son temps, & le développement de nos facultés ne dépend pas toujours de notre volonté ; elles paroissent reservées en partie pour la vie à venir. Tout se retrouvera, & celui devant lequel *mille années ne font pas plus qu'un jour*, donne à chaque germe le temps de murir & de porter des fruits. Beaucoup d'hommes naissent avec les plus heureuses dispositions, & ils sortiront pourtant de ce monde sans que leurs facultés soyent arrivées au développement, parce que Dieu l'a résolu ainsi. Ce qui est en eux ne devoit pas se manifester encore, mais être différé jusqu'au *jour où il n'y aura plus de temps.*

✳

Tous les hommes font susceptibles de religion, parce qu'ils font hommes ; mais puisqu'ils diffèrent entr'eux au physique & au moral, leurs sentimens religieux doivent varier aussi. Nous avons tous les mêmes organes & les mêmes membres, mais dans chaque individu les organes & les membres ont des formes & des desseins différens. Il en est ainsi à l'égard de la Religion. Elles se rapportent toutes à une Divinité & à un monde invisible, mais elles se modifient ensuite selon notre conformation & notre organisation. *Zwingle, Luther, Calvin, Zinzendorf,* tous ces Réformateurs avoient une religion, mais leurs principes différoient autant que leurs physionomies.

<table>
<tr><td>Tome IV.</td><td>Z</td><td>II</td></tr>
</table>

Il eſt abſurde de contraindre une nation, une paroiſſe, une communauté, à ſuivre *une même forme de religion*. Rien n'eſt plus aiſé que d'arracher aux hommes la profeſſion extérieure de la foi, mais on ne force pas les conſciences, & la conviction interne n'eſt pas une affaire de commande. Nous ne ſaurions ſentir, ſouffrir, ni agir tous de la même manière. Il y a de la démence à exiger de la tête dure & pointue de *Calvin* la dévotion languiſſante du culte de *Zinzendorf*, & il ſeroit injuſte de vouloir obliger celui-ci à réduire ſa religion en ſyllogismes. Le but de la Religion, c'eſt le bonheur de l'homme. Ayons ſincèrement la foi, l'amour & l'eſpérance, la forme individuelle n'y fait rien. Lecteur, je ſuis homme comme vous, quoique nous différions vraiſemblablement de nation & de phyſionomie. Il peut y avoir de la différence dans nos ſentimens religieux, mais pourvu qu'ils ramènent notre foi à un même monde inviſible : pourvu que cette foi nous guide, nous fortifie, nous vivifie & nous ſanctifie, nous ſerons heureux chacun dans notre religion, ſeulement peut-être dans un degré différent. Y eut-t-il jamais deux caractères plus oppoſés que ceux de *St. Pierre* & de *St. Jean*? Quel contraſte apparent dans leurs idées religieuſes! & cependant leurs principes étoient les mêmes, & ils ne varioient que dans la forme. Donc il doit y avoir dans les formes de la religion autant de différences qu'il y en a dans la forme humaine ; mais au fond les unes & les autres rentrent dans leur eſpèce. Si vous partez de la forme primitive de l'homme, vous trouverez qu'elle a pris dans la ſuite des variations & des diſſemblances à l'infini, qui toutes remontent à la même ſource. Si vous regardez la Religion, vous lui trouverez un même but, & des chemins ſans nombre qui y conduiſent —— un même principe univerſel, malgré tant de ſyſtêmes & d'opinions qui s'en écartent plus ou moins —— enfin une même eſſence qui admet pluſieurs formes.

Voilà de ces diſtinctions qui échappent trop ſouvent. On ne conſidère

pas

pas affez que Dieu a prévu & réglé tout dans fes décréts immuables; que nous tenons de lui, & non de nous-mêmes, la forme primitive qui décide de toutes nos facultés intellectuelles & morales, & par conféquent auffi de nos *facultés religieufes*.   C'eft elle qui détermine le degré de tiédeur ou de chaleur du fentiment, & cette gradation même ne fait tort à perfonne; elle n'empêche pas d'être fincère dans la foi; la différence confifte uniquement dans celle des impreffions que nous recevons d'un monde invifible, & auxquelles nous fommes obligés de fubordonner nos actions. La *variété* eft une des caufes qui concourent aux merveilles de la Création. Nous ferions certainement peu flattés fi nous n'avions qu'un feul ton en mufique, qu'une feule couleur en peinture, qu'un feul rayon dans la lumière, qu'une feule coupe de phyfionomie —— & nous voudrions qu'il y eut uniformité dans les facultés religieufes, égalité dans la façon de fentir! Rien de plus injufte.   Que chacun cherche la Divinité d'après fa manière d'être, & qu'il permette aux autres de la chercher fuivant la leur. Et puifqu'il ne dépend pas de nous de poffeder, ni dans ce monde-ci, ni dans l'autre, toutes les richeffes qui pourroient nous tenter, que chacun prenne au moins ce qui eft propre à l'émouvoir, à l'exciter, à le purifier, à *le* fanctifier, & tâchons d'être prudens dans nos choix.   Il faut à chaque femence le terroir qui lui convient.   Le fol peut être excellent, & la graine auffi, & cependant il eft très poffible qu'ils ne compâtiffent pas enfemble. Appliquez cet exemple aux *formes de Religion*, & vous fentirez qu'elles ne fauroient être par tout les mêmes.

Pour peu que vous examiniez le fyftême religieux de *Zwingle*, vous conviendrez que fa foi aux chofes invifibles devoit être de beaucoup plus circonfpecte & plus froide que celle de *Luther* & de *Calvin*; & d'un autre côté vous retrouverez dans les principes de *Melanchton* toute la douceur & la modération de fon caractère. *Dans une grande maifon*, a dit un Philofophe très

pro-

profond, *il n'y a pas seulement des vases d'or & d'argent ; il en faut aussi d'airain & de bois.*

„ Personne ne peut poser d'autre fondement que celui qui est posé,
„ lequel est Jésus-Christ. —— Que si quelqu'un édifie sur ce fondement, de
„ l'or, de l'argent, des pierres précieuses, du bois, du foin, du chau-
„ me, l'œuvre de chacun sera manifestée, car le jour la fera connoître,
„ parce qu'elle sera manifestée par le feu, & le feu éprouvera quelle sera
„ l'œuvre de chacun. Si l'œuvre de quelqu'un qui aura édifié dessus,
„ demeure, il en recevra la récompense. Si l'œuvre de quelqu'un brû-
„ le, il en fera perte; mais pour lui, il sera sauvé, toutefois comme
„ par le feu. 1 Corinth. III. 11—15." Le sens philosophique de ce
passage est admirable.

※

Tous les hommes ont des yeux, mais le coup d'œil exact & précis du Peintre n'en est pas moins rare. Nous avons tous l'organe de l'ouïe, & cependant il y a peu d'oreilles musiciennes. Nous avons tous le sentiment de la Religion, mais qu'il s'en faut que tous les cœurs soyent également ouverts à ce sentiment —— qu'ils soyent également capables de comprendre la pureté, la sainteté, le sublime de la Religion de Jésus Christ. Dans ce sens encore il est vrai qu'il y a beaucoup d'appellés & peu d'élus.

Plus notre ame s'élève au dessus de la terre, plus elle s'attache aux choses immortelles & à celui dont elles émanent —— & plus notre forme s'embellit, & plus nos traits s'ennoblissent. La foi qui vivifie nos cœurs & qui les nourrit des béatitudes célestes, éclaire aussi nos physionomies, comme l'aurore naissante dissipe les ténèbres de la nuit.

※

Autant que l'*Israëlite* l'emporte par ses sentimens religieux sur celui qui
est

eſt ſimple Sectateur de la Religion Naturelle —— autant le disciple de
Jéſus Chriſt l'emporte-t-il ſur celui qui borne ſon culte & ſa foi au Judaïsme.
C'eſt donc la Religion Chrétienne qui, plus qu'aucune autre, nous approche
de Dieu, nous aſſimile à lui, & nous établit dans ſa confiance. Heureux
l'homme à qui il a été donné de ſentir que le beſoin de ſon cœur lui pres-
crit de conſidérer l'humanité telle qu'elle eſt, & non ſuivant des idées
abſtraites —— heureux celui qui, ſans vouloir percer les myſtères ineffables auxquels la foibleſſe de notre entendement ne ſauroit arriver, reconnoît la Divinité de l'Homme-Dieu qui a revêtu la nature humaine ——
heureux celui à qui il a été donné de comprendre ces paroles de Jéſus
Chriſt: „ Perſonne ne connoît le Père, ſi ce n'eſt le Fils, & celui à qui
„ le Fils l'a révélé: celui qui me voit, voit auſſi le Père ”. Ha, s'il m'é-
toit reſervé encore de rencontrer ici bas le mortel véritablement pénétré
de ces ſentimens, quelle ſeroit ma joie! Sa phyſionomie deviendroit mon
point de repos, & je m'écrierois: Voici l'image de la Divinité!

✳

Plus notre foi eſt interne, active, énergique, vive & pure, plus elle
eſt à l'abri d'*illuſion*. Plus cette foi eſt concentrée dans le ſentiment &
dans l'expérience de Dieu en Jéſus Chriſt, plus notre phyſionomie s'épure
& ſe ſanctifie. Elle fera la joie du Créateur —— la joie des Anges, auxquels vous croyez ſans les voir, & qui vous aiment plus tendrement que
vous ne le penſez —— la joie enfin du petit nombre dés élus ſur la Terre qui ſauront découvrir dans vos traits le moindre rayon d'immortalité.

L'imitation même du ſentiment religieux, l'hypocriſie ou la *Religion des
mots*, le mélange du ſentiment & de l'affectation, de la vérité & de l'apparence, de l'eſprit & de la *manière* —— tout cela s'exprime auſſi très di-
ſtinctement ſur la phyſionomie. Quand on a étudié les hommes & qu'on
s'eſt étudié ſoi-même, il n'eſt pas difficile de démêler toutes ces nuances cachées.

Z 3

„ Il fe peut, me répondrez vous, qu'un obfervateur attentif & exercé „ devine quelque chofe d'approchant, par les parties molles". —— Ce n'eft pas en dire affez. Non feulement les difpofitions religieufes de cha. que individu s'expriment dans l'air & dans les traits du vifage, dans la mobilité de la phyfionomie, dans l'affiette & dans les plis qui réfultent des mêmes mouvemens fouvent répetés; mais le deffin & la forme folide vous donneront encore une jufte idée de ce que l'homme *eft*, de ce qu'il *peut être*, & du *genre de religion* qu'il doit adopter.

Par exemple, vous reconnoîtrez aifément dans la mine du *Piétifte* fa gravité compofée & inquiète —— dans le Herrnhuthien, fon calme efféminé —— dans le Mennonite, fa fimplicité cordiale —— dans le Myftique, fon amour fpirituel —— & tous ces caractères religieux vous les faifirez indépendamment de l'attitude, de la démarche, du gefte & de la voix; circonftances, dont chacune féparément ajoute encore tant à l'expreffion. Mais ce qui eft bien plus, je foutiens qu'il y a pour chaque claffe religieufe une *conformation* particulière.

✳

Une *conformation religieufe!* Cette expreffion n'a rien de choquant en elle-même, & la philofophie que je me fuis faite ne fe met pas en peine des *mots*, parce qu'elle n'a pas befoin non plus d'être en peine des *chofes* que ces mots défignent. Cependant je prévois l'étonnement de quelques-uns de mes Lecteurs: ils fe recrieront fur ce nom de *conformation religieufe:* ils diront, „ le bon *Lavater* n'eft pas fage, & à force d'écrire il perd la „ tête". Ce n'eft pas cela pourtant; je fuis fûr de mon fait, je fais que je parle le langage de la vérité, & je promets de fournir les preuves de mes affertions, non pas feulement dans le *Traité des lignes phyfiognomoniques,* mais fur l'heure dans les Additions qui vont fuivre.

S'il

S'il eſt des formes de viſage dont on ne fera jamais de grands Capitaines, s'il en eſt d'autres dont vous ne tirerez jamais parti pour le travail du cabinet, pourquoi n'y auroit-il pas auſſi des formes dont on pourroit prédire qu'elles n'appartiendront jamais ni à des *Herrnhuthiens* ſincères, ni à des *Méthodiſtes* conſtans.

Si l'expreſſion phyſionomique, ſi la *mine* répond aux ſentimens religieux intérieurs, pourquoi la *forme* n'y répondroit-elle pas auſſi? Car après tout la mine eſt la partie vitale de la forme, & à meſure qu'elle s'anime & s'enflamme, elle peut auſſi communiquer ſon feu aux parties ſolides, les purifier & les rehabiliter dans leur forme primitive.

✱

Autant qu'il m'a été poſſible d'éclaircir la matière, je crois pouvoir diſtinguer les conformations religieuſes en trois claſſes principales, & c'eſt la même diviſion que j'ai déjà adoptée précédemment: 1, les formes *tendues* ou *dures*; (comme par exemple celle de *Calvin.*) 2, les formes *lâches* ou *molles*; (dans le genre de celle de *Zinzendorf.*) 3, les formes *droites* & *dégagées*, qui ſont ſuſceptibles d'un excès de rigueur, ou du plus haut degré de la douceur; (tels que *St. Paul* & *St. Jean*).

Notez que je parle ici des cœurs vraiment *religieux*, & non de ceux qui ſont purement *vertueux*, & bien moins encore de ceux qui avec beaucoup de prétentions à la Religion, n'en ont pas moins perdu ou étouffé le ſentiment.

✱

Les uns fortement conſtitués, mais néanmoins touchés du beſoin de la Religion, ſe repréſentent les choſes inviſibles ſous un aſpect impoſant & redoutable; ils s'attachent de préférence aux idées qui les rempliſſent d'épouvante & d'effroi. D'autres, d'une trempe plus molle, ne voyent dans
l'Eter-

l'Eternité que des êtres céleftes dont le caractère aimant eft en fympathie avec le leur. Il y en a peu qui ayent l'avantage d'éprouver avec la même vérité, & les mouvemens de l'extafe, & les fecouffes violentes: il y en a peu qui dans la joie & dans l'affliction ayent toujours ce feul & même principe: *Dieu eft l'amour.*

Il eft des hommes qui ne fe tranfportent dans le monde invifible que par la *force de la penfée.* Chez eux la Religion n'eft que la férénité de l'efprit; leur Dieu, un être abftrait. C'eft à peu près le fyftême de *Wolff* & celui de fes disciples.

D'autres embraffent la Divinité & le Royaume des Cieux par l'*imagination.* Tels font les *Herrnhuthiens.*

Enfin il y en a qui fubftituent à la penfée & à l'imagination le feul *fentiment,* & qui cherchent le fouverain bonheur dans la réverie, dans l'anéantiffement. Tels font les *Myftiques.*

Quel eft le fidèle qui réuniffe tous fes efforts, qui combatte de tout fon pouvoir & de tous fes fens, pour gagner le Royaume Célefte?

Les ames vigoureufes l'emportent *à la lutte.*

Les ames foibles veulent y monter par les *pleurs* & par les *chants.*

Les caractères qui font à la fois mobiles & folides rapportent tout à ce grand but, leurs efforts & leurs larmes, leurs actions & leurs fouffrances.

Tout homme religieux modèle, fans le favoir, fa Divinité fur fon caractère. Le flegmatique adore un Dieu calme & doux; le colère redoute fon pouvoir & fa vengeance. Voilà pourquoi *St. Pierre* & *St. Jean* parloient du même Dieu, l'un avec *crainte,* & l'autre avec *tendreffe.* Quoiqu'il en foit notre fentiment religieux nous porte à confidérer Dieu comme le fouverain bien & le fouverain amour; & de quelque manière que ce fentiment opère en nous, il tend toujours à notre fanctification.

ADDITIONS

ADDITIONS.

A.

De toutes les phyſionomies religieuſes, il n'en eſt peut-être pas de plus reconnoiſſables, de plus frappantes, que celles des *Jéſuites*. Les *yeux de Jéſuites* ont paſſé en proverbe, & en effet je me ferois fort de les deſſiner d'idée, & non-ſeulement leurs yeux, mais preſque leurs formes de tête. Sous quelque coſtume qu'un Jéſuite paroiſſe, il porte toujours ſur ſoi les marques de ſon Ordre; le Phyſionomiſte ordinaire les retrouvera dans le *regard*; le Phyſionomiſte exercé, dans le *contour de la tête*. Ce contour eſt remarquable à l'égard du *front*, du *nez* & du *menton*. Le front ſera preſque toujours élevé en voûte & d'une grande capacité, ſans être ni compacte, ni vigoureuſement prononcé. La plupart du temps le nez eſt grand, courbé & très cartilagineux vers l'extrêmité. Le menton eſt large, pas trop gras, mais relevé en boſſe. Ajoutez à cela des yeux qui s'affaiſſent, & des lèvres bien marquées. C'eſt une choſe ſingulière que parmi tant de Savans diſtingués qu'a produit l'Ordre des Jéſuites, il ſe trouve à peine une ſeule tête *vraiment philoſophique*. Des Mathématiciens, des Phyſiciens, des Politiques, des Orateurs & des Poëtes, tant que vous voudrez ——— mais preſque point de Philoſophes! La raiſon en eſt toute ſimple. Le caractère ſouple & inſinuant, le langage étudié, la reſerve & la diſſimulation, qui entroient dans le ſyſtême de cet Ordre, pouvoient-ils s'aſſocier avec la franchiſe, la hardieſſe & l'exactitude ſcrupuleuſe de la Philoſophie? Des principes auſſi oppoſés n'étoient guères compatibles. Les Jéſuites ont été réputés pour l'eſprit d'intrigue, mais l'exécution des entrepriſes hardies n'a jamais été leur fait, car la *fineſſe* détruit communément l'*énergie*, ſi même elle ne l'exclut pas tout à fait. L'*audace* des Jéſuites étoit ſans bornes, je le ſais; mais elle étoit myſtérieuſe, elle ſe cachoit dans les ténèbres ——— & le courage qui fuit le grand jour, ne mérite plus ce nom. J'obſerverai encore que le véritable *enthouſiasme religieux*, (bien différent de cet enthouſiasme factice qui n'eſt qu'une *affectation*) habite rarement, ou pour mieux dire, n'habite jamais les corps oſſeux.

A. I.

IGNACE DE LOYOLA.

Il fut d'abord homme de guerre, & enfuite l'Inftituteur de fon Ordre. Moitié héros, moitié enthoufiafte, ce perfonnage extraordinaire a été l'écueil de tous nos Hiftoriens-Philofophes.

Il eft rare qu'avec des yeux bien fendus & fortement arqués, on foit fanatique : il eft difficile qu'avec des yeux pareils à ceux-ci on ne le foit pas. L'arrêt n'eft cependant pas irrévocable.

Le vifage de *Loyola* rappelle encore à plufieurs égards le guerrier, foit dans l'expreffion de la bouche, foit dans le regard, ou dans la ftructure de l'enfemble. Mais ce qui fait le caractère diftinctif de fa phyfionomie, c'eft cet efprit de cagoterie & d'intrigue qu'on a toujours reproché & au Fondateur & à tous les Membres de l'Ordre des Jéfuites. La bouche me paroît incorrectement deffinée, & la lèvre d'en-bas trop foible. Mais le front & le nez, & furtout l'œil, cet œil perçant & voilé, annoncent un homme fin & plein de reffources, qui actif ou paffif eft toujours également tranquille, & qui par cette tranquillité même opère de grands effets. Au refte le front renferme mille projets rejetés & repris tour à tour. Une tête comme celle-ci ne peut refter oifive : elle veut agir & gouverner. Ne diroit-on pas que ce nez flaire de loin ce qui lui convient ou non ? Le bas du vifage eft ce qui me plait le moins : il eft dur & foible.

La vignette n'a pas la même teinte de dévotion que la grande Eftampe, mais d'autant plus de dureté, de hardieffe & d'opiniâtreté.

PLANCHE XXIV.

Ignatius Loyola.

A. 2.

TROIS JÉSUITES.

Trois profils de Jéfuites dont je ne connois pas les noms, mais qui m'ont été donnés pour authentiques & qui en ont certainement l'air. Les formes principales & certains traits particuliers font d'une vérité frappante : ils confirment ce que j'ai dit tantôt, & ils ne promettent ni beaucoup de profondeur philofophique , ni une grande folidité de jugement. Mais ont-ils du moins l'efprit religieux, ou feulement l'enthoufiasme de leur chef? Je n'en fuis pas fûr , & en général je ne fais pas trop de quoi ils font ca-pables ; tout au plus j'effayerois d'indiquer ce qui eft au deffus de leur por-tée. Par exemple je doute qu'un de ces perfonnages réuffiffe à nous fédui-re , à nous infpirer de la confiance , à devenir le fondateur d'un Ordre qui tende au bonheur du genre humain. Diftinguons cependant. L'un des trois , & vous devinerez bien lequel, s'étudiera à nous captiver par de baffes flat-teries & par une feinte douceur qui cache un fond dur & revêche ; mais pour peu que vous lui oppofiez une noble fermeté, vous le verrez timide & tremblant. Un autre facrifiera aux plaifirs de la bonne chère l'empire des cœurs & des confciences. Un troifième, plus délié, plus inftruit, plus éloquent, & plus fertile en projets, n'employera dans fes moyens ni fou-pleffe , ni dureté ; mais la fubtilité du raifonnement pourra lui valoir quelques fuccès, auxquels pourtant fon mérite perfonnel n'aura rien contribué. En-fin quoiqu'il en arrive, je réponds qu'aucun des trois n'obtiendra jamais les honneurs de la canonifation , mais ils méritent tout auffi peu l'anathême.

Aa 2

ADDITION

ADDITION B.

XIMENÈS.

Cette copie, si prodigieusement inférieure à l'original de *Rubens*, retrace encore un esprit supérieur, un des caractères les plus décidés qui ayent jamais paru sur la terre. Vous y penserez mûrement avant de vous commettre avec lui; & plutôt que d'en courir les risques, vous préférerez ou de l'éviter, ou de lui céder. Son regard vous saisit, soit pour ne plus vous laisser échapper, soit pour vous écarter sans retour. Ne vous attendez pas à la moindre déférence de sa part; votre volonté sera obligée de s'assujettir constamment à la sienne, mais en revanche il ne vous proposera rien qu'il n'ait examiné & pesé avec soin. Le front, quoique trop applati en comparaison du regard, a cependant trop d'énergie pour admettre une direction étrangère, d'ailleurs il est en parfaite harmonie avec cette bouche discrette & close. Placez un tel homme au milieu des politiques les plus rafinés, il démêlera, il devinera leurs plans les mieux conçus, sans trahir un mot du sien. Il saura projetter, dissimuler, différer, exécuter, conduire à bout, tout ce qui l'intéresse; & sans se mettre en peine de la louange ou du blame, il trouve sa récompense dans le sentiment de sa force victorieuse; & content de lui même, il se sert de son bréviaire, de sa tête de mort, & de son cordon, pour gouverner ses passions & celles du monde. Sa religion sera austère, & son Dieu rigide: il ne sacrifiera rien aux plaisirs de la chair, mais son ambition cherche à exercer un empire absolu sur les Rois & sur les Sages de la Terre.

Il y a plus de trivialité & plus de rudesse dans la vignette: ce n'est plus qu'un bon moine ordinaire, sans qualités éminentes ni du cœur, ni de l'esprit.

PLANCHE XXV.

Ximenes.

Carolus Boromæus

ADDITION C.

CHARLES BORROMÉE.

1. L'Eftampe ci-jointe préfente l'image du célèbre *Borromée*, qui dans fa vingt & troifième année fut Archevêque & Cardinal, & qui mérita fon élévation. Tels étoient les traits d'un homme qui par fon inconcevable activité parvint à remplir tous les devoirs de fes charges importantes, qui fonda plufieurs établiffemens utiles & durables, qui fut dans tous les temps un Miniftre zélé de l'Evangile, un modèle de religion & de vertu, & qui, joignant le talent à l'autorité, les fit concourir l'un & l'autre, à l'avancement d'un même but. Reconnoiffez dans l'efprit de cette phyfionomie toute la férénité & toute la ferveur d'un cœur plein de foi, d'efpérance & d'amour. Reconnoiffez dans ce coup d'œil l'homme qui fait apprécier l'homme, qui affigne à chacun la tâche qu'il peut remplir, qui dès le premier abord diftingue & claffe chaque individu felon fa capacité. Admirez après cela combien ce caractère religieux exprime en même temps de douceur & d'humilité ——— (& peut-il y avoir une religion fans humilité ——— peut-on être humble fans religion?). Le regard, la coupe de l'œil & l'arc du front annoncent un penfeur qui s'entend à former & à exécuter fes plans, mais qui n'employera jamais ni la violence, ni la hauteur, ni peut-être même fon pouvoir, pour les faire réuffir. Son fentiment religieux me paroît de nature à recevoir aifément des impreffions timides, mais il n'eft pas moins prompt à s'ouvrir aux confolations & aux efpérances de la béatitude fuprême.

Parmi les fillons que le jeûne, les fouffrances & les mortifications ont tracés fur ce vifage, on démêle encore une préfence d'efprit imperturbable & qui fuffit à tout. Sur cette bouche réfident la modeftie, la chafteté,

la

Aa 3

la condefcendance, la bienveillance, l'affeétion la plus cordiale. Le nez furtout eft d'une expreffion décifive. Le deffin de la narine peut avoir fubi quelque altération, mais je réponds de la forme principale, & je réponds auffi qu'avec une telle forme on ne fauroit être un homme ordinaire ou infignifiant: elle fuppofe néceffairement un caraétère aétif & porté aux grandes chofes. Il y auroit dans la phyfionomie de *Borromée* beaucoup moins de douceur religieufe, & dix fois plus d'énergie & de fermeté, & une nobleffe presque redoutable, fi la boffe du nez, au lieu d'être placée au centre, remontoit un peu davantage vers la racine, ou fi la proéminence du contour fe prolongeoit en ligne droite fans excavation marquée. J'avoue cependant qu'une telle conformation ne feroit guère compatible avec un front uni & régulièrement voûté, qui fe termine comme celui-ci en angle aigu.

Enfin il refte un mot à dire de l'oreille: elle eft deffinée avec la plus belle précifion, ondulée avec élégance, & parfaitement bien détachée de la tête.

Dans l'enfemble le caraétère national de l'Italien eft en quelque forte voilé par une teinte religieufe qui indique plus d'honnêteté que de fagacité.

2. La différence du fecond profil eft palpable. Il tient beaucoup plus du caraétère Italien, & beaucoup moins de celui de *Borromée*. Le front & le bas du vifage l'emportent en prudence fur le premier; ils font plus dignes d'un *Cardinal*, on y trouve plus de fineffe, mais d'autant moins de piété. Cet œil calculateur n'a plus la même douceur mélancolique; & en accordant au front plus de nobleffe & de génie, je dirai pourtant que fa tranfition au nez, & la courbure exagérée du nez même, offrent un contraste choquant.

ADDITION

ADDITION. D.

1. **S**pener. Vifage plein de candeur, mais travaillé par la controverfe, & felon toute apparence très févère aux incrédules & aux hétérodoxes. Ce regard pénétrant ne connoît plus la tolérance pour ce qu'il a une fois reprouvé. L'enfemble de la forme fuppofe une vafte mémoire, une exactitude fcrupuleufe, une probité à toute épreuve, & une extrême douceur dans la vie domeftique. Un Théologien qui a tant de piété, d'application à l'étude, de modeftie & d'humilité, n'a certainement pas manqué fa vocation.

Le 2. eft d'une trempe commune. Méthodique, attaché aux préceptes de l'école, il eft très éloigné de cette piété pratique qui rend la phyfionomie du 1. fi refpectable.

Le 3. fera bientôt jugé. Le prendrez-vous pour un Apôtre de l'Humanité, & l'aura-t-il jamais été? Y reconnoîtrez-vous le Sage qui prêche la fageffe & la vertu? Infpirera-t-il la confiance aux cœurs généreux? Je fuis fâché de le dire, mais il y a quelque chofe de diabolique dans ces traits. Tout y rappelle la légéreté, la profanation, la fenfualité, l'ironie, la malice & l'abus de l'efprit.

4. Cet homme étoit fait pour diriger des confciences délicates & timides. Il méritoit d'être le fondateur d'une fecte qui fe diftingue par la douceur & la fimplicité de fes mœurs, & qui, bornée dans fes defirs, n'eft pas difficile à contenter. Avec une phyfionomie fi unie & fi naïve, on doit avoir néceffairement un langage infinuant & perfuafif. Ce n'eft pas là un penfeur profond; mais il a opéré, par le fentiment, des chofes étonnantes dont je défie fes détracteurs de venir à bout. Je démêle dans fes traits un peu de molleffe, peut-être même du caprice, mais furtout le talent de varier agréablement la même idée. Le tableau original que j'ai vu a une expreffion bien plus touchante.

ADDITION

ADDITION E.

1. Comparée à *Zinzendorf*, (qui a terminé la page précédente), cette tête-ci a bien plus de sangfroid, de réflexion & d'énergie, une piété plus austère. Que de profondeur & de pénétration dans le regard! que de raison pratique & quelle sagesse mesurée dans la forme du nez! Cette bouche reservée ne prononcera jamais des jugemens précipités.

2. Ici vous découvrez des différences d'un autre genre, plus de mollesse, une imagination plus riche & plus fleurie, de l'éloquence, de la facilité, une teinte de légéreté, & je dirois presque d'irrégularité. Si 1. s'est attaché des partisans par sa gravité circonspecte, le 2. entraînera par son *luxe d'esprit*, quoique peut-être il manque de goût & de délicatesse.

Le 3. réunit la sagesse au bon goût, & la culture de l'esprit à la dignité, à la solidité & à la simplicité du caractère. Ses idées religieuses n'auront ni la légéreté du 2, ni la sécheresse du 1, & sa froide raison rejettera avec dédain tout ce qui tient à l'exagération du sentiment, à la bigoterie & au fanatisme

4. Me pardonnera-t-on si je trouve de l'amabilité dans la physionomie d'un homme décrié, dont le système paroît tenir de l'athéisme? me pardonnera-t-on si j'apperçois dans ses traits une grande droiture de cœur, une tendre affection, un fond de bienveillance & de bonté, un caractère paisible & calme? Ce beau regard rappelle la douce mélancolie d'un esprit enthousiaste, le nez est plein de sagacité, & une telle bouche n'est pas faite pour être jugée par des profanes. Cet homme-ci ne seroit-il pas en droit de se plaindre „ qu'il a été mal compris par ses disciples, & traité avec trop de „ rigueur par ses critiques?"

ADDITION

ADDITION F.

Quel heureux mélange de douceur, de tendresse, de bonté, de fensibilité & de modestie! L'homme doué d'une telle phyfionomie est humble de cœur, exempt de paffions turbulentes, toujours férein & tranquille, toujours content; gai, fans fe livrer aux excès de la joie, & férieux fans fuccomber à la tristeffe. Vous le trouverez équitable dans fes jugemens, circonfpect dans fes démarches, refervé dans fes propos: il aime la propreté & la fobriété; il est pieux & dévot. L'original de ce portrait est un membre refpectable de la communauté Morave. Tolérant par principes, philantrope par caractère, il chérit tous les hommes comme fes frères, & il est chéri de même par tous ceux qui le connoisfent. Il réunit la prudence du ferpent à la fimplicité de la colombe; & fa finesfe d'efprit ne nuit à perfonne, par ce qu'elle est toujours fubordonnée à la charité & à l'amour du prochain. Attentif à tout ce qui peut l'interesfer, il fait contenir & fa langue & fes mouvemens. Sa franchife n'a rien de dur, & une correction lui fait plus de plaifir qu'un éloge. Indulgent envers les autres, il est rigide envers lui-même, & pourtant éloigné de cette efpèce d'anxiété qu'entraine fouvent une trop grande défiance. Son jugement exquis n'atteint pas au fublime du génie créateur, mais il a toute la pénétration & toute la fagacité qui s'acquièrent par la réflexion. Enfin fans être égoïste, ni difputeur, ni fanfaron, il a cependant asfez de caractère pour foutenir fes droits avec courage. Au refte tous fes traits portent l'empreinte de fa fecte; la bouche & l'oeil en confervent plus particulièrement la *teinte*, ou pour mieux dire la *mélodie*; & l'enfemble de la phyfionomie en fe rapprochant de la fimplicité des frères Moraves, fe diftingue cependant par un degré de noblesfe qui ne leur est pas habituelle.

ADDITION G.

Inimitable RAPHAËL! peut-on méconnoître la sublime simplicité de tes compositions, & la noblesse sans mélange dont elles portent le caractère inviolable? Ou as-tu pris cette beauté céleste & pure, que ton ame sensible à imprimée à tes figures? Examinez ses *Marie*, elles ont toutes la même douceur enchanteresse; ses *Enfans-Jésus*, ils ont tous la même énergie surnaturelle. Dans chacun de ceux-ci, on entrevoit le développement vigoureux de *l'homme*, mais retracent-ils en même temps, aussi la touchante image du *Christ?* Cette femme pleine d'aménité, dont la physionomie, sans être efféminée, n'a pourtant rien de massif, comment a-t-elle pu donner le jour à un fils qui dans toute sa conformation annonce des forces héroïques au dessus de son âge? Jésus enfant, tel que nous le voyons ici, présage le Vainqueur *qui doit écraser la tête du serpent;* mais dans le visage aimant & calme de la Vierge je n'apperçois que la mère de celui *qui est venu pour sauver le monde.* Jamais le souffle impur du péché ne soulla ces lèvres, jamais elles n'ont proféré le mensonge: il y a autant de noblesse que de douceur dans la forme du nez, mais vu de côté il ne se lieroit peut-être pas asséz naturellement au front. Admirez-en suite l'attitude, le maintien, la draperie, le clair-obscur. Quelle simplicité, quelle unité & quelle harmonie dans tout ce groupe! Raphaël, artiste sacré, quelles délices tu dois avoir éprouvées en contemplant tes ouvrages: il faudra des siècles pour le reproduire.

PLANCHE XXVII.

ADDITION

La Sainte Vierge avec l'Enfant d'après Raphaël.

ADDITION H.

Faible image d'un Théologien infiniment réfpéctable & très éclairé, dont le cœur & le caractère l'emportent de beaucoup en ferveur & en onction fur fes écrits réligieux. Ceux-ci font pleins de raifon, mais l'auteur y laisfe trop percer fa crainte de pasfer pour enthoufiafte. Le calme de la réfléction, une douce fenfibilité, guidée par les lumieres de la fagesfe, beaucoup de bonté, de modeftie & de circonfpéction, l'humeur fa plus ferviable, une piété exémplaire jointe à une force d'éfprit qui l'est à charge à perfonne. —— C'est ce qui fait le caractère fondamental de çette phyfionomie, & bien plus encore celui de l'original.

ADDITION

ADDITION I.

TROIS APÔTRES *d'après* VAN DYK.

Le plus grand peintre à portraits connu, *van Dyk* qui s'étudioit tant à imprimer à toutes ſes têtes un caractère d'originalité & d'authenticité, & qui lui même avoit reçu de la nature une phyſionomie ſi auguſte, *van Dyk* étoit fait pour repréſenter dignement les Diſciples de Jéſus Chriſt. ſes douze Apôtres dont nous allons donner quelques esquiſſes, ſont, à beaucoup près, ce que l'Art a produit de plus parfait dans ce genre. Quoique variés, avec une intelligence admirable, on voit pourtant qu'ils ont été formés par la même main & dictés par le même eſprit.

1. On reconnoît dans les traits de SIMON le diſciple attentif qui recueille & qui ſuit avec un ſaint reſpect les paroles & les actions de ſon divin maître. La trop grande échancrure du nez, d'ailleurs ſpirituel & diſtingué, diminue un peu la nobleſſe de l'enſemble. La barbe a bien plus de dignité dans le tableau original. On ſait combien *van Dyk* étoit heureux, & quelquefois même ſublime, dans le jet de ſes chevelures.

2. MATTHIAS. En décomptant cette bouche impitoyablement carricaturée, & cette barbe inſignifiante, on retrouve encore dans les deux ſections ſupérieures du viſage un caractère nerveux appuyé ſur les principes de la vertu & de la raiſon. J'attendrois de lui moins de vivacité, mais plus de fermeté que du 1.

3. MATTHIEU. Foible ſquelette du tableau original, vrai bouſillage d'écolier, & néanmoins le contour extérieur depuis le ſourcil juſqu'au menton, le nez & la chûte des cheveux, rappellent un ſentiment divin, & un caractère de douceur qui l'emporte ſur les deux précedens.

————————————

ADDITION

Simon.
Mathias.
Mathieus.
3. Apotres
D'apres Vandyk.

4. Apôtres d'apres Vandyk.

ADDITION K.

QUATRE APÔTRES *d'après* VAN DYK.

BARTHELEMI & THADDÉE fe rêffemblent par la forme comme deux fréres, par l'attitude comme deux amis; mais confidérés de plus près, ils différent de caractère. Le nez est le trait distinctif de leurs phyfionomies. Celui du r. a le plus de fagacité & de délicateffe; celui du N°. 4. le plus d'énergie, de précifion & d'audace — & en général il y a dans le vifage de *Thaddée* un degré de dureté & de violence qui approche presque de la cruauté. Dans l'un & dans l'autre les yeux font trop pasfionnés, trop colérïques pour des Apôtres de Jéfus Christ, & dans tous les quatre la bouche est ou mal-desfinée, ou tout au moins détraquée. La tête D'ANDRÉ péche furtout par cette partie, mais elle excelle par le nez qui indique la fagesfe, un fens droit & la plus grande probité. La figure qui porte le nom de PHILIPPE doit exprimer la contemplation, mais l'idée est mal exécutée et ne répond guéres à la piété apoftolique. Le peintre & le phyfionomiste feront également révoltés de ces barbes hérisfées: ce n'est pas ainfi qu'il faut rendre cet ornement antique quand il ombrage le menton d'un perfonnage refpectable. Au reste *Barthelemi* paroît un obfervateur foupçonneux; *Philippe* un dévot plus fervent qu'éclairé; *André* un efprit attentif & réfléchi; *Thaddée* un ennemi irréconciliable de l'hypocrifie & de la méchanceté.

ADDITION

ADDITION L.

CINQ APÔTRES *d'après* SPILSBURY.

Un même esprit les a dictés. Ils ont tous la même sérénité & la même simplicité ; pas un feul caractère compliqué ou intrigant ; pas une feule phyfionomie dont vous feriez, ni un Pape, ni un Cardinal, — ni un *Mazarin*, ni un *Fleury* — ni même un *Borromée*. Je ne retrouve point dans ces têtes l'énergie presfante de *Raphaël* ; le ftyle de l'Artiste annonce par tout un homme tranquille & doux, fimple, uni, & ennemi du fasfe. Il est aifé de reconnoitre le médaillon du milieu ; vifage angélique, dont la forme & les traits offrent l'image vifible de l'innocence & de la bonté. Ce n'est pas le Prédicateur fulminant qui invoque le feu du Ciel fur les impies, ni l'Antagonifse redoutable des profanes qui vouloient chasfer les démons au nom de Jéfus Christ. C'est un contemplateur recueilli en lui-même, plein de fagesfe & d'indulgence ; c'est le difciple chéri qui repofe fur le fein de fon divin maitre. L'expresfion du vifage feroit admirable, s'il y avoit moins de dureté dans la bouche. Le nez du 5. ne répond guères au caractère apoftolique, & la 4ᵉ. figure indique un peu trop de foiblesfe. Le front & les fourcils du 2. l'emportent fur tous les autres par la force du jugement. 1. fe diftingue par fon efprit attentif, fa bouche exprime une grande bonté, fon nez une grande élévation d'ame. 4. nous montre une probité à toute épreuve & qui n'admet pas l'ombre de la prétention. Le regard le plus fpirituel est celui du 2. Voyez combien de dignité & d'intelligence phyfiognomique le Desfinateur a fu mettre dans les barbes.

***

PLANCHE XXX.

ADDITION

Cinq Têtes
d'après —
d'Apôtres
Spilsburÿ
Joh. H. Lips sculp. 1778.

ADDITION M.

Recueillement d'un cœur pieux, abforbé dans la méditation de la mort, dont toutes les penfeés fe tournent vers Dieu, & qui rasfafié du néant de ce monde, ne foupire plus qu'après le repos éternel. Peut-être que fa dévotion est timide & peu éclairée, mais elle est du moins fincère. Chaque trait du vifage s'y rapporte, les yeux contrits & craintifs & jusqu'aux rides du front. Ce n'est pas un pécheur en repentance —— c'est un faint qui à la moindre diftraction fe croit en danger de perdre la voye du falut. Le feu qui jadis embrafoit fa jeuneffe, rechauffe maintenant fa pièté, & celle-ci n'est point fouillée par l'ostentation du Pharifien.

ADDITION

ADDITION.

MARIE.

J e veux bien que ce soit la faute du Copiste, mais cette *Madonne de Mengs* ne me plait pas. Si vous cachez le bas du visage, vous appercevrez dans le reste un cértain degré de pureté & de piété; si vous couvrez le haut, vous retrouvez encore l'expression d'une bonté calme & réfléchie ——— & cependant il n'y a ni caractère ni harmonie dans l'enfemble. La surface entre le fourcil et l'œil est si vide & si vaguement deffinée que l'on conçoit à peine comment la paupière peut s'ouvrir. Le nez est tout au plus ébauché, & en général toute la phyfionomie manque de naturel, de noblesfe & de grace. Je l'acculerois presque de cagoterie & d'affectation. La fadeur de la joue & la petitesfe de la narine font encore des défauts à relever.

Le visage ci-desfous paroît entièrement voué à la Religion et à la bienfaisance qu'elle commande. C'est une chrétienne qui met toute sa confiance en Dieu, qui fouffre fans murmure, & qui agit fans Offentation. Nous favons que dans un fimple contour les traits les plus faillans & les plus délicats échappent au burin: il n'y a donc qu'un grand fond de pureté & de ferveur qui puisfe leur conferver une expresfion ausfi animée.

PLANCHE XXXI.

ADDITION

Marie.

Joh. H. Lips fec. 1777.

ADDITION O.

MAGDELAINE.

Il est clair d'abord que le Graveur a préfenté la figure à rebours, & c'est cette transpofition qui a dérangé un peu la forme du visage. Enfuite on ne fauroit fe refuser à la remarque que l'attitude est celle d'une comédienne. Une pêcherefse repentante qui est fuppofée dans le recueillement & dans la folitude, ne paroît pas ordinairement avec tant d'appareil, quoique je ne prétende point lui disputer tous les caractères de la piété & de l'amendement. Une ame partagée entre l'efpérance & la crainte, qui a befoin de grandes confolations, & dont les defirs cherchent à s'éloigner de la terre —— voilà ce qui me frappe efsentiellement dans cette phyfionomie; mais je voudrois qu'elle fut plus attristée, plus contrite, & furtout moins fenfuelle, car dans l'état où elle est à préfent, il lui reste encore bien du chemin à faire pour atteindre au but. D'ailleurs ce regard dénote moins la pasfion d'un amour délicat que les tranfports de la volupté. Le tableau original fe trouve dans la collection de M. le Bailli *Stettler* à Berne.

PLANCHE XXXII.

ADDITION P.

Cette Madonne de *Raphaël*, dont le sujet & l'auteur font aifés à re-connoitre, est cependant de beaucoup au deffous de l'original, & on le fent affez. Malgré cela elle porte le caractère ineffaçable du calme, de la fimplicité, de la douceur & de la modeftie : elle réunit la pudeur, l'humilité & la bonté qui conviennent à fon fexe. Je defire-rois feulement que l'enfemble fût plus expreffif & mieux nuancé. Le front est comme pétrifié, les fourcils ne font pas affez échancrés, l'efpace qui les fépare est trop vide, & la paupière fupérieure fi peu marquée qu'on ne voit pas trop comment elle peut s'ouvrir & fe mettre en harmonie avec le fourcil. La forme du nez est noble & belle, quoique la chûte n'en foit pas fort heureufe vers l'extrêmité, & que les ailes ne foyent pas en proportion avec les angles de la bou-che ; défaut, qui nuit toujours beaucoup à la vivacité & à l'aménité de la phyfionomie. La ligne de la bouche feroit bien plus gratieufe & plus fpirituelle fi les deux coins étoient deffinés avec plus d'intelligence. La lèvre d'en-bas est auffi trop maffive : nuancez mieux ce trait, & vous lui fauverez l'air trivial qu'on peut lui reprocher à préfent, & qui fe communique infenfiblement au menton. Au refte quelque févère que puiffe paroître ma critique, cette Madonne n'en fera pas moins le beau modèle d'une dévotion élevée, calme & réfléchie.

PLANCHE XXXIII.

ADDITION

Madonna

1.

2.

ADDITION Q.

ANGE & MARIE.

Il n'étoit pas befoin de fes ailes abfurdes pour nous faire comprendre que la figure 1. est celle d'un ange. On voit affez que le Desfinateur a voulu s'éléver dans un monde fupérieur, & préfenter dans une même compofition l'image de la candeur, les agrémens de la jeunesfe & l'excellence d'un caractère furhumain qui tint encore plus ou moins à la fragilité de la terre. C'est au Lecteur à juger fi l'artifte a réuffi en plein, ou bien fi cette phyfionomie n'a pas contracté un air fade & infipide, & elle n'est pas incohérente & pour ainfi dire fatigante, fi elle ne nous choque point par des défauts qu'il est plus aifé de fentir que d'indiquer? Je l'ai dit fouvent, la plupart des Desfinateurs ne raifonnent pas asfez ni les attitudes, ni les traits du vifage: ils ont tout au plus l'intention négative d'éviter telles formes & tels effets; jamais un fentiment pofitif pour certaines convenances & pour certains traits phyfionomiques, & bien moins encore pour l'harmonie de l'enfemble. Ici, par exemple, le connoisfeur exercé ne fauroit trouver un juste rapport entre le nez & le front: cette dernière partie devroit nécesfairement reculer d'avantage, & fa tranfition au nez être marquée par une cavité presqu'imperceptible. La bouche béante n'est qu'une imitation affectée de *Raphaël* ou du *Guide*. Le maintien & le gefte femblent annoncer un homme qui doit & qui veut parler; mais il ne dit rien pourtant, & fon regard attentif prouve qu'il ne fait qu'écouter. La mode a prévalu de desfiner les bouches ouvertes fans dents; c'est une bifarrerie qui pèche à mon avis contre le bon goût, car il n'est pas permis de bannir des ouvrages de l'art un trait qui est esfentiel à la beauté, qui doit reparoître dans tous les mouvemens un peu animés du vifage, & qui est un des fignes diftinctifs de la bonté du ca-

caractère moral. Il me paroit hors de doute auffi que la partie entre l'aile du nez & le coin de la bouche est infignifiante & peut-être même voluptueufe: j'en dirai autant de tout le contour depuis le menton jusqu'à l'oreille. En couvrant le bas & le haut du vifage, on pourroit être affez content des fections du milieu, lesquelles, fi elles ne rappellent pas un caractère angélique, confervent du moins beaucoup de nobleffe & de pureté.

La *Magdelaine* No. 2. paffera peut-être pour belle aux yeux d'un demi-connoiffeur, qui s'en remet au goût régnant plutôt qu'à un examen réfléchi, plutôt qu'à fon propre fentiment; mais s'il m'est permis de le dire, elle ne me paroît autre chofe qu'une froide carricature. On voit bien que le Desfinateur avoit une idée confufe du profil Grec, des belles formes & de la ligne droite qui descend depuis le fommet du front jusqu'à la pointe du nez: ces traits ne pouvoient manquer de produire quelque effet en détail, mais l'enfemble est roide & lourd, & contrafte fur tout avec l'humilité qui doit être inféparable de la St. Vierge. Rigoureufement parlant la bouche n'est ni belle, ni fpirituelle: de la bonté & de la naïveté, fi l'on veut, mais pas affez de piété, de recueillement & de pureté. Le refte du contour depuis le menton jusqu'à l'oreille n'est guère plus expreffif; tout cela est morne, fans grace & fans vie. Dans l'une & l'autre tête les chevelures furprendront au premier coup d'oeil: on fera tenté de les trouver pitoresques, de leur affocier même de la douceur, & cependant elles manquent de verité & de naturel.

ADDITION

SIXIÈME FRAGMENT.

SUR LES

IMAGES DU CHRIST.

ANCIENNES TRADITIONS DOUTEUTES SUR LA FIGURE DU CHRIST.

D'APRÈS LENTULES.

„ Il a paru parmi nous un homme doué de qualités éminentes, appel-
„ lé *Jefus.* Il vit encore ; beaucoup de gens le regardent comme un
„ prophète de la vérité. Ses Difciples l'appellent *fils de Dieu.* Il resfus-
„ cite les morts & guerit les malades — d'une ftature élevée, fon air eft
„ tellement impofant, que tous ceux qui l'approchent, l'aiment & le
„ craignent. Ses cheveux tirent fur le brun, de la couleur d'une noi-
„ fette mûre ; fur le haut de la tête, ils font partagés en deux à la ma-
„ niere des Nazaréens ; cette partie eft lisfe & foncée ; celle qui retombe
„ fur les épaules légèrement bouclée, eft plus claire. Son front eft ou-
„ vert, fon vifage ferein, fans rides ni taches ; fes joues font doucement
„ colorées, la bouche & le nez d'une forme parfaite.

„ Tous fes traits ont un caractère fenfible de conftance & de vérité ;
„ fes yeux font grands & brillans ; leur impresfion eft terrible, lorsqu'il
„ reprimande ; elle eft affable & douce, lorsqu'il exhorte ; la joie même
„ conferve fur fes lévres une gravité décente. Jamais on ne l'a vu rire,
„ & fes yeux font fouvent mouillés de larmes. Il parle peu, mais tou-
„ jours avec dignité. Par fon extérieur même, il femble au desfus de
„ tous les humains."

NICEPHORI CALLISTI H. E. L. I. c. 40 de forma
Chrifti, verba interpretatione Joh. Langii.

„ Ut ex antiquis Decriptionibus accepimus, figura
„ Chrifti talis fuit."

„ Formofa fpecies corporis fuit: ftatura feptem integras fpithamas ex-
„ cesfit. Capillum habuit non nihil flavescentem, non denfum et
„ in

„ in extrema parte aliquantulum crispum: nigra fupercilia, non multum
„ curva nec fine intervallo. Oculos fulvos qui nominantur charopi: non
„ lusciofos, nulla deformitate infignes, non vagabundos, nafo erecto,
„ barba flava, non prolixa. Capilli vero capitis prolixi fuerunt: quia
„ nunquam novacula, aut unius hominis manu tonfi fuerunt. Collum
„ leviter inflexum fuit, ne prorfus erectus incederet. Color faciëi fub-
„ fuscus, tritico fimilis: facies non rotunda, fed qualis fuit matris, ali-
„ quantulum demisfa, paululum rubefcens; et vultus ipfe fignificabat ho-
„ minem intelligentem, et mores graves et placidos, et prorfus ab ira-
„ cundia alienos. Prorfus autem fimilis erat purisfimæ matri fuæ." ———
„ Centuriator. Magdenburg. Cent I. L. S. C. 10.

IDÉES SUR LA FIGURE DU CHRIST.

Peut-être aucun mortel ne devroit-il fe permettre de tracer le portrait
de Jefus-Christ. Il n'en eft point furement qui puisfe approcher
d'un fi fublime modèle.

Il eft remarquable que les Evangélistes, & même St. Jean le Difciple
favori de notre Seigneur, ne nous difent rien, ni de la figure ni des traits
de fon vifage.

Cependant, je ne penfe pas qu'il foit défendu de nous faire une image
de fa perfonne. Suivant la nature même des chofes & des circonftances,
furtout d'après le penchant irréfiftible de notre imagination, comment nous
empécher de nous le réprefenter fous une forme humaine, toujours plus
ou moins déterminée?

Mais, quelque imposfible qu'il foit de nous faire une asfez digne, c'eft
à dire, une asfez jufte idée de fa figure, il eft très facile pourtant de fentir
ce qu'il manque à tants de portraits que nous connoisfons de lui, ce qu'il
leur

leur manque de noblesse & de vérité; sans être capables d'en concevoir parfaitement l'idéal, nous pouvons dire avec certitude de toutes les têtes de Christ connues, qu'il n'en est point qui porte l'empreinte de son grand Caractère. (1)

Toutes celles que j'ai vues du moins, sont, si ce n'est autant de blasphémes décidés, toujours des conceptions absurdes tenant ou beaucoup trop, ou beaucoup trop peu de la nature humaine, sans en être plus célestes; ni plus divines. (2)

On y voit toujours quelque condition essentielle ou bien oubliée ou bien négligée, & sans laquelle pourtant une tête de Christ n'est plus ce qu'elle doit être. Il y manque de l'homme ou du Dieu, de l'Israélite ou du Messie (3); & lorsque, ce qui est bien rare, ces quatres caractères s'y trouvent plus ou moins heureusement réunis, ils ne parroisent l'être tout au

(1) „ Carrache a représenté notre Seigneur comme un jeune héros sans barbe, et lui „ a donné tous les traits d'un caractère élevé qu'il a pu récueillir, dans les plus belles tê‑ „ tes des anciens. C'est une figure héroique, à peu près du même genre, que le Guer‑ „ chin a donné à son Christ mort dans un beau Tableau du Palais Pamfili sur la place de Na‑ „ vonne, à la honte des têtes de Christ par Michel Ange, qui toutes sont d'un stile ignoble „ & trivial."
WINKELMANN.

(2) Nos artistes ont encore besoin d'une iconologie réligieuse, qui non seulement les empêche de se livrer à des représentations ignobles, mais leur fournisse encore des images plus dignes de la sainteté de notre culte.
HERDER.

(3) Pourquoi parmi toutes les têtes antiques, ne s'en trouve‑t‑il aucune dont un peintre, dont un génie observateur diroit; celle ci pourroit ressembler à la tête de J. C? sans compter beaucoup d'autres raisons, parce qu'il y manque l'amour & l'humilité. l'Apollon n'a pas une étincelle de la physiognomie d'un Christ & c'est pourtant encore de tous les Dieux antiques celui qui tient le plus de l'homme. Il existe encore b‑en moins de têtes de Jupiter, ou d'autres divinités dont on pût dire — *In una sede mirantur maj‑ stas & amor.*

au plus que pour un petit nombre de circonſtances. Il en eſt cent autres auxquelles ce viſage & ces traits ne ſauroient convenir. Que l'on
ſe demande, en regardant ces différentes têtes, non ſeulement, cette tête
convient-elle au moment préſent ? Mais d'abord cette forme de viſage ſe
trouve t-elle en rapport avec tous les monumens connus & caractériſtiques de
l'éxiſtence du fils de Dieu, de celui qui ſe montra conſtamment tout à la
fois & le fils de l'homme & le Meſſie ? Non ſeulement ce viſage exprime t-il
à peu près, dans le moment dont il s'agit, ce qu'il doit exprimer? mais encore ce viſage peut-il, dire, faire, & ſouffrir tout ce que nous ſavons
que J. C. a dit, fait & ſouffert? L'expreſſion du moment bien ſaiſie nous
fait ſouvent illuſion, au point de ſéduire notre jugement, ſur le caractère
de l'enſemble; cette premiere impreſſion paſſée, nous ne voyons plus
rien. Sur le plus beau viſage il peut ſe glisſer ſouvent une expreſſion fâ-
cheuſe, comme ſur le ciel le plus ſerein un léger nuage; & le contraire arrive également. Un véritable peintre étudie le caractère dominant, la
forme originelle de tous les traits de ſon modèle. Il voit en lui l'énergie
de l'action & celle de la patience, la force de renverſer les plus grands
obſtacles, & celle de prier-Dieu pardonne-leur! le pouvoir de dire, loin
de moi Satan! &, je ſuis venu pour chercher ceux qui étoient perdus &
les ſauver. Rendre cette force unique par des traits ſimples & qui ſe
rapprochent au moyen de nuances imperceptibles, ſans effort, & ſans
ſe heurter, *Hoc opus, hic labor.* Il eſt posſible de montrer quelques uns
de ces traits, mais imposſible de les ſaiſir tous, & 'den former un enſemble heureux. Car lors même que le plus habile peintre auroit Jéſus-Christ
devant les yeux, comment ſe flatter qu'il en pût faire un portrait resſem-
blant? Ce peintre ſentiroit ou ne ſentiroit pas, la majeſté de ſon modèle,
l'imposſibilité de l'atteindre. Et dans l'un & dans l'autre cas, il ne pourroit le copier fidélement. Le même amour qui ouvriroit ſes yeux, lie-

roit ſes mains. Et que feroient des mains libres avec des yeux fermés ? Cependant il n'eſt pas moins important de tenter tous les efforts qui ſont en notre pouvoir — „ *non ut dicatur quid*, ” pour me ſervir d'une ex-preſſion employée par S. Auguſtin dans une autre circonſtance „ *ſed ne* „ *taceatur*.”

De meilleures têtes de Christ en écartent de plus mauvaiſes, effacent l'impreſſion funeſte qu'elles ont pu faire, en rendent la vue inſuppor-table.

Plus les têtes de Christ auront de vérité, plus on croira même en Je-ſus-Christ. Car une tête de Christ eſt très propre à rendre notre foi plus vive & plus ſincère. C'eſt par plus d'un moyen que notre Pere cé-leſte nous attire à lui. Tout dans l'univers rend témoignage à J, C. & c'eſt déjà croire, à mon gré, que de voir & d'entendre le témoignage ſo-lemnel que tant de milliers de ſuffrages rendent à notre Seigneur.

Qui reconnut le viſage vivant de Jéſus-Christ & ſçut voir en lui l'image de ſon Pere céleste, fut un vrai croyant, car il eut le ſentiment de toute la vérité, de toute la Divinité de ſon être.

Ce n'eſt que le défaut d'inſtinct phyſiognomique qui pût empêcher de connoitre Jeſus-Christ pour celui qu'il étoit. Il falloit n'avoir aucun ſen-timent de l'innocence & de la candeur de ſes traits, pour crier ſur lui, come les juifs: *tolle, tolle* — Pilate lui même avoit reçu quelque impreſ-ſion de cette ſainte innocence, puisqu'il lui en couta de ſi grands combats, avant de cèder à la violence de ſes accuſateurs; mais cette impreſſion ne fut point complette, puis qu'il ſut ſe laver les mains, en diſant: je ne trouve cet homme coupable d'aucun crime. S'il eut reconnu parfaitement la ſainteté de ſes traits, comment ſe feroit-il laiſſé impoſer par les cris

d'une

d'une tourbe égarée? Mais les chofes devoient fe pasfer ainfi, afin que les écritures fusfent accomplies. S'ils l'eusfent reconnu, auroient-ils crucifié l'oint du feigneur, le pacificateur de la terre & des cieux?

Tout bon chrêtien, fans doute, ne fauroit desfiner une tête de Christ, mais le plus habile artifte ne réusfiroit pas même à le faire d'une maniere fupportable fans foi, fans amour. Il n'eft point de peintre qui ne fe peigne plus ou moins lui-même. (1) C'eft comme l'on eft, que l'on conçoit, que l'on exécute. Chaque Chrétien a dans fes traits, dans fa mine, quelque rapport avec les traits & la mine de J. C., ausfi furement qu'il ne peut manquer d'en avoir avec fon caractère & fon efprit. Quiconque oferoit le nier, auroit bien certainement peu de connoisfance & des hommes & de J. C. — l'humilité, la force d'efprit, la patience, la foi, l'amour & l'efpérance, ont dans tous les mondes posfibles les mêmes traits esfentiels, primitifs. Les vertus du même genre n'auront toujours qu'un même caractère, & les vertus de J. C. conferveront ausfi partout l'empreinte du caractère de J. C. Lorsque les individus des fociétés religieufes appellées *Sectes*, portent tous dans leur mine un caractère marqué de l'efprit de ces mêmes fociétés, comment la plus fainte des unions, celle des oints de Dieu, n'imprimeroit-elle pas également à tous fes initiés un caractère propre & diftinctif? Plus on a de foi, d'amour pour Jéfus - Christ, plus on aura furement de l'air & de l'impresfion de fes traits, mais peut-être celui qui croit entièrement à J. C., qui l'aime de toute fon ame, ne le connoit-il, & ne veut-il point le connoitre fuivant la chair; il trem·

ble

____

( ) Dans une éxécution de N. S. par Rubens, que posfède M. Mechel à Bâle, la tête de Christ eft abfolument la tête de Rubens.

ble d'ofer en tracer quelque image.   Quel mortel fe hazarde à peindre le
foleil dans tout fon éclat! (1)

(1) Quiconque eft tenté de trouver réunis dans le même volume tout ce qui fût écrit de
raifonable fur la figure du Christ jusqu'en 1685 —— peut confulter l'ouvrage intitulé
*M. Joh. Reiskii exercitationes hiftoricas de imaginibus Jefu Christi, quot quot vulgo
circumferuntur &t. Jenæ, typis Joh. Jac. Bacchoferi anno* 1685. Cet auteur s'eft
donné beaucoup de peines pour rasfembler tout ce qui a été dit pour & contre ce qu'on
appelle *imagines* , αχειροποιησους & Χειροποιησους, foit ftatues ou médailles. Il employe
une érudition infinie à démontrer qu'il n'en eft aucune d'authentique.

On y trouve quelques gravures des médailles du Christ de la premiere clasfe c. à. d.
des plus anciens tems avec leurs infcriptions & tous les accesfoires , mais ces figures font
tellement horribles, qu'au premier coup d'oeil, tout homme qui a des yeux, fans avoir
befoin d'entreprendre aucune autre recherche, eft forcé de dire. Il n'y a là pas un trait
de J. C.

On n'y trouve point d'autres defcriptions de la figure de J. C. que les lettres déjà connues
de *Lentulu* & de *Nicéphore*, mais beaucoup d'hiftoires de miracles opérés par quelques
unes de ces images, & qui pouvoient êtrz très bien adaptées aux intentions particuliéres
de l'auteur.

Un ouvrage encore plus digne d'être lû, ce font les *Noctes Christianæ auctore Johan-
ne Fechtio Exercit.* X. p. 359 & 388.

De ce dernier, je crois devoir citer encore quelques pasfages qui méritent, ce me femble, de ne pas demeurer enfévelis dans le Chaos d'une érudition ausfi faftidieufe.

,, Ornabant humanam in Christo naturam eximia animi corporis que dona, quæ ex
,, divina imagine, præfervante materiam generandam ab omni vitio fpiritu fancto, for-
,, mata fuerant, profluxerunt.   Utpote animi mundities peccare prorfus nefcia. Es.
,, LIII. 10. Dan. IX. 24. Immortalitas animæ interna, Rom. VI. 23. quamquam morti
,, fefe liberrima voluntate fubjecerit. Joh. X. 17, 18. Corporis incorruptibilitas. Pf.
,, XVI. 10. Et formæ elegantia, inqua fine dubio factum divina manu Adamum fu-
,, peravit. Pf. XL. V. 3. Etfi illa temporis fuccesfa injuriis externis cesferit, defor-
,, mitatique noftri caufa locum reliquerit. Es. LIII. 3. Pag. 293.

,, Solum autem virtus vel perpulchrum corpus apparet, et in carne efflorefcit, mode-
,, rationis fpeciem amabilem oftendes, quando mores tamquam lux quædam in forma
,, refplenduerint. ——— Neque etiam vel Deum ipfum, qui pulcherrimus eft, et virtu-
,, tem,

„ tem, quæ proximo a Deo gradu pulchritudinem participat, pulchra imaginari animo
„ noſtro poſſumus, niſi ad modum corporum aptam nobilitatum divinarum aut partium
„ virtutis figuram, cum quadam naturæ eorumdem ſuavitate intellectui quaſi præſen-
„ temus Pag. 362, 363. ——— Nihil obſtat quin dicamus, eo magis coeteris omnibus
„ formoſiorem fuiſſe Chriſtum, quominus proprii et nativi vitii, quo cæteri abundant,
„ in ſeſe poſſedit Pag. 375. „ Qui non ex viro, ſed Deo natus eſt, is et pulchritudi-
„ nem Dei, ſecundum eam partem, qua ex Deo natus eſt, (eſt autem Chriſtus juxta
„ corpus etiam ἐπελτοσεωσ nai ἐπελιοσεως μεέλκονισσεως ʽυγιυ genitus) ita ſibi attrahit
„ ut Dei opus ipſa micans in facie majeſtas et oculorum fulger inſinuet atque decla-
„ ret. ——— Niſi enim habuiſſet et in vultu quiddam ſiderum nunquam eum ſtatim ſe-
„ cuti fuiſſent Apoſtoli, nec qui ad comprehendendum cum venerant, corruiſſent
„ Pag. 419.
„ Si, quibus Deus aliquando ad pauxillum temporis ſpatium arctius conjunctus fuit,
„ hoc pulcriores, habilioresque effecti ſunt, quod Moſis παλλιπροσωπου et Petri atque
„ Jacobi et Joannis aliorumque gloriæ divinæ civium, inſigni claritate et pulchritudine
„ lucentium, exemplo palet, multo elegentior multoque pulchrior reddituris, qui
„ πᾶνπληρωμα της θεότητος unitisſime ſibi habuit copulatum Pag. 442.

„ Forma itaque Θεοπρεπησ faciem lætam et alacrem, animum hilarem et erectum,
„ ipſis ſeſe vultus lineamentis cum inſigni jucunditate et admiranda ſuavitate oſten-
„ dentem deſignat Pag. 446.

„ Enim vero, inquit auctor religionis medici, artem quondam phyſiognomicam esſe
„ arbitror, qua clasſici iſti rogatores uſi, miſericordem oris aſpectum continuo internos-
„ cunt, et in quo vultu ſignaturas, et indicia humanitatis conſpiciunt, cum e media
„ turba ſibi adoriendum ſeligunt. Habet enim vultus myſticos quosdam characteres,
„ animam ipſam exprimentes, quorum alphabethum quicunque calleat, ingenium ipſum,
„ ex fronte legerit. Quo itaque quis pulcrior facie eſt, eo diviniùs de eo divinamus in-
„ genium, cumque, juxta Ariſtotelem, non tam facile ſit, animi pulchritudinem, quam
„ corporis intueri, natura plerumque hoc præſtat, ut qualibet cuilibet homini animum

Dd 3

En-

„ finxerit, in ipfo quafi frontis veftibulo manifeflet. Quamquam enim nonnunquam
„ exiftant animo quam forma meliores, nonnunquam vero formofitas corporis cum de-
„; formitate certet mentis, adeoque decipiant multoties, quæ ex vultu habituque fumun-
„ tur de hominum indole atque moribus conjecturæ, fi præfertim negligentius exer-
„ ceantur, in Christo tamen nulla prorfus caufa eft, cur habitus corporis cum bitu
„ mentis non amicisfime confpiret. Exquo isfo non tandum id fequitur, quod infert
„ Vavasfor: non deformem esfe debuisfe Christum, fed et id, quod nos volumus:
„ ideo externas fignaturas pulcerrimas fuisfe, quia ab interna ejus conftitutione non
„ difereparant Pag. 78ɔ.

„ Si mediocri forma, quod vult Vavasfor, fuerit Christus, documentum equidem
„ facto fuo dedit mortalibus, exellentem; fi adfit, corporis formam, non plurimi æfti-
„ mandam esfe, fi defit, non admodum flagitandam. Si vero præ cæteris præftitit
„ pulcritudine, incitamentum nobis fuit, ut ad recuperandam in nobis imaginem divi-
„ nam, cujus effectus eft eximia corporis fpecies, christianam operam impenderemus;
„ cujus exemplo certi esfe posfumus, ad eandem nos cum ipfo, et majorem pulcritudi-
„ nem quondam perventuros esfe, fi vitam pariter ipfius et mortis pro divina veritate
„ promptitudinem imitemur.”

Voiés Pag. 9. —— Je ne dois pas encore oublier ici les têtes de Christ publiées par
Yunker en 1777. On regrette que la plupart ayent été fi mal éxécutées.

ADDITION

1.

2.

ADDITION A.

DEUX TÉTES DE CHRIST DE PROFIL.

Que la partie supérieure de ces deux profils est rude, indigne du Christ! Au lieu de force on ne voit sur ce front que de l'entêtement. Combien peu naturelle est la transition antique mais hebraïsée de ce front au nez, qui d'ailleurs n'est pas sans noblesse & contraste singulièrement avec ces lévres si vulgaires, & surtout avec la trivialité sanguine de la lèvre supérieure. Ce regard fixe est plutôt d'un visionnaire que d'un génie élévé qui d'un coup d'oeil embrasse la plus vaste étendue; il est plus rêveur qu'il n'est pénétrant. Ce grand espace entre la paupière & les sourcils, a quelque chose de fade & d'inanimé. La forme du crane désigne une forte mémoire, une tête mécanicienne, à qui l'idée de résusciter les morts d'un seul mot, ne pût jamais venir.

L'autre profil, désiné par Chodowiecki, est plus noble, sans avoir pourtant beaucoup d'énergie. Le front, le nez, si vous en exceptez la partie inférieure de la narine, a du repos & de la Grandeur; l'oeil, avec de la finesse & de la vérité, paroit un peu languisfant; les sourcils annoncent du calme, mais rien de ce qui rend capable de grandes actions; le passage du nez à la bouche est ausfi commum, ausfi froid que posfible. Il y a dans la bouche de la délicatesse & du sentiment; mais le desfin du menton est vague & sans force; l'oreille est belle, mais n'est pas asfez mâle; le contour du haut & du derrière de la tête, excellent. L'attitude & le regard est d'un esprit oisif & curieux, mais qui considére cependant les objets avec réflexion.

PLANCHE XXXV.

ADDITION

ADDITION B.

UN CHRIST D'APRÈS UN ORIGINAL TRÈS ANCIEN QUE LA FABLE DONNE POUR ÊTRE D'APRÈS NATURE.

Dès la premiere vue, cette très ancienne image de Christ, même sans aucun égard au prix que lui donne la tradition comme relique, paroit avoir quelque chofe de frappant, & tenir du portrait. Il eft ausfi très remarquable que dans toutes les images de Christ on fe foit plus ou moins rapproché de ces traits principaux. Ce profil eft donc bien la tête ordinaire de J. C., telle qu'on la retrouve dans mille & mille copies différentes, & presque dans toutes les familles. Le caractère dépourvu de graces, ce caractère diftinctif de la nation juive, que *West* cherche dans le front & principalement dans la courbure du nez, s'y trouve réuni d'une manière très fenfible avec l'expresfion d'une bonté modeste, d'une ame fimple & paifible; une religieufe innocence femble répandue fur tout vifage; dans l'oeil dont, le desfin eft très incorrect, elle a quelque chofe de contraint, d'inquiet, de monacal; c'eft dans la bouche qu'elle fe montre de la maniere la plus aimable. Plus on confidere cette image, plus on femble partager le calme élévé qu'elle refpire. Il eft vrai qu'on n'y trouve rien de cette fupériorité, de cette force, de ce génie, qu'on fe plait tant à voir dans les têtes idéales du Christ, cette tête eft ausfi loin des belles formes des Divinités anciennes, que de la fublimité majeftueufe fans laquelle notre imagination ne peut fe repréfenter l'image du Maitre & du Sauveur du monde.

PLANCHE XXXVI.

Profil de Christ.   d'après un Maître anonyme.

ADDITION C.

PROFIL DE CHRIST.

Quelle différence entre ce Christ moderne, mais d'un faire antique, & le précédent! Combien ce profil grec, ce contour emprunté de l'Apollon Mesfagète doit plaire infiniment davantage, & bien plus universellement! il est beau, rempli de gout, loin du vulgaire & du mesquin, loin de toute apparence de grimace. Mais existe-t-il, peut-il exister un semblable profil? La largeur du nez, pris de la racine, cette suite naturelle du front qui s'avance hors de la ligne perpendiculaire, ferait-elle vraiment belle, ou n'est-elle pas plutôt une monstruosité pour des yeux non prévenus? En cherchant à donner de la grandeur aux traits, n'en détruit-elle pas l'ame & la vie? Peut-on trouver dans ces regards fixes de l'énergie & de la majesté? Vers le milieu du nez, l'idéal de cette apothéose se rapproche du vrai, du naturel, de l'humain. Il n'y a point de rapport entre le bas & le haut de ce visage, entre la finesse de la pointe du nez et l'air fade de sa lourde racine, entre la bonté qu'exprime la bouche & la dureté de ce front de marbre. Il suffira de couvrir tour à tour de la main une moitié de cette tête, pour s'assurer que ce profil n'a point l'ensemble de la Nature, que c'est comme la vision de Nabuchodonosor, un mélange incohérent d'or, d'airain, de fer & d'argile.

PLANCHE XXXVII.

———————————————

ADDITION D.

UN CHRIST D'APRÈS UNE PEINTURE TRÈS ANCIENNE.

C'eſt avec beaucoup plus de grace & de dignité, que le caractère d'une grandeur énergique, d'une bonté puiſſante, eſt exprimé dans cette gravure faite d'après un très ancien tableau. C'eſt un viſage qui parle ſans vouloir parler, ce ſont les traits naturels de la vertu, c'eſt ce genre de beauté que les Grecs appellaient *Kalo Kagathia*, cette beauté pure & céleſte comme la lumiere du ſoleil, & qui, comme elle, immuable, animé, éclaire, échauffe tout ce qui l'entoure.

Que de force & de nobleſſe dans ce beau front ouvert, dans l'arc de ces ſourcils! Et, dans les yeux quelle ſérénité, quelle douceur, quel repos! Les larges contours de ce nez, indiquent tout à la fois la prudence, la fineſſe & la droiture. Ceux du haut de la joue ſont faux & mesquins; la bonté qu'exprime la bouche a trop de moleſſe.

Combien ce viſage contraſte avec le deſſin ci-deſſous, tiré de la *Roma Sotterrania*, & qui n'offre qu'un amalgame rébutant de ſimplicité, de rudeſſe, de violence & de ſtupidité . . . .

PLANCHE XXXVIII.

ADDITION

Un Christ, d'après une Peinture très ancienne.

un Christ, d'après une Peinture ancienne.

ADDITION E.

UN CHRIST D'APRÈS UNE PEINTURE ANCIENNE.

De toutes les têtes qu'on vient de voir jusqu'ici, c'est à mon gré, la plus aimable, la plus gracieuse, la plus humaine, celle qui m'inspire le plus de confiance (1). Elle n'a rien d'idéal ; elle est prise toute entière dans le monde réel. Je n'y vois pas le plus beau des fils de l'homme, mais la grace & la vérité font cependant répandues sur ses lévres. O saint, unique ami de l'humanité! quand même ton regard n'eut été qu'aussi pur, aussi doux qu'il l'est dans ces yeux, comme tu devais savoir & donner & pardonner!

Je ne développe rien, je n'analyse, je ne critique rien, mon regard repose sur le doux repos de ce visage, & je jouis en silence du paisible sentiment de bonheur qu'il me fait éprouver. Ces yeux semblent adresser continuellement à mon ame cette demande si touchante — Simon fils de Jonas m'aimes tu? Ne crains rien — sois seulement fidèle! Et son irrésistible force perce jusqu'à la moelle des os.

Voici

(1) Le portrait original est d'un maître inconnu, &, quoique je le posféde moi même, j'ose dire que je n'ai jamais vû de tête dans laquelle il y eut plus de naturel & de vérité. La gravure n'a pas complétement réussi; le trait en est beaucoup trop dur. ——

Voici une autre tête encore d'un caractère fin, noble, généreux, rempli de raison —— mais c'est plutôt la tête d'un Anglais, que celle d'un Juif, plutôt celle de quelque homme d'une éducation distinguée, que celle d'un Christ. Néanmoins, lorsque vous verrez ce front, ce nez, ces yeux, arrêtez-vous, tâchez de lire au fond de l'ame de cet homme, & dites lui: Permettez moi de vous suivre quelque part que vous alliez.

Planche XXXIX.

ADDITION

Un Christ corrigé, d'après Holbein.

ADDITION F.

UN CHRIST, CORRIGÉ D'APRES HOLBEIN.

Il y a dans cette téte de Christ quatre traits de caractère principaux, qu'il eſt rare de voir réunis d'une maniere ausſi frappante, ſimplicité, force, fidélité, dévotion. Ce qu'il y a de diſtingué, de grand dans ce viſage, tient ſurtout a l'allongement de ſa forme carrée, à la juſte proportion des parties dominantes, au parallélisme horizontal des ſourcils, des yeux, du nez, de la bouche, à la poſition perpendiculaire de ce nez à large dos; la mine dit beaucoup moins que la forme même des traits; l'attitude a du repos & de la dignité.

Planche XL.

Ee 3

ADDITION

ADDITION G.

HORUM EST REGNUM CŒLORUM.

CHRIST AVEC LE PETIT ENFANT, D'APRÈS WEST.

En renonçant à tout autre genre d'expresfion, l'artifte ne voulut faire resfortir que cette fimplicité célefte qui fe plait à fe rapprocher de l'enfance. C'eft le caractère que l'on retrouve dans toutes
les parties ifolées, comme dans l'enfemble du tableau. Sur le tout eft
répandue une ingénuité pure & touchante.

On n'apperçoit nulle part la moindre trace d'embarras. ni d'affectation, rien de pénible, d'étudié, de factice. Le peintre femble n'avoir
été occupé que du foin de ne laisfer échapper aucun trait d'une nature maniérée ou commune. Un refpect religieux pour le modèle que
s'étoit créé fon imagination, paroit avoir guidé fon pinceau. Il a mieux
aimé lui donner moins, que de lui prêter quelque chofe de vulgaire
ou d'ignoble. La tête de Chrift eft la moins achevée, & la copie
n'en eft pas asfez éxacte; peut être eft-elle un peu trop petite ausfi
pour la hauteur de la ftature : le peintre a voulu trouver de grands
traits fans aucune efpèce d'effort.

La ligne du milieu de cette bouche parlante, n'eft pas ausfi prononcée dans l'original. Je penfe que fans nuire à l'enfemble, & pour
être encore plus en harmonie avec la lèvre inférieure, vers le milieu
du moins, la lèvre fupérieure pourrait être un peu plus élévée. Cette bouche d'ailleurs refpire la bonté la plus noble, & fur tout la fidélité la plus fimple & la plus intéresfante.

Les

Horum est Regnum Coelorum.

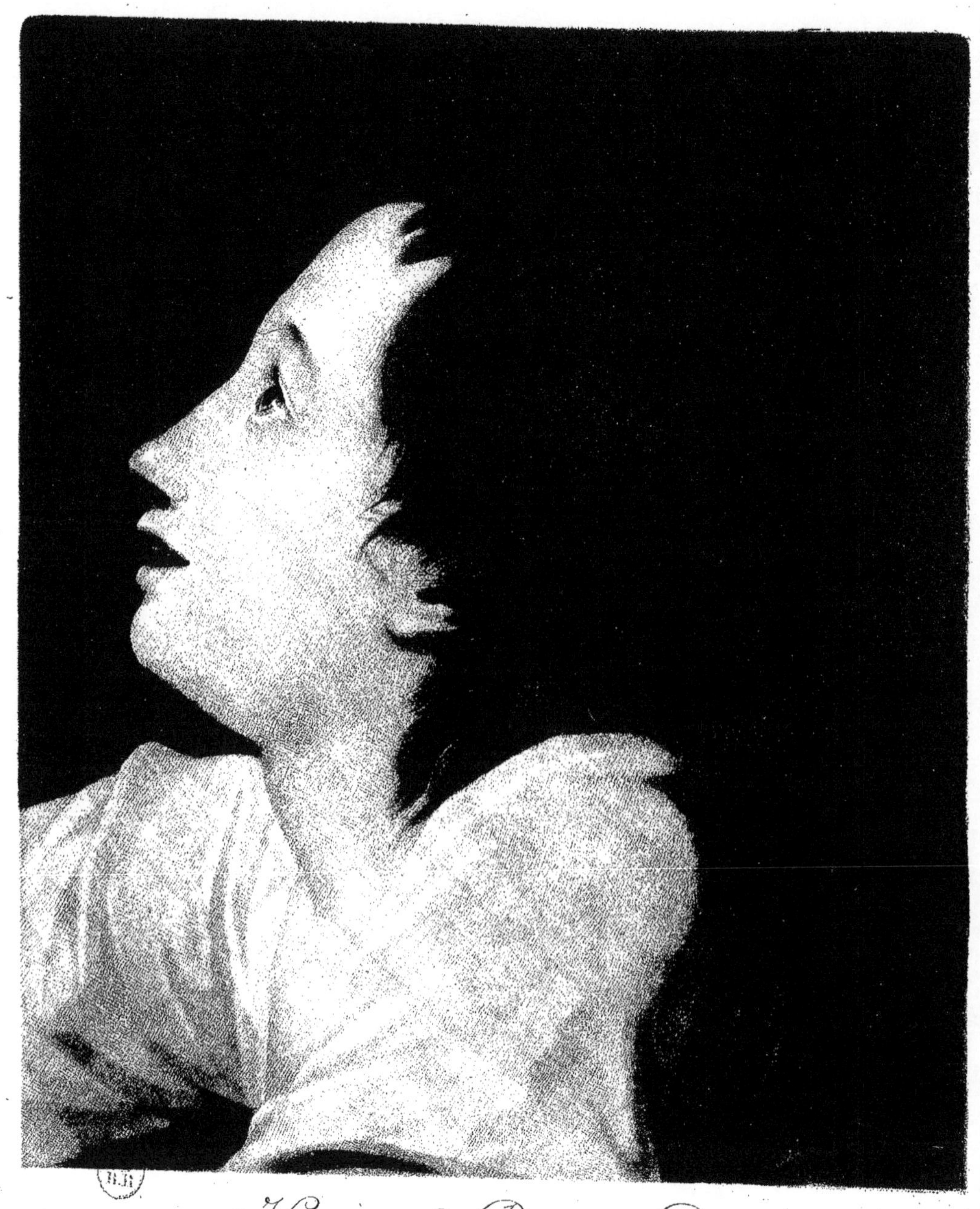

Horum est Regnum Dei.
West pinxit Londini.
Pfenninger delineavit Turici.
J. Elias Haid Sculpsit Augustæ Vindelicorum.

Les mains font d'une grande vérité, d'une expresfion parfaitement d'accord avec l'enfemble de la figure; elles ne font pas feulement d'un desfin parfait, elles portent encore un caractère admirable de noblesfe, de douceur & de fimplicité. La jointure antérieure du doigt index eft un peu manquée dans la copie.

La figure de l'enfant, fes traits, fon maintien, fon regard, fa pofition, tout refpire l'heureufe fimplicité de l'enfance; cette attitude fi franche, fi loin de toute gêne académique, annonce feule d'abord la grande penfée dont l'artiste fe fentoit animé. Ce qui me plait beaucoup encore, c'eft que cet enfant n'a rien d'idéal. On peut voir de plus beaux enfants, mais non d'un caractère de fimplicité plus pur (1). C'eft fous ces traits que je me repréfente l'image du peintre lui-même dans la première innocence. Le front, le nez, paroîfent avoir du moins quelque rapport avec le fien. J'eusie defiré que la lèvre fupérieure fût un peu plus prononcée, un peu plus en avant, un peu plus éloigné du nez. La planche quarante deuxième offre l'enfant dans de plus grandes proportions, & plus éxactement que la planche du 3me. volume, mais non pas avec toutes les corrections pourtant que j'avois demandées.

(1) Dans l'original du Tableau cet enfant eft d'un coloris inimitable, fi doux, fi harmonieux, fi célefte, que le peintre femble avoir trempé fon pinceau dans les couleurs fraicihes du matin le plus pur.

Planche XLI et XLII.

ADDITION

ADDITION H.

ECCE HOMO, D'APRÈS CARLO DOLCI.

Quelque beauté, quelque charme même que puisse avoir cette tête de Christ, elle n'est pas entiérement à mon gré. Je lui trouve quelque chose de trop maniéré, de trop théatral, plus de grace que de grandeur. Ce n'est pas là l'homme de douleur à qui sur Gabbatha purent s'adresser les cris d'une multitude furieuse, crucifiez-le! crucifiez-le! — Il régne à la vérité dans tous les traits de ce visage beaucoup de bonté, de sublime innocence; on n'y voit rien de déplacé; nul pli qui vous blesse; les sourcils sont noblement arqués, mais l'air en est trop virginal. Cet oeil ne fut jamais susceptible d'un regard héroïque; il a l'expression trop languisfante, trop voluptueuse; le nez est admirable — sur la bouche respire une tranquille bonté, le doux abandon de la patience. Cette bouche plaintive semble dire, je souffre innocemment; mais pourroit-elle dire jamais: ,, Malheur sur vous scri-,, bes et pharisiens?'' jamais: ,, Je ne suis pas venu pour apporter la ,, paix, mais le glaive.''

Les cheveux sont bien touchés. Toute la position de la figure décèle une étude profonde; le cou, la poitrine, font d'une belle harmonie, & l'on y reconnait cette vérité franche & naturelle, qui, propre à ce grand maître, se distingue, avec tant de graces, des scrupuleuses anatomies de *Michel — Ange*, & de l'éxactitude minutieuse de *Léonard de Vinci*.

PLANCHE XLIII.

ADDITION

Ecce Homo.

ADDITION I.

ECCE HOMO D'APRÈS LÉONARD DE VINCI.

Une inexprimable douleur, une humilité plus inexprimable encore, réunies au repos d'une sainte longanimité, de la charité la plus patiente, voilà ce qu'offre ce beau Tableau. J'y trouve beaucoup de vérité, de naturel, mais point de grandeur idéale, pas même asfez de dignité. Ce n'eft que l'image du Nazaréen, ce n'eft point là le Roi d'Ifraël, le fils du Dieu qui créa la terre & l'univers; ce n'eft point la face de celui qui jugera les vivans & les morts — Nos paroles & nos pinceaux, Seigneur, péchent également contre toi! Elle eft froide, inanimée, morte, même la meilleure image de l'humilité divine qui fe laisfa couronner d'épines & battre de verges jusqu'à la mort pour nous indignes pécheurs!

Dans la Vignette ci desfous d'après un charmant tableau de *Carlo Dolci*, le vifage du Christ porte une expresfion inimitable du repos le plus religieux, de la patience la plus douce & la plus céleste, mais la tête couronnée d'épines paroît ausſi trop peu ſouffrante (1).

(1) Je ne puis m'empêcher de regarder comme une faveur ſingulière de la providence le bonheur de poſſéder les Tableaux originaux de ces deux *ecce homo*, ainſi que la plupart des têtes de Christ faites jusqu'à préſent. Avec quel doux tranſport mes regards ont ſouvent repoſé ſur ces ſaintes images!

PLANCHE XLIV.

a
INRI
b

ADDITION K.

CHRIST ENTRE DEUX BRIGANDS.

Le moment choisi par l'artiste est celui où le Sauveur dit à l'un d'eux : aujourd'hui même tu seras avec moi en Paradis : mais c'est ce que dit bien plutôt le doigt levé, que la bouche de notre Seigneur. En général le crucifié du milieu m'offre bien dans le visage & dans la figure un caractère plus noble que les deux autres, même que le commun des hommes — Mais est ce là l'expression de celui qui prit sur lui les péchés du monde? Ou de celui qui porte ses regards sur la béatitude de l'entier accomplissement des promesses divines? Sont-ce là les traits du sublime, du premier & du dernier, de l'unique? —— On peut appercevoir, quelques traces d'une douleur comprimée entre les sourcils, dans la bouche, mais il n'en est aucune ni dans les mains, ni dans le reste du corps.

On n'a pas besoin d'indiquer lequel des deux autres crucifiés est celui qui vient d'obtenir sa grace, ou lequel est le reprouvé, le pécheur endurci, vieilli dans le crime. La physionomie de celui qui est à droite, indépendamment de sa mine plus tranquille, plus sereine, plus reconnoissante; quoique suivant l'image de Klopstock, il ne s'efforce pas de s'incliner plus profondément vers son sauveur, au point de faire saigner ses plaies avec plus de violence; indépendamment, dis-je, de cette mine presque trop peu douleureuse, trop simplement contente, est une physionomie bien plus noble, plus vraie, plus délicate, plus sage, plus sensible, plus aimable sous tous les rap-

F f 2

ports,

ports, que la tête écrafée de celui qui eft à gauche & qu'on crôit voir fuccomber fous le faix de l'atrocité la plus décidée. Que l'on dégage ces traits de l'efpèce de convulfion que leur donnent la rage & la douleur; que l'on fe repréfente ce malheureux defcendu de la croix, & fauvé par celui qu'il infultoit, il n'aura pas plutôt repris fes habits & fes forces, que fe moquant de fon Libérateur, on le verra fe livrer à de nouveaux égaremens, & la dernière condition de cet homme fera pire que la première. ——

L'autre, au contraire, eut furement dit à notre Seigneur: permettez moi de vous fuivre, quelque part que vous ailliez?

Ce qu'il y a de dureté dans le vifage du reprouvé, fe fait fentir aufii, plus ou moins, dans toute l'attitude du corps, mais j'eusfe defiré que fa ftature fut encore beaucoup plus courte; les malfaiteurs les plus endurcis font ordinairement les plus trapus. On pourra s'en convaincre en parcourant les fignalemens des bandes de brigands les plus célébres. Où fe trouve le plus de force comprimée, exifte aufii le plus de tentation d'en abufer.

Et maintenant, fi je l'ofais, combien j'aimerois encore à dire un mot du fymbole dramatique le plus incomparable de l'efprit divin dans cette fituation tout-à-fait unique dans fon genre ——! mais je n'ofe le hazarder. En eft-il de plus digne d'occuper le génie & les talens du plus grands des peintres!

PLANCHE XLV.

CON-

CONCLUSION.

Ici je dépose, pour le moment . . . ma plume phyſionomique. Et dans quelle dispoſition? —— Ce n'eſt pas, mon Lecteur, avec l'orgueil du triomphe; c'eſt bien ſûrement avec le ſentiment le plus intime des vices, des fautes, des imperfections de mon ouvrage; bien ſûrement avec la conviction d'avoir fait infiniment moins qu'on ne pouvoit faire. Reſté, pour ainſi dire, à l'entrée de la carriere, je n'ai donné que de légers indices ſur les chemins que j'avois eſſayés, ſur ceux que je préſumois qu'on pourroit ſuivre, & j'ai tâché d'expoſer, ſuivant mes forces, ce que j'avois rencontré ſur ma route. Je n'avois pas promis beaucoup. Ne peut-on pas être content de moi, ſi par hazard j'ai pû faire quelque choſe de plus que je n'avois promis? Puiſſe mon coeur ſe féliciter de la douce eſpérance d'avoir, par cet ouvrage, par chacun des fragmens qui le compoſent, tâché du moins de contribuer ſous quelques rapports, aux progrès de la connoiſſance des hommes & de l'amour de l'humanité.

Je mépriſe infiniment toutes les vanités & toutes les prétentions de l'amour-propre d'auteur. Je ne mépriſe pas moins toute l'humilité qui ne part pas d'une conviction intime. Je ne puis, et je ne dois donc pas m'étendre davantage ſur le mérite ou le démérite de ces eſſais.

Des juges équitables, ſans que j'aie beſoin de le leur rappeler, s'impoſeront d'eux-mêmes le devoir de méſurer & de comparer ce qui fût fait avant moi dans ce genre, avec ce que j'ai fait de plus, avec

Ff 3

ce

ce que j'ai pû faire en raison de mon état, des circonstances où je me suis trouvé, comme des resfources que m'ont laisfées ceux qui m'avoient précédé dans la carriere. ———

Ce qu'on doit me permettre de dire encore avec franchife, c'est qu'il est un mérite du moins qu'ont ces fragmens. — Il ne s'y trouve rien d'adopté aveuglément, — jufte ou faux, — bon ou mauvais — tout fut médité, réfléchi; ce que j'offre au lecteur, comme raifonnement, comme expérience perfonelle, comme réfultat d'obfervation particulière, ou comme conjecture. — Je n'ai rien écrit, qui, de la manière dont je l'ai préfenté, ne m'ait paru vrai, que je n'aie jugé même d'une vérité utile.

Cette perfuafion est à la fin de mon travail tout ce qui me confole, me foutient, me tranquillife, — elle me rend également indifférent pour toute critique que je n'aurai point méritée.

Cette perfuafion est ausfi la feule qui pourra me rasfurer, lorsque ce monde fenfible disparaîtra devant mes yeux, lorsqu'une feule penfée abforbera toutes les autres. O! vanité des vanités! tout est vanité! ———

Dans ce foyer brulant de toutes les actions et de tous les fentimens de la vie, que renferme l'univers, qui peut porter à mon coeur un calme plus doux que toi, douce penfée? — Il n'est pour l'homme point de bonheur au desfus de celui de faire du bien par l'influence de la vérité.

Αληδευειν ἐν Αγαπη.

O mon ame! puisfes tu fans cesfe employer chaque inftant que daigne t'accorder encore le ciel, à puifer les tréfors de cette félicité dans les doux rayons de ce foleil divin qui n'est qu'amour & vérité!

S U P-

S U P P L É M E N T.

REGLES PHYSIOGNOMIQUES DÉTACHÉES.

[AVERTISSEMENT DE L'EDITEUR.

A la fin du troisième volume, l'auteur promit d'ajouter au quatrième & dernier, un supplément, qui devoit contenir un résumé de tout l'ouvrage. La mort a rendu l'accomplisfement de cette promesfe imposfible, et dégagé le défunt de fa parole. Ses héritiers cependant défirent de témoigner à fes mânes révérés leur faint refpect, en remplisfant autant qu'il eft en leur pouvoir jusqu'au moindre de fes engagemens, jusqu'au plus léger de fes voeux; ils défirent en même tems de s'acquitter de ce qu'ils doivent au public, en faifant connoitre tout ce qu'il y a d'intéresfant dans les manufcrits que le défunt a laisfés après lui. ——

On a jugé que rien ne pouvoit remplacer plus convenablement le réfumé promis, ni même en fuppléer davantage le principal objet, que la publication d'un petit ouvrage, intitulé: *Regles phyfiognomique détachées* ,, en ,, conféquence on s'eft déterminé à le donner à la fuite de ce volume.''

C'eft le dernier travail phyfiognomique de l'auteur, en quelque forte l'abrégé de toute fa doctrine; il contient les réfultats pratiques de trente huit années d'expériences & d'obfervations. ——

C'est

C'est un ami du défunt qui l'a traduit; et le caractère diftinctif des idées et du ftile de Lavater, n'a peut-être jamais été rendu dans aucune langue étrangère avec autant de foin & de fidélité, qu'il l'eft dans le traduction de ce petit écrit. (1) ——

(1) Cette traduction eft de la même plume qui, dans l'almanac Américain de 1802, a tracé le portrait de Lavater avec une impartialité fi digne & fi vraie que, dans fes critiques, comme dans fes éloges, on ne cefe jamais de reconnaître tout à la fois un efprit fidèle à fa manière de voir, un coeur plus fidèle encore au doux fentiment de l'amitié. ——

REGLES

PHYSIONOMIQUES

OU

OBSERVATIONS

SUR

QUELQUES TRAITS CARACTÉRISTIQUES.

REGLES

PHYSIONOMIQUES

OU

OBSERVATIONS

SUR

QUELQUES TRAITS CARACTÉRISTIQUES.

—————————————

I.

Le premier moment qu'un homme s'offre à vous, & dans fon véritable jour, vous prévient-il en fa faveur? Cette premiere impreffion n'a-t-elle rien qui vous bleffe, qui vous caufe aucune gêne, aucune contrainte? Vous fentez-vous au contraire en fa préfence plus libre, plus férein, plus animé, & fans qu'il vous flatte, même fans qu'il vous parle, plus content de vous même? Cet homme, foiez en fûr, ne perdra jamais dans votre efprit, il y gagnera conftamment pourvû qu'un tiers ne vienne pas fe placer entre vous & lui. La nature vous fit l'un pour l'autre. Vous pouvez vous dire beaucoup de chofes en peu de mots. Etudiez-le avec foin, & remarquez en lui les traits les plus expreffifs.

2.

Beaucoup de perfonnes gagnent à mefure qu'on apprend à les connaitre, quoiqu'au premier afpect, elles aient pû vous déplaire.

Il faut qu'il y ait entre elles & vous quelque point de diffonance, puisque du premier abord, ce qui devoit vous raprocher, ne vous a point frappé.

Il faut auffi qu'il y ait entre vous quelque rapport fecret, puisque plus vous vous voyez, plus vous vous convenez. — Cherchez foigneufement le trait de diffonnance, & fi vous ne le trouvez pas dans les contours de la bouche, n'en concevez aucune inquiétude ; mais, fi c'eft là que voûs le découvrez, obfervez avec foin dans quels momens, dans quelles circonftances, ce trait fe prononce le plus fortement.

3.

Celui dont le caractere fe reffemble le plus, & fe reffemble le moins, c. a. d. paroit auffi fimple, auffi varié, auffi fouple, auffi conftant que poffible ; l'homme qui, malgré la plus grande vivacité, l'activité la plus décidée, fe trouve toujours d'accord avec lui même ; l'homme enfin dont les traits les plus mobiles ne perdent jamais l'empreinte de fermeté qui diginftue leur enfemble, & demeurent toujours dans un rapport immuable ; voilà l'homme par excellence, qu'il vous foit facré. Par tout où vous obferverez le contraire, des disparates faillantes entre le caractère principal permanent & les traits mobiles, foyez dix fois fur vos gardes, il y a là travers ou folie.

Ta-

4.

Tâchez de faisir l'éclair d'une surprise parfaite; celui dont le visage conserve dans cet instant une expression noble & heureuse, ne laisse échaper aucun signe funeste, aucun trait de joie maligne, d'envie, d'orgueil ou de froid dédain, c'est l'homme dont la physionomie & le caractére soutiendront toutes les épreuves aux quelles on puisse soumettre de foibles mortels.

5.

Ce feront des hommes ou très prudens, ou très froids, ou très stupides, jamais des hommes vraiment sages, vraiment actifs, vraiment sensibles & délicats, que ceux dont les traits ne s'altèrent jamais d'une manière marquée.

Ce feront des hommes très prudents, si ces traits bien proportionnés, bien déterminés, font encore fortement prononcés.

Ce feront des hommes fort stupides, si ces traits font plats, fans nuances, fans caractere, fans inflexion, fans ondulation quelconque.

6.

Tout homme dont la figure,
———— ———— dont la bouche,
———— ———— dont la démarche,
———— ———— dont l'écriture, est de travers, (c. a. d. une écriture dont les lignes & les lettres suivent des directions, inégales & se croifent l'une l'autre) aura dans fa façon de penser, dans son caractère, dans fes procédés, du louche, de l'inconféquence, de la partialité, du fophistique, de la fausfeté, de la rufe, du caprice, des contradictions, de la fourberie, une imbécillité dure & froide.

 D U

7.

DU FRONT.

Lorsqu' un front noblement vouté fe diftingue entre les fourcils (fur-tout fi les fourcils font marqués, fournis, réguliers) par le pli fenfible d'une ligne perpendiculaire, mais non pas trop prolongée, ou par deux plis paralléles du même genre, c'eft fans doute un front de la premiere grandeur. De pareils fronts n'appartiennent fûrement qu'à des caractères d'une prudence confommée & d'une maturité mâle. Si vous trouvez des fronts de cette efpece à des femmes, ce fera l'indice infaillible d'une fageffe, d'une honnêteté rae, d'une fierté digne du trône, unie à la plus douce modeftie.

Un

8.

Un front ayant, foit au milieu, foit plus bas, une cavité plus ou moins allongée, mais à peine perceptible, annonce de la foibleffe — je dis à peine perceptible; car, cette même cavité plus marquée, tout eft changé.

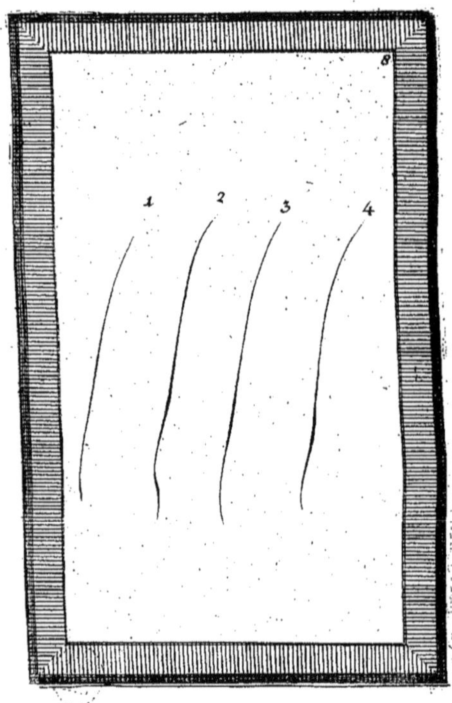

9.

Des fronts allongés, avec une peau fortement tendue & très unie, fur lesquels on n'aperçoit, même à l'occafion d'une joie peu commune, aucun pli doucement animé, font toujours l'indice d'un carac-tère froid, acariâtre, foupconneux, cauftique, opiniâtre, fâcheux, rempli de prétentions, rampant & vindicatif.

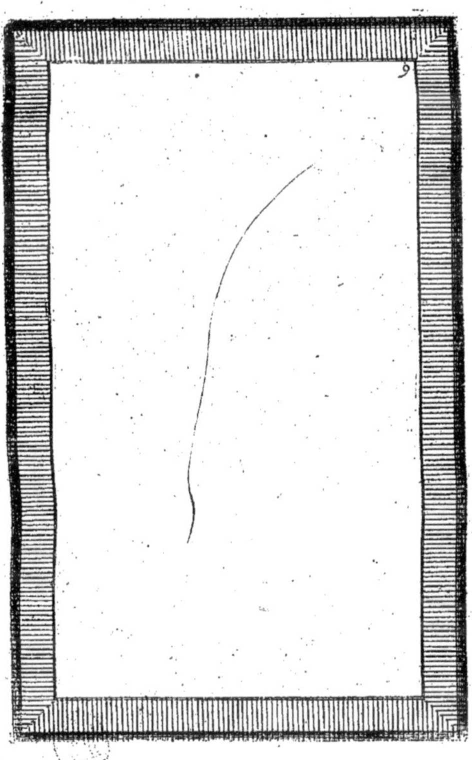

Un

10.

Un front très en avant, mais dont le haut se replie fort en arriere ;
avec un nez arqué, & la partie inférieure du visage très allongée,
ce sont les traits d'un homme qui chancelle sur les bords de l'abime de
la folie.

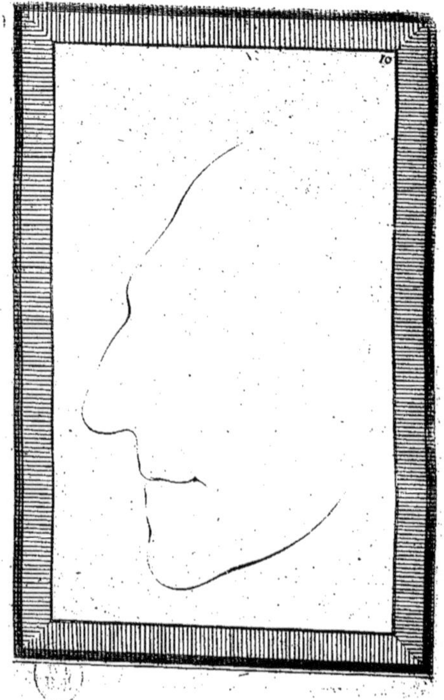

I·I.

Un front qui du haut penche en avant & s'enfonce vers l'oeil, eſt dans un homme fait, l'indice certain d'une imbécillité ſans reſſourçe.

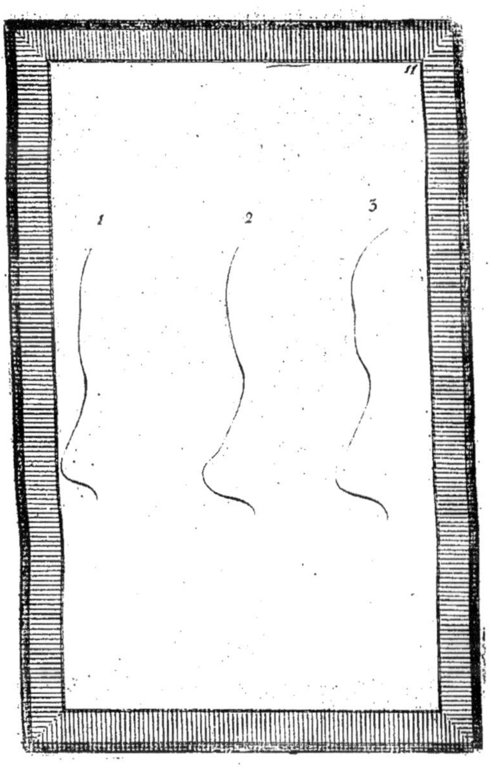

12.

Moins on apperçoit fur un front de finuofités, de voutes, d'enfonce-mens, plus on y trouve de furfaces planes, ou de contours qui paroiffent rectilignes, plus on peut s'affurer que c'eft le front d'un homme ordinaire, d'un homme médiocre, pauvre d'idées, incapable d'invention.

N°. 4. n'eft pas fort intelligent, mais il l'eft plus que 3. plus que N°. 2 & 1.

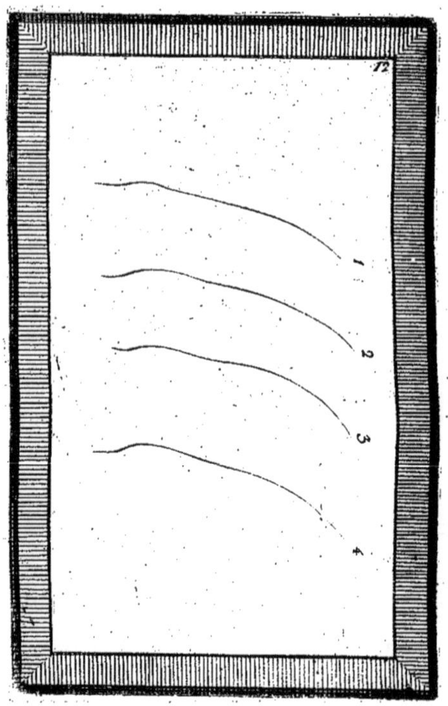

13.

Il y a de beaux fronts, bien voutés, qui semblent annoncer de la grandeur & du génie, & qui cependant tiennent presqu'à la démence, à l'imbécilité; c'est au défaut, ou bien au désordre, à la confusion de leurs sourcils, que l'on distingue cette fausse apparence de sens ou d'esprit.

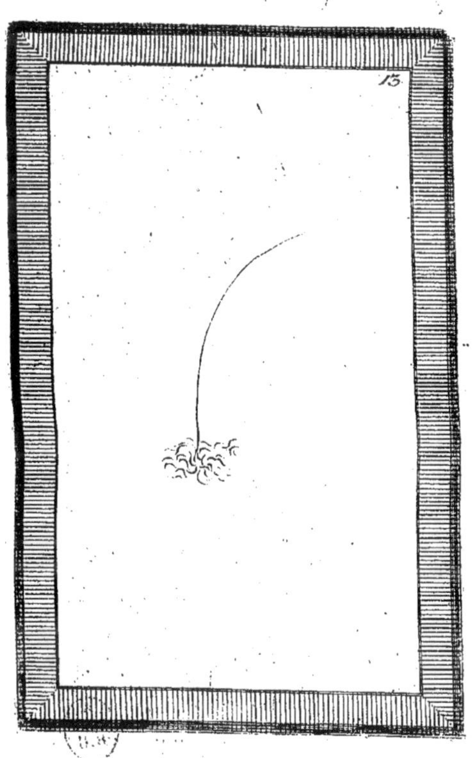

Des

14.

Des fronts longs & vers le haut noués en formes plus ou moins fphériques, penchent rarement & fort peu en arriere. Les fronts de
ce genre réuniffent invariablement ces trois caractères; des apperçus de
génie, avec un efprit peu capable d'une analyfe tranquille, de l'inconftance & de l'opiniâtreté, de la froideur & de l'emportement; à ces contraftes
ils joignent d'ailleurs quelque chofe de noble & de délicat.

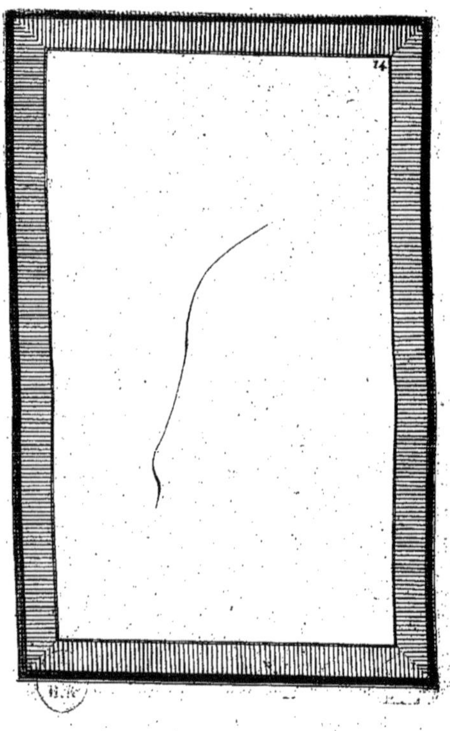

Des

15.

Des plis obliques au front, furtout fi le hazard fait qu'ils fe trouvent parallèles ou le paroiffent, décélent infailliblement une pauvre tête, un efprit faux & foupçonneux.

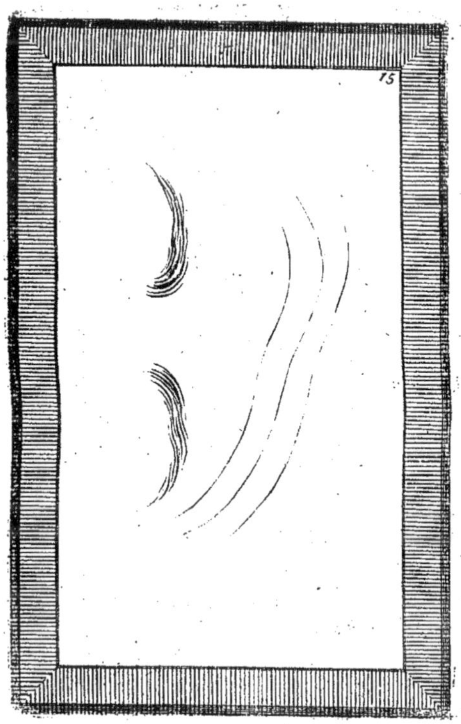

Des

16.

Des plis de front parallèles, réguliers, pas trop profonds, ou de pareils plis coupés parallèlement, ne se rencontrent guères que chez des hommes trés judicieux, sages, probes & d'un sens droit.

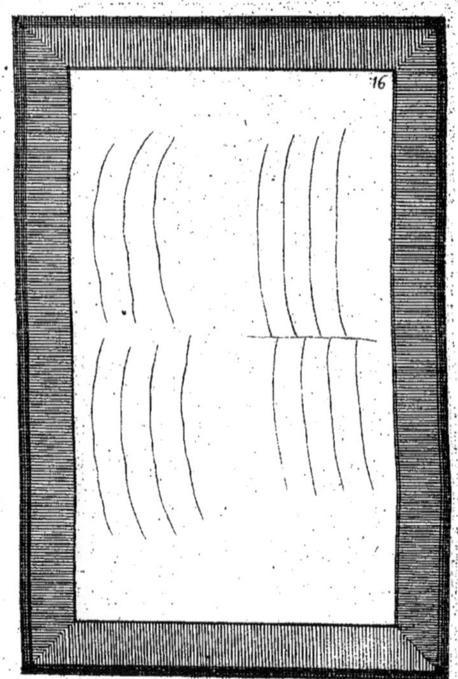

17.

Des fronts dont la moitié supérieure est sillonnée de rides fort di-stinctes, & surtout circulaires, tandis que l'autre moitié se trou-ve sans aucune ride & très unie, font la marque infaillible d'un esprit stupide, incapable, ou peu s'en faut, de toute espèce d'abstraction.

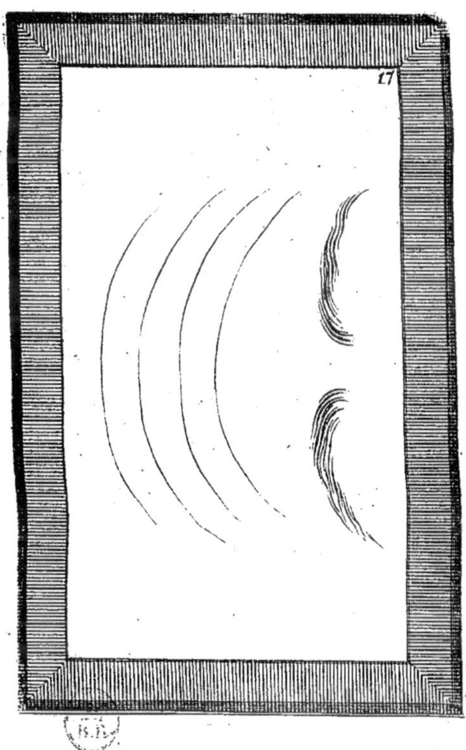

Des

18.

Des plis au front, qui, à la plus légère contraction de la peau, s'abbaiſſent fortement vers le milieu, doivent faire ſoupçonner un caractère foible. Si les traits en-font permanens, imprimés profondément, plus profondément inclinés encore, ne doutez plus que ce ne ſoit de la foibleſſe ou de la ſtupidité, accompagnée d'un eſprit de léſine & de minutie, mais n'oubliez pas que les génies les plus féconds en talens, ont ordinairement au front une ligne qui s'abbaiſſe d'une maniere ſenſible vers le milieu, sur trois lignes parallèles & presque horizontales.

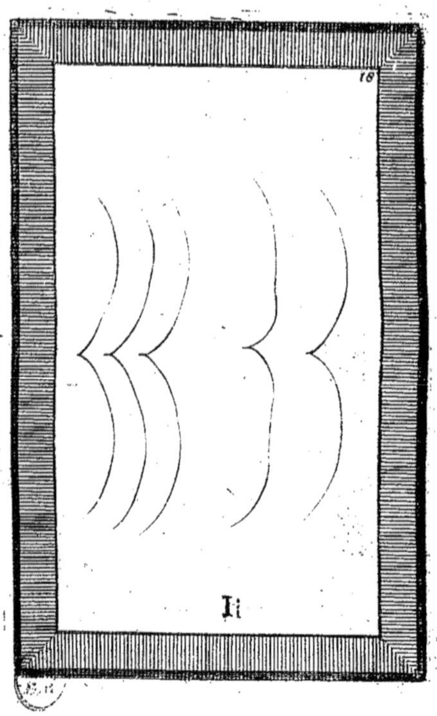

19.

Des plis confus, très marqués & luttans p. a. d. les uns contre les autres, décèlent toujours un caractère sauvage, brouillon & difficile à manier.

Exiſte-t-il entre les ſourcils une ſurface carrée, de la forme à peu-près d'une porte abſolument plane, & qui ne ſe ride jamais, quoique ce qui l'entoure ſoit rudement ſillonné dans tous les ſens, c'eſt le ſigne certain du plus haut degré de foibleſſe & de confuſion dans les idées.

Tous

20.

Tous ceux dont le front a des lignes

    aiguës,

    confufes,

    obliques,

lorsque l'oeil fixé de côté, la bouche fe-mée, ils épient attentivement, ce qui fe dit près d'eux, à toutes les bonnes qualités qu'ils peuvent avoir, allieront toujours de la rudeffe, de la dureté, de l'indifcretion, des vues ambitieufes, un efprit foupçonneux.

21.

Y E U X.

Des yeux très grands, d'un bleu fort clair, & vus de profil, presque transparens, annoncent toujours une conception facile, étendue, mais en même tems un caractère extrêmement fenfible, difficile à manier, foupçonneux, jaloux, fufceptible de prévention. Ce font auffi presque toujours des hommes d'un tempérament voluptueux, & très enclins à la curiofité, je dirois presque à l'efpionage.

22.

De petits yeux noirs étincelans fous des fourcils noirs & touffus, qui paroisfent s'enfoncer lorsqu'ils fourient malignement, annoncent presque toujours de la rufe, des apperçus profonds, un efprit d'intrigue & de chicane: Si de pareils yeux ne font pas accompagnés d'une bouche moqueufe, ils défignent un efprit froid & pénétrant, beaucoup de gout, de l'élégance, de la précifion, plus de penchant à l'avarice qu'à la générofité.

Des

23.

Des yeux qui vus de profil, femblent presque de niveau avec le profil du nez, sans être pourtant à fleur de tête, fans reffortir de deffous les paupieres, indiquent conftamment une organifation foible , & fi cette premiere indication n'eft pas démentie par d'autres traits bien prononcés, une forte d'imbécilité.

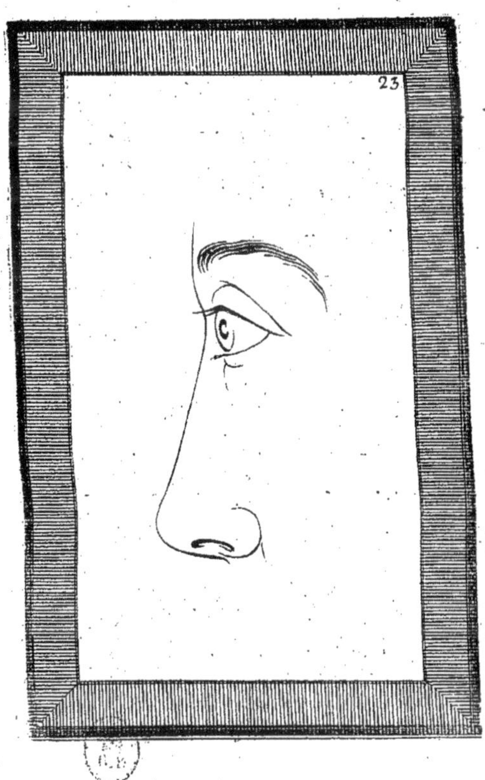

24.

Des yeux dont les angles font longs, aigus, furtout fi la direction en eft horizontale, p, a, d, s'ils ne penchent pas en bas, avec des paupieres épaisfes & qui femblent couvrir la moitié de la prunelle, font des marques de génie & d'un temparement fanguin.

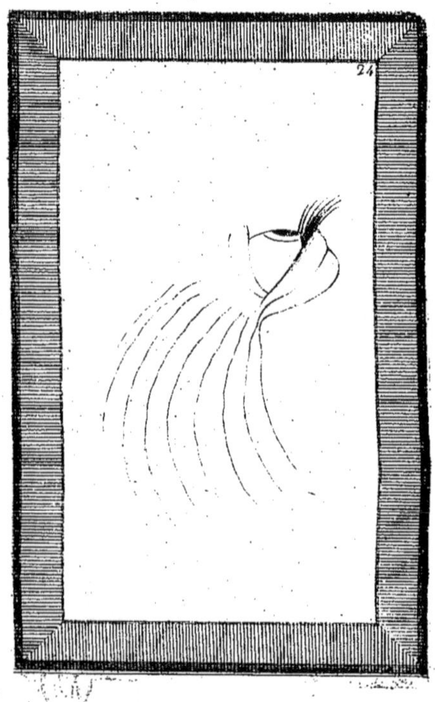

Ii 3

Des

25.

Des yeux qui ne jettent point de plis du tout, ou qui jettent beau-coup de petits plis allongés, toutes les fois qu'ils veulent expri-mer la joie ou la tendresse, n'appartiennent qu'a des caractères plats, foibles, pusillanimes, ou totalement imbécilles.

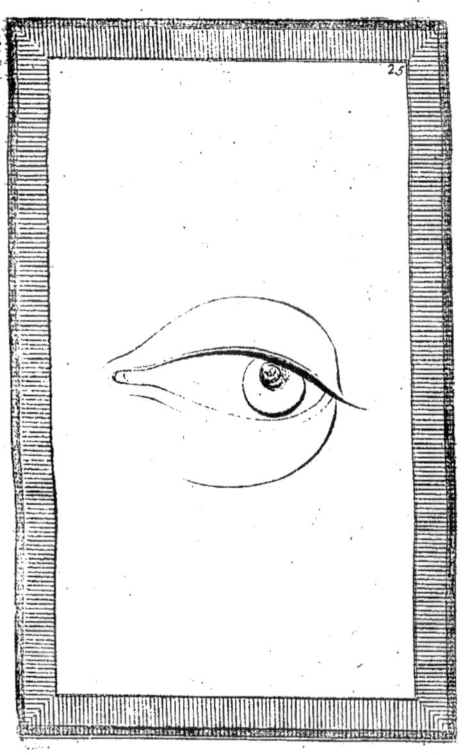

Des

26.

Des yeux grands, ouverts, d'une clarté tranfparente, & dont le feu brille avec une mobilité rapide dans des paupieres paralléles, peu larges & fortement desfinées, réunisfent trés certainement ces cinq caractéres — une pénétration prefte — de l'élégance & du gout — un tempérament colére — de l'orgueil — un penchant extrême pour les femmes.

27.

Des yeux aux fourcils faibles, minces, p. a. d. épilés, aux cils longs, arqués, dénotent tantôt une conftitution faible, tantôt un efprit mou, fombre & phlegmatique.

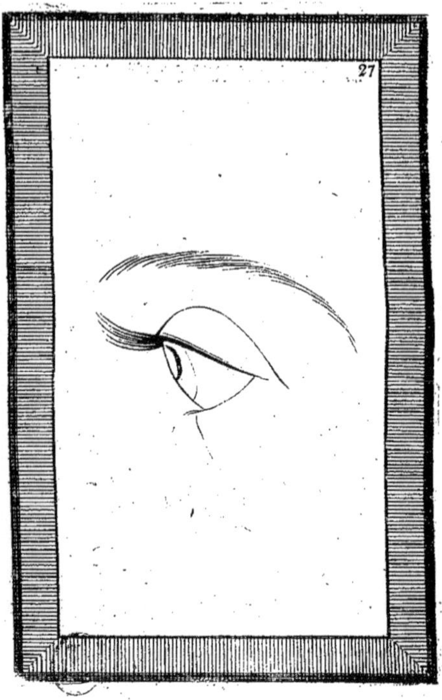

Des

28.

Des yeux qui, exprimant tout à la fois la force & le repos, paroissent faisir rapidement & pénétrer avec douceur, dont le regard rappelle un ciel serein, mais entremêlé de nuages, des yeux languisfans, fondans, mobiles avec une forte de lenteur, qui femblent écouter en regardant, attirer, favourer, fi j'ofe m'exprimer ainsi, leur objet, lui prêter leur teinte & leur couleur, de tels yeux, vrais organes de la jouisfance la plus voluptueufe & la plus fpirituelle, ne font jamais bien ronds, jamais entiérement ouverts, ni trop avancés ni très faillans; ils ne forment jamais ni un angle obtus ni un angle aigu vers le bas.

De

29.

De petits yeux bleus fans éclat, enfoncés, fortement deffinés fous un front osfeux presque perpendiculaire, rentrant vers le bas, très fensiblement arrondi vers le haut, n'appartiennent qu'à des hommes remplis, à la vérité, de prudence & de pénétration, mais en même tems aussi d'orgueil, de foupçons, d'un caractère dur & froid.

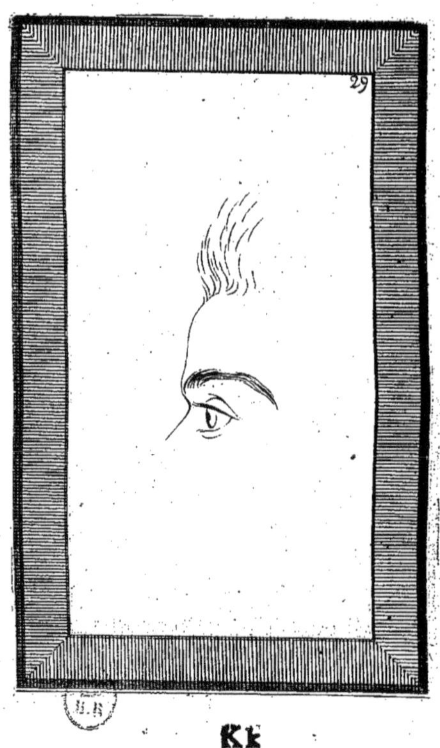

30.

Plus la paupiere, fupérieure, et fa peau inférieure au deſſus de la prunelle, fait de faillies, & parait comme coupée pour ombrager la prunelle, tandisque en haut elle fe retire vers l'os de l'oeil, plus vous devez vous attendre à trouver de la fineſie, du tact, une certaine fuſcep-tibilité amoureufe, un gout original, en même tems une délicateſſe de fentimens, vraie, courageuſe & conſtante.

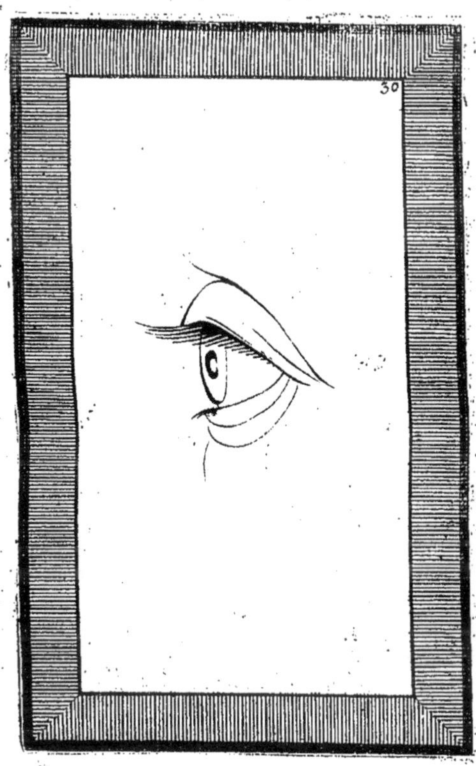

Des

31.

Des yeux qui dans le moment qu'ils s'occupent de l'objet le plus facré de nos adorations, n'ont rien de vénérable, qui dans ce moment, obfervés fans qu'ils s'en doutent, n'infpirent aucun fentiment grave & refpectueux; de tels yeux ne fauroient prétendre ni à la beauté ni à la fenfibilité, ni à la fpiritualité; ne vous y fiez jamais, ils ne peuvent aimer ni être aimés: il n'est aucun trait de leur vifage, qui porte l'expreffion de la force ou de la vérité: & quels font les yeux de cette efpèce? Ce font, entre autres, tous les yeux qui fe roulent fort en avant, avec des lèvres de travers, tous les petits yeux enfoncés fous des fronts hauts, perpendiculaires, durement osfeux, avec des crânes qui defcendent roide depuis le fommet jufqu'à la pointe de cheveux.

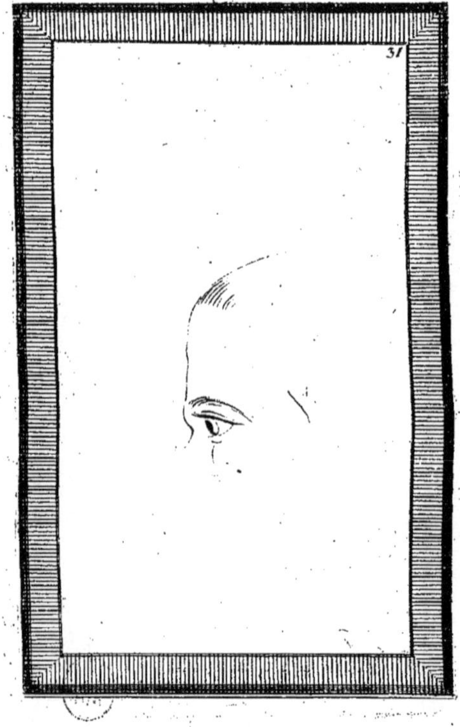

Des

32.

Des yeux qui laisſent voir la prunelle toute entiere, & ſous la prunelle, encore plus ou moins de blanc, ſont dans un état de tenſion qui n'eſt pas naturel, ou n'appartiennent qu'à ces hommes inquiets,
paſſionnés, à moitié fois, jamais à des hommes d'un jugement ſain, mur,
précis, & qui méritent une parfaite confiance.

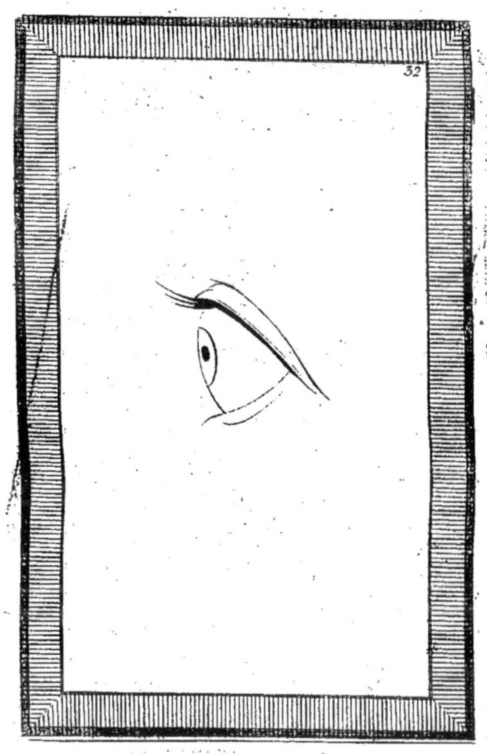

Cer-

33.

Certains yeux très ouverts, très faillans avec des Phyfionomies fades, annoncent de l'entêtement fans fermeté, de la bêtife avec des pretentions à la fagesfe, un caractère froid qui voudroit montrer de la chaleur, & n'est tout au plus fufceptible que d'un feu momentané.

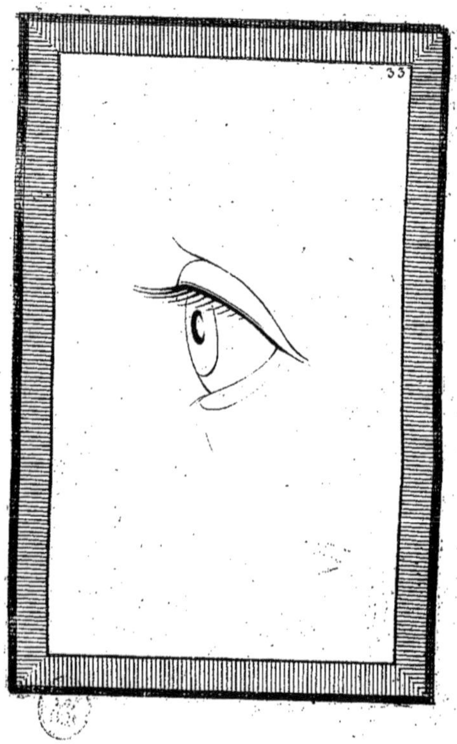

Un

34.

Un fourcil net, épais, formant fur l'oeil une efpéce d'auvent, fans excrefcence fauvage, eft toujours le figne d'un efprit mur fain & vigoureux, jamcment d'un génie original & poétique, jamais d'une intimité, d'une fpiritualité volatile, aérienne, amoureufe.

Ces fourcils appartiennent à des hommes d'Etat, à des gens de Cabinet, propres à faire des plans, ou bien à les approfondir, fort rarement à ces génies du premier rang, capables d'un effor très hardi, très audacieux.

Des

35.

Des fourcils horizontaux, épais, diftincts & bien fournis, indiquent conftamment de l'intelligence, un coeur froid, un efprit fécond en projets.

Jamais on ne verra des fourcils confus, hérisfés, à des hommes d'un caractère doux, attentif & fouple.

Des fourcils courts, touffus, découpés, fans être ni longs ni larges, mais fort élevés & flottans, p. a. d., au deffus de l'oeil, appartiennent le plus fouvent à des perfonnes douées d'une mémoire heureufe, rufées, fouples, avec du penchant pour la bigotterie.

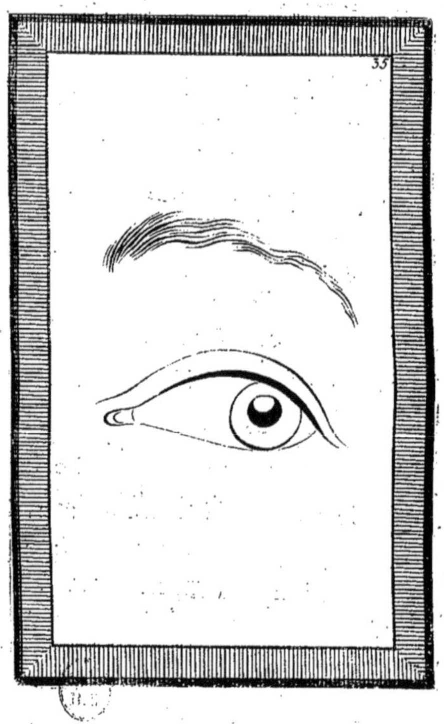

Voyez

36.

Voyez fur ce front remarquablement ofseux, ces fourcils noirs, fort épais, inclinés vers la tempe, & qui paroisfent péfer fur de grands yeux enfoncés qu'ils ombragent, vous les trouverez accompagnés d'un pli dans la joue, long, continument & fortement marqué; ce trait, au plus léger mouvement exprime le mépris, l'arrogance & le froid dédain. Choifisfez-les pour vos confeils, fi vous défirez de vous venger, ou de jouir du plaifir barbare de déchirer un cœur fenfible; — dans toute autre circonftance évitez les autant qu'il vous fera posfible, mais en leur cachant foigneufement la peine que vous prendrez pour les fuir.

37.

Un nez phyfionomiquement bon, eft d'un poids inappréciable dans la balance du Phyfionomifte; rien abfolument, rien ne peut l'emporter fur l'influence de fes traits diftinctifs. Le nez eft comme le dernier réfultat du front, la racine principale de toute la partie inférieure du vifage; fans inflexions douces, fans entailles légeres, fans ondulations plus ou moins marquées, il n'eft point de nez Phyfionomiquement bon, grand, ou fpirituel. Où vous ne trouverez pas une petite inclinaifon, une efpèce d'enfoncement dans le pasfage du front au nez, à moins que le nez ne foit fortement recourbé, n'efpérez pas découvrir le moindre caractère de noblesfe & de grandeur.

38.

Les hommes dont le nez penche extrêmement vers la bouche, ne font jama s ni vraiment bons, ni vraiment gais, ni grands, ni nobles: leur penfée s'attache toujours aux chofes de la terre; ils font refervés, froids, infenfibles, peu communicatifs, ont ordinairement l'efprit malin, de mauvaife humeur; ils font profondément hypocondres ou mélancoliques; fi les nez de ce genre font courbés du haut, c'eft encore l'indice d'un penchant épouvantable pour la volupté.

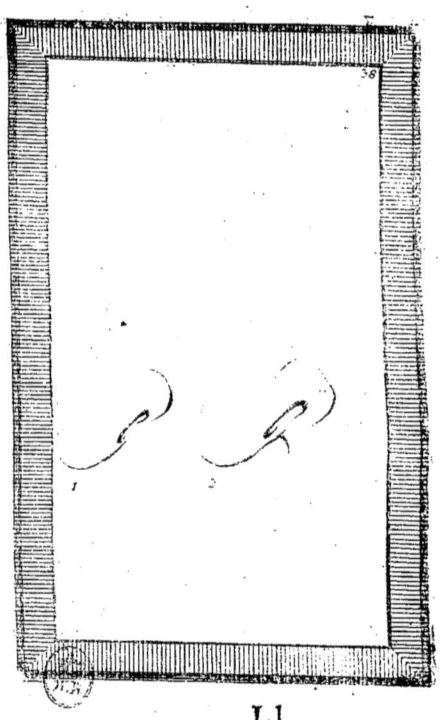

.39.

Des nez un peu retrousfés, avec un enfoncement marqué vers la racine, fous un front plus perpendiculaire que rentrant, décèlent une
dispofition naturelle à la volupté, aux jouisfances de la mollesfe, à la jaloufie, à l'entêtement ; mais une pareille dispofition n'eft pas incompatible
avec la finesfe, les talens, la probité, la bonhommie.

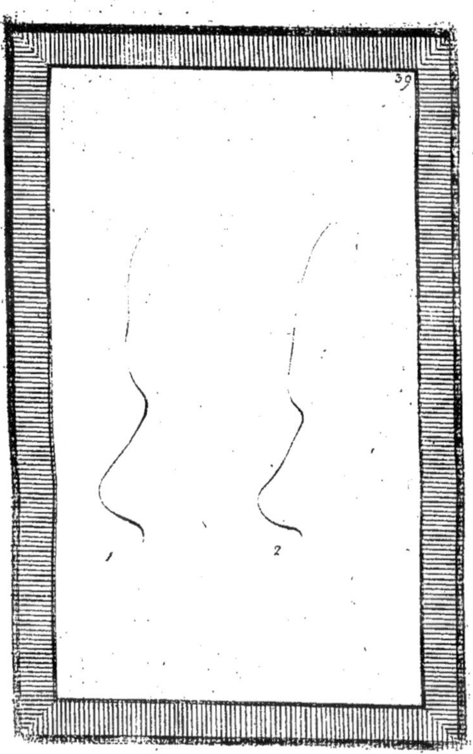

40.

Un nez fans aucun caractère frappant, fans nuance, fans inflexions, fans ondulation, fans aucun linéament expreffif, peut bien être le nez d'un homme honnête, raifonnable, même auffi d'un caractère affez noble, mais ce ne fera jamais celui d'un homme fupérieur ou très diftingué.

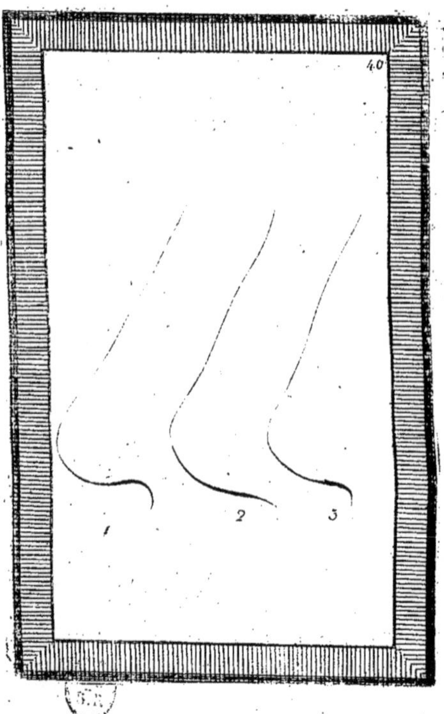

Des

4 1.

Des nez marqués des deux côtés de plufieurs entaillures rendues fenfi_ bles au plus léger mouvement, & qui ne disparoisfent pas même entièrement dans le repos le plus abfolu, annoncent un efprit lourd, in- commode, fouvent hypocondre & quelque fois d'une malice opiniâtre.

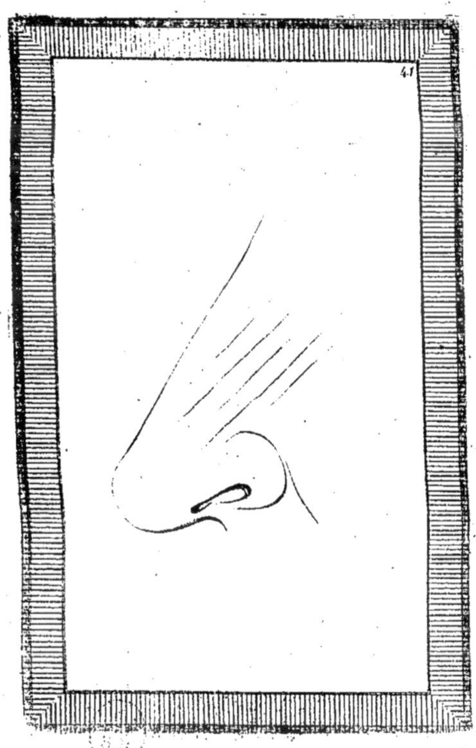

42.

Des nez qui se froncent facilement & sans cesse, n'appartiennent pas plus à des hommes sincèrement bons, que les nez incapables de se froncer, quand même ils le voudroient, n'appartiennent à des hommes très méchants. Si l'on trouve à de bonnes gens, des nez qui non seulement se froncent avec facilité, mais qui même en conservent une empreinte assez profonde, ces bonnes gens seront à coup sûr imbéciles, à moitié fous.

43.

Des nez retroussés, à des hommes grossiers & coléres, sous des fronts hauts, intelligens, mais rentrants pourtant vers le bas, avec la lévre inférieure fort avancée, annoncent presque toujours des caractéres d'une dureté insupportable, d'un despotisme effrayant.

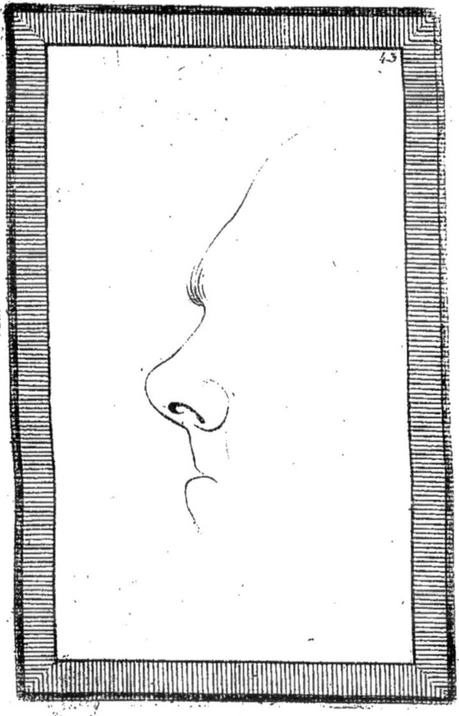

44.

Il y a cent fortes de nez retrousfés qui peuvent appartenir à des têtes remplies de fagesfe & de talens ; mais fi ce nez retrousfé eft fort court, s'il fe trouve joint à une levre fupérieure longue & cependant impropre, s'il eft obtûs au de là d'un certain dégré , croyez qu'aucun trait du vifage n'en pourra corriger l'indication funefte.

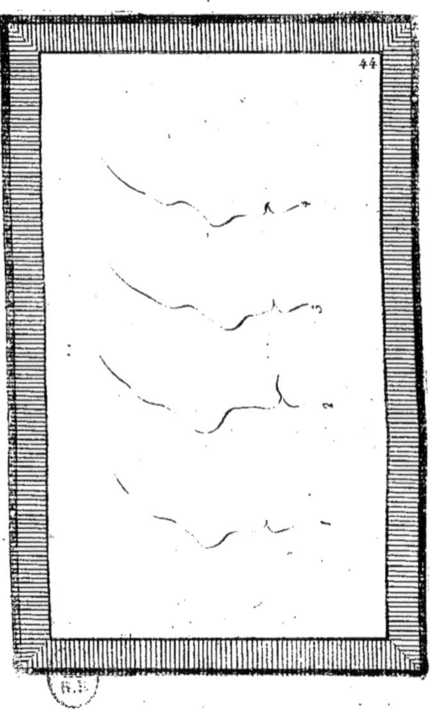

45.

Le trait qui part des narines vers l'extrémité de la bouche, eſt un des plus expreſſifs; de ſon contour, de ſa longueur, de ſon éloignement, ou de ſa proximité de la bouche, dépend toute l'impreſſion de ſon caractère.

Eſt il arqué ſans nuance, ſans ondulation? L'extrémité de ce trait touche-t'elle au bout des lévres ſans aucun intervalle?

S'en éloigne-t'elle beaucoup? Ce ſera toujours également un ſigne certain de ſtupidité.

Si

46.

Si fur la joue qui fourit on voit fe former trois lignes paralléles & circulaires, comptez dans ce caractère, fur un fond de folie.

47.

Toute bouche qui a deux fois la largeur de l'oeil, eſt la bouche d'un ſot; j'entends la largeur de l'oeil priſe de ſon extrémité vers le nez, jusqu'au bout intérieur de ſon orbite, les deux largeurs meſurées ſur le même plan.

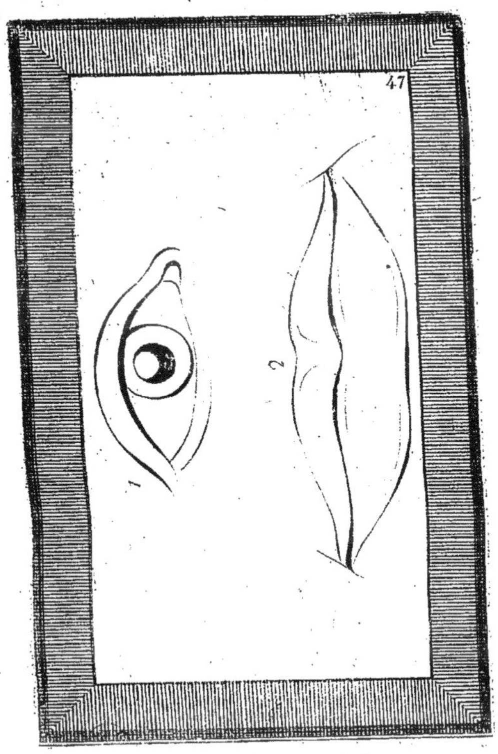

48.

Si la lévre inférieure, avec les dents, dépasse horizontalement la moitié de la largeur de la bouche, vue de profil, comptez, suivant l'indication des autres nuances de la phyfionomie, fur un de ces quatre caractères ifolés, ou fur tous les quatre réunis —

Bêtife, rudesfe, avarice, malignité.

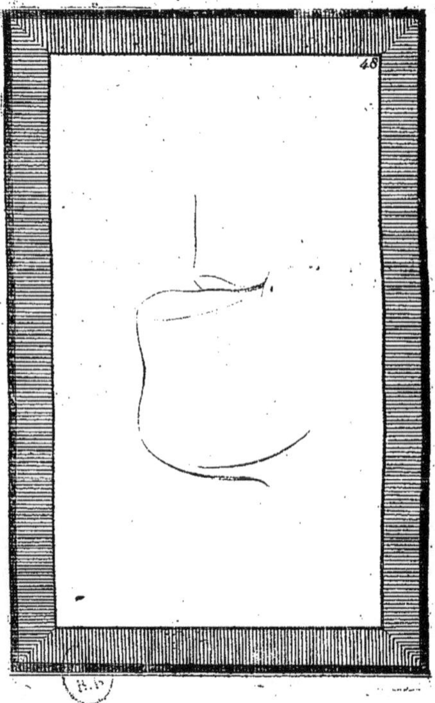

Ne

49.

Ne vous prévenez jamais contre un homme qui, foit qu'il fe taife, foit qu'il parle, qu'il écoute ou qu'il interroge, qu'il réponde ou qu'il raconte, qu'il rie ou qu'il pleure, qu'il foit triste ou gai, conferve toujours une bouche remplie de grace ou du moins d'ingénuité, une bouche qui ne perde jamais de belles proportions, et ne laiffe jamais voir une dent cauftique, une dent difpofée à mordre; mais celui dont les lèvres tremblent, fur toute une moitié de la lèvre fupérieure, & qui cherche à cacher ce mouvement, pourra vous être utile à la vérité, par la malignité de fes critiques, mais à coup fûr elles vous blefferont profondément.

Tou-

50.

Toute disproportion entre la lèvre supérieure & la lèvre inférieure, eſt un indice de folie ou de méchanceté.

Les meilleurs hommes, comme les hommes les plus ſages, ont des lèvres bien proportionées.

De trop grandes lèvres, quoique bien proportionées, annoncent toujours un homme peu délicat, ſordide ou ſenſuel, quelque fois même un homme ſtupide ou méchant.

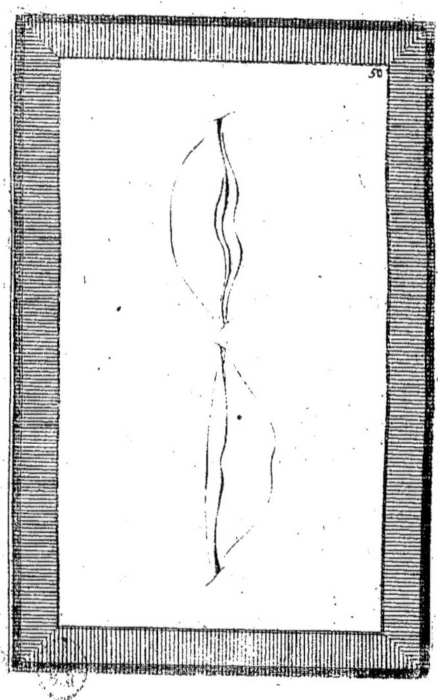

Ou

51.

O ù le mépris eft habituellement fur les lèvres, il y a point de véritable amour.

Les extrémités de la bouche s'abbaisfent-elles d'une manière marquée et tirant fur l'oblique, c'est l'expresfion la plus certaine du mépris, de l'infenfibilité ; furtout fi la lèvre d'em bas est plus grosfe que celle de desfus & la dépasfe.

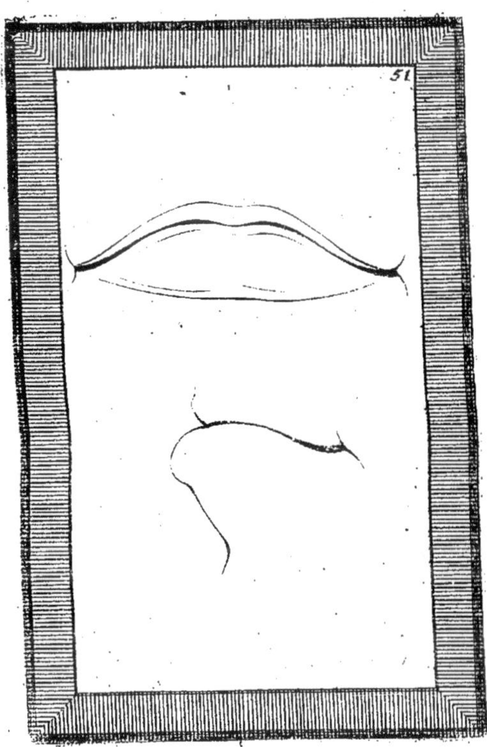

52.

Comme eſt l'enfoncement du milieu de la lèvre ſupérieure chez un homme qui n'eſt pas d'ailleurs dénué d'intelligence, telle ſera plus ou moins ſon humeur, la malice de ſon eſprit, la froideur de ſon ame, l'active ſagacité de ſes ruſes.

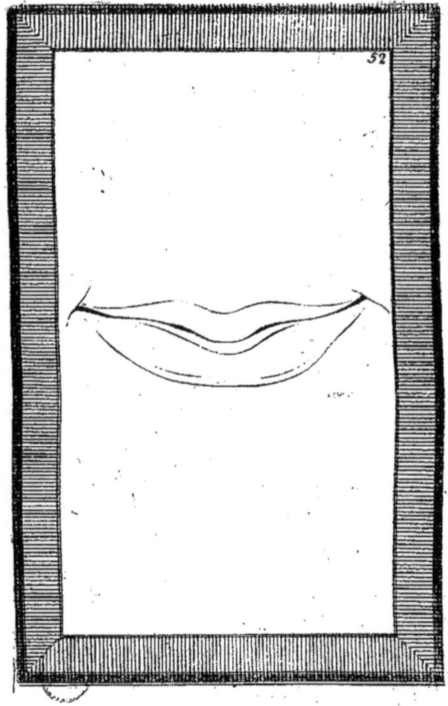

53.

Lorsque dans un homme d'efprit, d'un caractère énergique, vous obſerverez asſez près du centre de la ligne du milieu de la bouche, une ouverture qui, ne ſe fermant guère ou point du tout, laisſe entrevoir une dent, même la bouche fermée d'ailleurs, c'eſt le ſigne d'une ſévérité froide & ſans pitié, d'une mcéñanceté dédaigneuſe, inſultante & qui ſe plait à faire du mal.

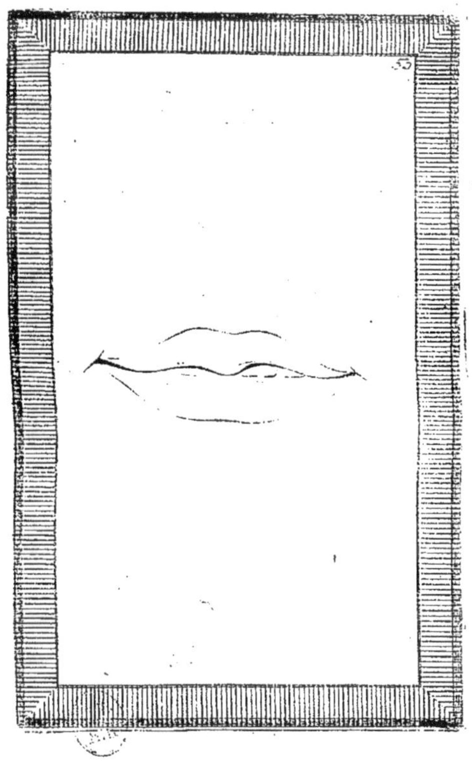

Une

54.

Une bouche, p. a. d., fans lévres, dont la ligne du milieu eſt fortement tracée, & qui ſe retire en haut vers les deux extrémités ſous une lévre ſupérieure improprement dite, qui, vue de profil depuis le nez, parait arquée; une pareille bouche ne ſe voit guère qu'à des avares ruſés, actifs, induſtrieux, froids, durs, flatteurs & polis, mais atterrans dans leurs refus.

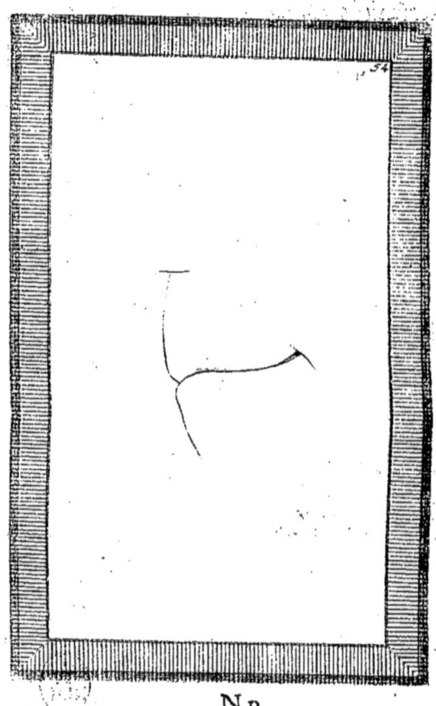

55.

Celui-là certainement eſt un méchant, qui ſourit ou cherche à cacher ſon ſourire, lorsqu'il eſt queſtion des ſouffrances du pauvre, ou des travers de l'homme de bien.

Les gens de cette eſpèce ont communément fort peu ou de fort petites lévrés; la ligne centrale de la bouche, fortement tracée, ſe retire vers le haut des deux extrémités d'une maniere déſagréable; ils ont les dents terribles.

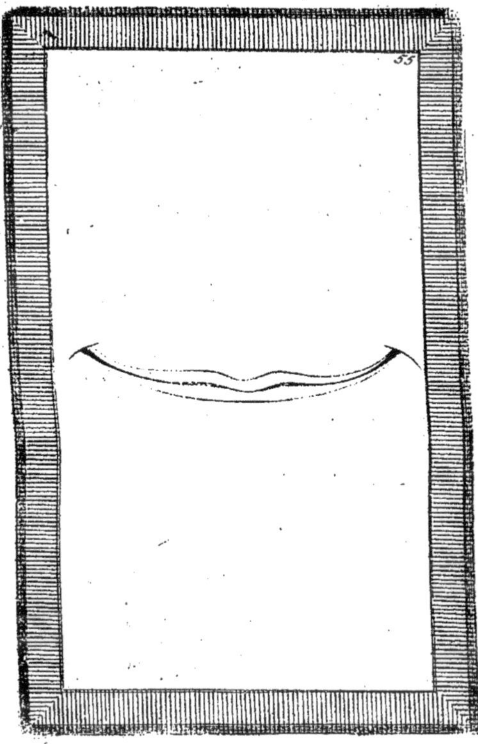

Une

56.

Une petite bouche étroite, fous de petites narines et un front ellipti-
que, eft toujours peureufe, timide à l'excès, d'une vanité puérile,
& s'énonce avec difficulté.   S'il fe joint à cette bouche, de grands yeux
faillans, troubles, un menton osfeux, oblong, & furtout fi la bouche
fe tient habituellement ouverte, foyez encore plus fûr de l'imbécilité
d'une pareille tête; mais ces fignes ne font-ils qu'à peu prés tels que vous
venez de les défigner, ils pourront appartenir à des hommes honnêtes,
pieux, propres aux vertus de la vie privée.

57.

Si le menton, porte décidément un caractère de prudence & de fa-
gesse, il n'est point d'indication physionomique plus infaillible.

Le menton a décidément ce caractére, lorsqu'il est un peu enfoncé
ou coupé vers le milieu; lorsque la partie inférieure est un peu saillante,
l'est avec plus ou moins de nuances d'entaillures, de traits marqués &
par desfous rentrante encore vers le milieu.

Un menton long, large, lourd, je parle de la partie osfeufe, ne fe
voit guèrre, qu'à des hommes grosfiers, durs, orgueilleux & violens.

Rc.

58.

Regardez plus au front qu'à tout le reste, ſi vous voulez ſavoir ce qu'un homme eſt naturellement, ou ce qu'il pourra devenir en raiſon de ſa nature.

Obſervez ſa bouche fermée, ou dans l'état de repos, ſi vous voulez deviner ce qu'il eſt devenu. La bouche ouverte indique ſurtout le moment préſent de ſon état habituel. Avez vous le bonheur de rencontrer une bouche fermée ſans aucun tenſion, ſans aucun gêne, avec des lévres bien proportionnées, ſous un front caractériſtique, penché légérement en arriere, aux linéamens fins & délicats, à la peau douce & mobile ſans ſillons rudes ou trop marqués, que cette tête vous ſoit ſacrée.

Nn 3

II

59.

Il eſt ſtupide tout viſage dont la bouche, vue de profil, a ſeulement la moitié de la largeur de l'eſpace entre la paupiere ſupérieure & le dernier point de l'extrêmité de la bouche.

60.

Quant au viſage dont la partie inférieure, à partie du nez, à moins d'un tiers de la longueur entiere du viſage, il n'eſt pas bête, il est fou.

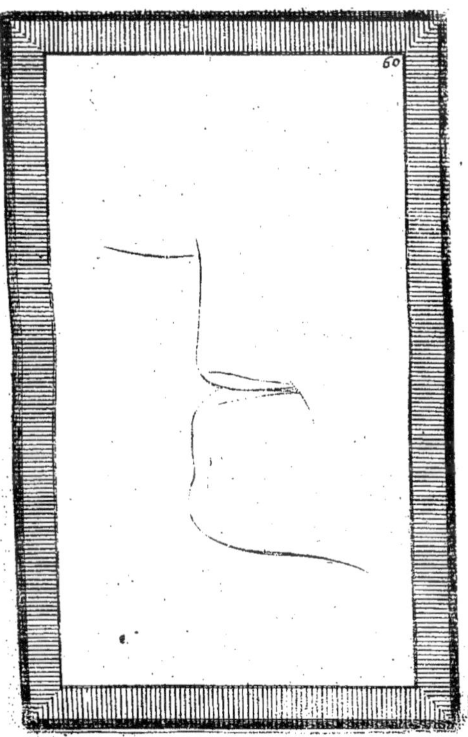

II

61.

Il est stupide encore tout visage dont la partie inférieure, à compter depuis le nez, se divise en deux parties égales, par la ligne centrale de la bouche.

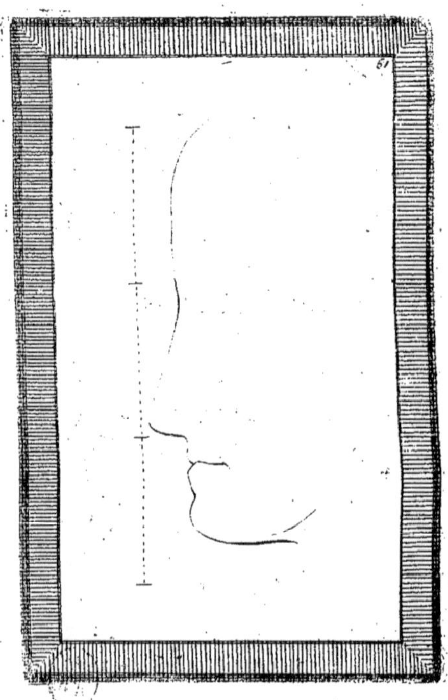

62.

Tout viſage eſt bête ; dont la partie ſolide inférieure eſt ſenſiblement plus longue qu'une des deux parties ſupérieures.

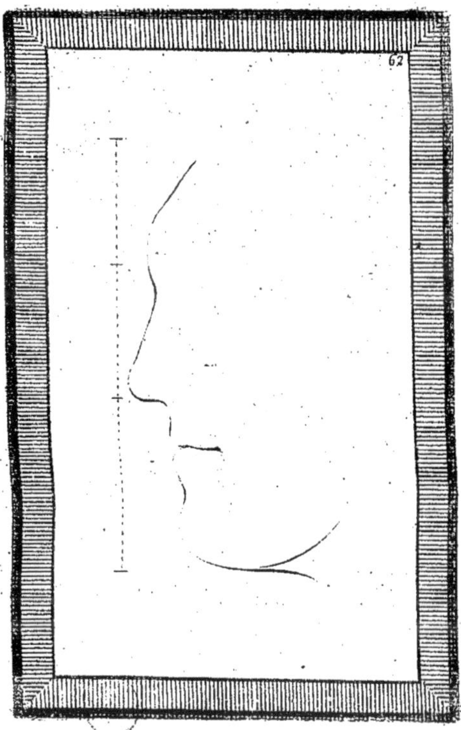

Plus

63.

Plus le profil de l'oeil forme un angle obtus avec le profil de la
bouche, plus il indique un homme foible ou borné.

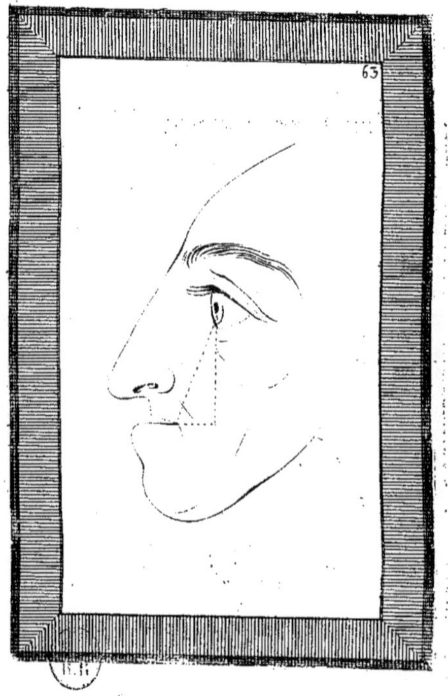

64.

La nature a posé la cachet de la bêtise sur le visage dont le front, mesuré d'une mesure appliquée sur la surface avec souplesse, se trouve plus court que le nez, mesuré de même, depuis l'extrémité du front, quand même la mesure, prise perpendiculairement, se trouverait égale.

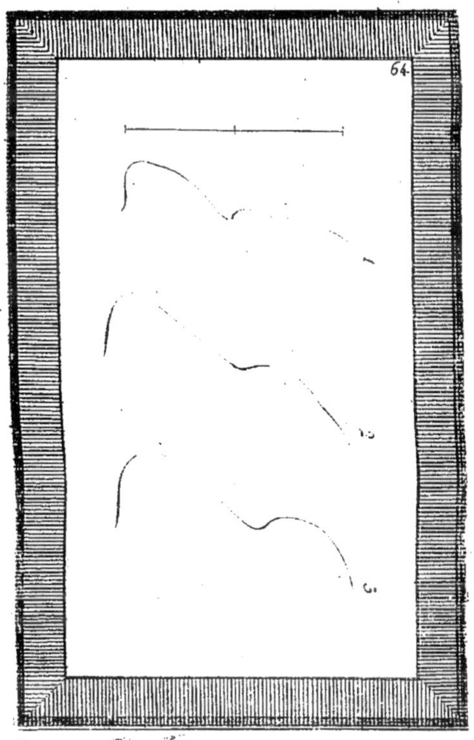

Cest

65.

Cest un vifage ftupide que celui qui, depuis le coin de l'oeil jusqu'au milieu de l'aileron du nez, fe trouve plus court que de ce coin de l'oeil au coin de la bouche.

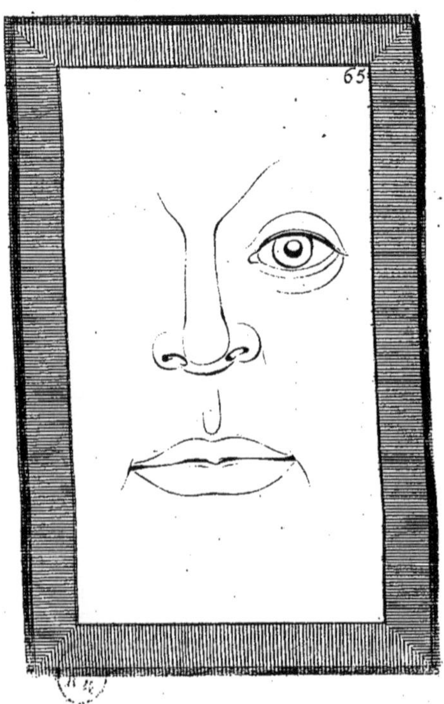

O o 2

C'eft

66.

C'eſt encore un indice de ſtupidité, que des yeux diſtans l'un de l'autre plus de la largeur d'un œil.

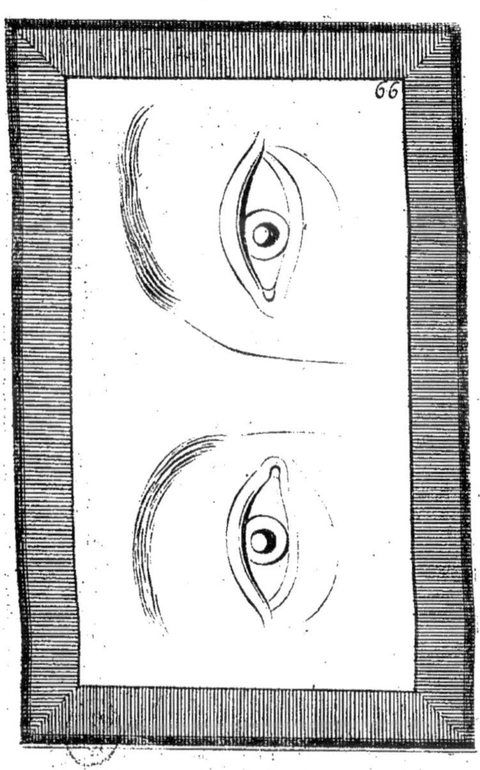

67.

Quiconque fourit fans fujet, avec une lèvre de travers; quiconque fe tient fouvent ifolé, fans aucune direction, fans aucune tendance déterminée; quiconque falue, le corps roide, n'inclinant que la tête en avant, eft un fou.

CHIFFRE DE LA FOLIE.

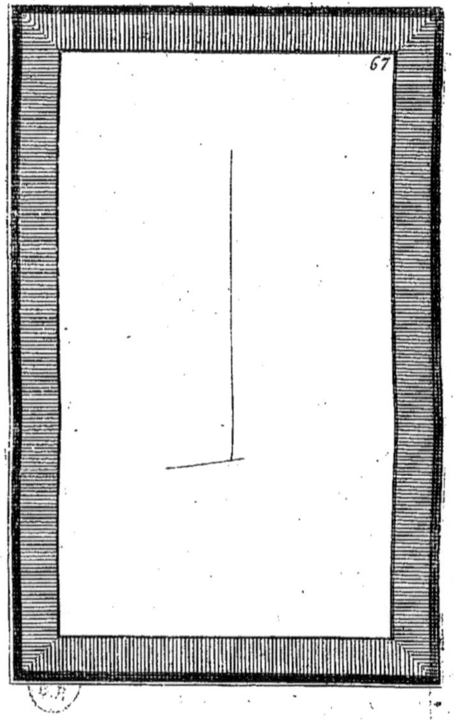

Un

- 68.

CARACTÈRES MULTIFORMES.

Un front court, perpendiculaire, noueux, fort & confufément fillonné du haut, plat entre les fourcils, des yeux, gris bleus, grands, clairs d'ailleurs, un petit nez, une lèvre fupérieure longue, mais, p. a. d., imperceptible, le teint pâle, les deux lèvres toujours en mouvement, ce font des traits que j'ai trouvés à des hommes d'efprit, d'une mémoire fort riche, d'une activité propre à plus d'un genre, même à l'intrigue, tantôt doux & bons, tantôt févères & durs, ayant quelque fois l'efprit très clairvoyant, mais quelque fois ausfi parfaitement faux.

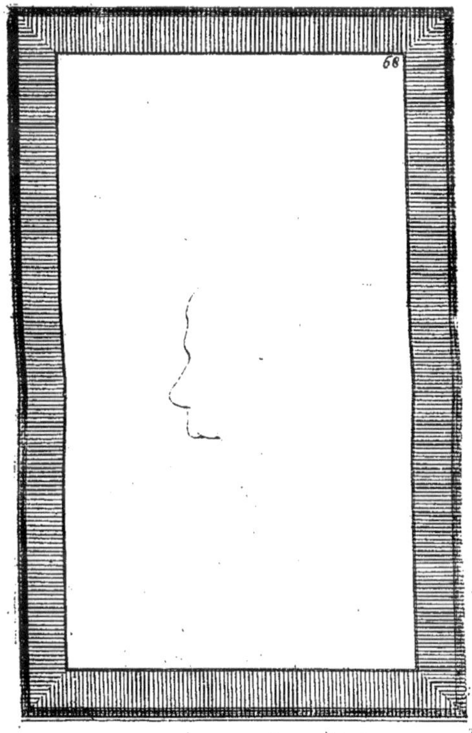

69.

ESPRITS SOPHISTIQUES et FOURBES.

De petits yeux mats, mal dessinéz, le regard toujours aux aguets, le teint plombé, des cheveux noirs, courts, plats, un nez *retroussé*, la lèvre inférieure fort relévée & fort saillante, sous un front spirituel & bien fait, forment une réunion de traits que vous ne trouverez guère que chez un Archisophiste, méchant, tracassier, rusé, fourbe, intrigant, soupçonneux, sordidement intéressé, vil; enfin chez un homme abominable.

70.

OPINIATRETÉ.

Plus le front est élevé, plus les autres parties du visage, comparées au front, paroissent petites, plus la voute de ce front est noueuse, plus l'oeil est enfoncé; moins on apperçoit d'enfoncement entre le front & le nez; plus la bouche est fermée & le menton large, enfin plus est perpendiculaire le profil de la longueur du visage; plus vous trouverez l'opiniâtreté d'un tel homme invincible, plus son caractère aura de roideur & de dureté.

71.

FEMMES.

On n'oseroit confier au papier la milliéme partie des observations qu'on a faites sur les femmes.

L'or-

L'orgueil ou la vanité, voilà le caractère général de toutes les femmes; il fuffit de blesfer une de ces deux pasfions, pour faire resfortir des traits qui nous laisfent entrevoir jusqu'au fond l'abime de leur caractère.

Ces traits caractériftiques fe rencontrent plus rarement au front, que dans les ailerons du nez, dans le froncement de narines, dans les plis des joues et des lèvres, furtout dans le fourire.

72.

Une femme d'un caractère dédaigneux & cauftique, ne fera jamais propre à l'amitié, & cette difpofition, quelque adroite, quelque fine que foit une femme, elle ne faura jamais la cacher. Prenez garde feulement au mouvement des ailerons du nez; de la lèvre fupérieure, vue de profil, toutes les fois qu'il eft question devant elle d'une de fes rivales, ou de toute autre femme qui, fans être fa rivale, fait fenfation.

73.

Des femmes avec des verrues, brunes, velues, ou à poil fort au menton, furtout à la partie inférieure du menton, ou au cou, font ordinairement, à la vérité, de bonnes ménageres, vigilantes, actives, mais d'un tempérament excesfivement fanguin, amoureufes jufqu'à la folie & même jufqu'à la rage: elles jafent beaucoup & jafent volontiers fur un feul objet: elles font importunes, & vous ne vous en débarrasfez qu'avec peine: il faut les traiter avec ménagement, ne leur temoigner qu'un intérêt tranquille & tâcher, avec une forte de dignité froide & douce, de les tenir fans cesfe à une certaine distance de vous.

Si

74.

Si la démarche d'une femme, eſt finiſtre, décidément finiſtre, non feulement déſagréable, mais gauche, impetueuſe ; ſans dignité, ſe précipi-
tant en avant & de côté d'un air dédaigneux, foyez ſur vos gardes. Ne
vous laiſſez éblouir ni par le charme de ſa beauté, ni par les graces de
ſon eſprit, ni même par l'attrait de la confiance qu'elle pourra vous témoigner; ſa bouche aura les mêmes caractères que ſa démarche, & ſes
procédés feront durs et faux comme ſa bouche : elle fera peu touchée
de tout ce que vous ferez pour elle, & ſe vengera cruellement de la
moindre choſe que vous aurez négligée. Comparez ſa démarche et les
lignes de ſon front, ſa démarche et les plis autour de ſa bouche, vous
ferez étonné du merveilleux accord de tous ces ſignes caractériſtiques

75.

Des femmes aux yeux roulans, à la peau singulierement flexible, plisfée, molle, presque pendante, au nez arqué, aux joues colorées, à la bouche rarement tranquille, au menton inférieur bien marqué, au front très arrondi, d'une peau douce & légèrement plisfée, ne font pas feulement éloquentes, d'une imagination vive & féconde, d'une mémoire prodigieufe, remplies d'ambition, elles ont encore beaucoup de penchant pour la galanterie, & malgré toute leur prudence, elles s'oublient facilement.

Une

76.

Une femme avec la racine du nez fort enfoncée, beaucoup de gorge, la dent canine un peu faillante, quelque laide qu'elle foit, quelque peu de charmes qu'elle ait d'ailleurs, n'en aura pas moins, pour le vulgaire des libertins, des hommes voluptueux, un attrait plus facile, plus certain, plus irréfiftible qu'une femme vraiment belle. Les plus dangereufes proftituées que l'on voit paroitre devant les tribunaux, fe diftinguent toutes à ce caractère.

Fuiez comme la peste les femmes que la nature aura marquées de pareils traits & ne formez jamais avec elles aucune liaifon férieufe, quand même elles joüiroient de la réputation la plus intacte.

77.

DES VERRUES.

Vous ne voyez guère au menton d'un homme vraiment fage, d'un caractère noble & calme, une de ces verrues larges & brunes que l'on voit fi fouvent aux hommes d'une imbécilité décidée, mais fi par hazard vous en trouviez une pareille à une homme d'efprit, vous découvrirez bientôt que cet homme a de fréquentes abfences, des momens d'une ftupidité complette, d'une foiblefse incroyable.

78.

Des hommes aimables & de beaucoup d'efprit, peuvent avoir au front, ou bien entre les fourcils, des verrues qui n'étant ni fort brunes, ni fort grandes, n'ont rien de choquant, n'indiquent rien de fâcheux: mais vous ne trouverez jamais de verrue forte, foncée, velue, à la levre fupérieure d'un homme qui ne manquera pas de quelque qualité très esfentielle, qui ne fe diftinguera pas au moins par quelque défaut capital.

Pp 2

Des

79.

V A U R I E N.

Des joues bouffies & fanées,
   Une bouche grande & fpongieufe,
Des lentilles rousfes au vifage,
Des cheveux plats qui frifent avec peine,
Des plis confus entrecoupés au front,
Un crâne qui s'abaisfe rapidement vers le front,
Des yeux qui ne repofent jamais naturellement
fur un point, & qui vers le bas forment un angle,
Tous ces caractères réunis compofent le vaurien.

Soyez

80.
CIRCONSPECTION.

Soyez en garde contre tout homme qui parle bas, mais dont le ftile eft haut & tranchant, contre tout homme qui parle peu, mais écrit beaucoup ; contre tout homme qui ne rit guère, mais fourit fouvent, & dont le fourire eft presque toujours accompagné de mépris ou de dédain.

Des fronts courts, des nez obtus, des lévres fort petites, ou des lévres inférieures asfez faillantes, de grands yeux qui n'ofent jamais vous fixer directement, & fur tout des machoires larges & grosfières, un menton relévé, gras & ferme en desfous.

Voila le fignalement des hommes de cette espèce.

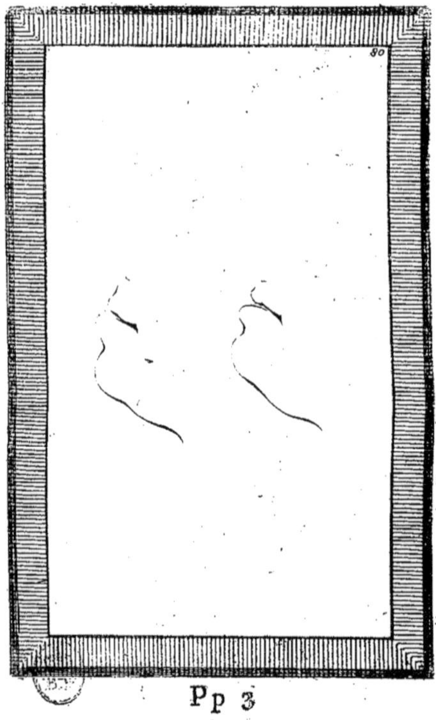

Foi-

81.

Foiblesſe & vanité, voilà les ſources de l'hypocriſie. Où vous trouverez des traits déciſifs de l'une & de l'autre ſous un extérieur aimable & prévenant, des traits fades, peu marqués, avec une ſorte de grace dans les mouvements, une ſorte de froideur même dans la vivacité, attendez vous ſinon à de l'hypocriſie, du moins à cette inconſtance, à cette verſatilité qui n'en eſt pas bien éloignée.

82.

Celui dont le ſourire embellit la phyſionomie, à qui le rire n'eſt pas défavantageux, qui, ſans avoir le ſourire ſur les lèvres, en a pourtant l'air & la grace; celui dont le ſilence même inſpire la confiance & la ſérénité, qui dans le ſourire le plus ſpirituel, comme dans le rire le plus gai, le plus machinal, ne trahit jamais le moindre dédain, le moindre mépris; enfin celui qui ſourit doucement à la joie de l'innocence, à l'éloge d'un mérite ſupérieur; ce ſera l'homme dans les traits, dans le caractere duquel vous trouverez l'accord le plus noble & le plus harmonieux.

83.

Ayez le plus de reſerve poſſible en préſence de l'homme gras, & d'un tempérament colère, qui ſemble toujours mâcher, roule ſans ceſſe les yeux autour de ſoi, ne parle jamais de ſens raſſis, s'eſt donné cependant l'habitude d'une politeſſe affectée; mais traite tout avec une ſorte de déſordre & *d'impropreté*. Dans ſon nez rond, court, retrouſſé, dans ſa bouche béante, dans les mouvemens irréguliers de ſa lévre inférieure, dans ſon front ſaillant & plein d'excreſcences, dans ſa démarche qui ſe

fait

fait entendre de loin, vous reconnoitrez l'expreſſion du mépris & de la dureté, des demi-talens avec la prétention d'un talent accompli, de la méchanceté, ſous une gauche apparence de bonhomie.

84.

Fuiez tout homme dont la voix toujours tendue, toujours montée, toujours haute & ſonore, ne ceſſe de décider, dont les yeux, tandis qu'il décide s'aggrandisſent, ſortent de leur orbite, les ſourcils ſe hériſ-ſent, les veines ſe gonflent, la lévre inférieure ſe pouſſe en avant, le cou s'enfle, les mains ſe tournent en poings; mais qui ſe calme tout à-coup, reprend le ton d'une politeſſe froide, fait rentrer ſes yeux & ſes lévres, s'il eſt interrompu par la préſence imprévue d'un perſonnage important qui ſe trouve être votre ami.

85.

L'homme dont les traits & la couleur du viſage changent ſubitement, & qui cherche avec beaucoup de ſoin à cacher cette altération ſoudaine, & fait reprendre ausſitôt un air calme, celui ſurtout qui posſè-de l'art de tendre & de détendre facilement les muscles de ſa bouche, de les tenir, p. a. d, en bride, particulièrement lorsque l'oeil obſer-vateur ſe dirige ſur lui; cet homme a moins de probité que de pruden-ce, il est plus courtiſan qu'il n'eſt ſage & modéré; ce ſera plutôt un homme de ſociété aimable qu'un ami fidèle.

II

86.

Il n'est point de véritable penfeur que l'on ne reconnoifse à l'intervalle des fourcils, au pasfage du front au nez; s'il manque là certaines finuofités, certain enfoncement, un trait marqué de finesfe & d'énergie, vous chercheriez en vain le caractère du penfeur dans tout le reste du vifage, dans tout l'enfemble de cet homme, dans toute fa conduite, dans toutes les opérations de fon esprit: je dis le caractère du penfeur, c. a. d. de l'homme ayant un befoin profond d'idées vraies, lumineufes, précifes, conféquentes & fortement combinées.

Un

87.

Un cheveu long, faillant en pointe d'aiguille, ou fortement crêpu, rude & fauvage, planté fur un tache brune, foit au cou foit au menton, est l'indice le plus décifif d'un penchant extrême à la volupté; penchant qu'accompagne presque toujours une extrême légéreté.

83.
CARACTERES DURS.

En voici quelques traits :

Des fronts perpendiculaires, fort noueux, ou trés hauts ou trés courts;

De petits nez pointus, ou grosfiérement arrondis, avec de larges narines:

Des traits de joue ou de nez fortement prononcés, aigus, longs & non interrompus.

Des dents de la mâchoire inférieure s'avançant confidérablement fur les dents de la mâchoire fupérieure, foit que celles-ci foient fort longues ou fort courtes.

Fuiez

89.

Fuiez qui conque, fans loucher, a pris l'habitude de regarder à la fois de deux côtés, fait donner à de petits yeux vifs étincelants, des directions inégales ou contraires, outre cela laiſſe encore voir des dents aſſez noires; avec une taille haute ou petite, ſe tient toujours le dos voûté, & ſourit volontiers d'un air faux & moqueur. Fuyez cet homme malgré tout ſon eſprit, malgré toute ſa pénétration & toutes ſes connoiſſances, comme un fourbe impudent, rempli d'aſtuce, & baſſement intéreſſé.

90.

Fuiez les hommes aux grand yeux dans de petits vifages, avec de pe-
tis nez & de petites tailles ; à travers leur rire on apperçoit qu'ils ne
font ni gais ni contens ; en vous protestant combien ils font heureux de
vous voir, ils ne fauroient cacher la malignité de leur fourire.

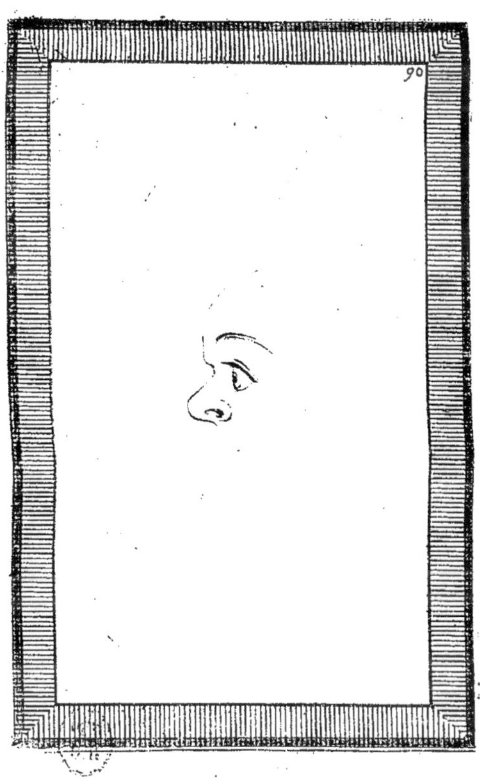

Des

91.

Des grands corps masfifs, de petits yeux, des joues rondes , remplies et pendantes, des lèvres bouffies, un nez en forme de boudin, un menton en forme de fac, c'est le fignalement d'une clasfe d'hommes, qui, toujours occupés de leur lourd individu , vont toujours mâchant, crachant, fe mouchant, prenant du tabac, & confiant fans façon au plancher tout ce dont ils fe débarasfent ; ce font dans le fond , des hommes d'un caractère vain , quoique infignifiant , ambitieux , quoique fans énergie, asfez dociles avec la prétention de tout favoir, peu fûrs, légers, voluptueux, difficiles d'ailleurs à manier , avides de tout et ne jouisfants de rien. —— & qui jouit peu , croyez moi , donne encore moins.

92.

Rappelez-vous ces gens qui glisfent plutôt qu'ils ne marchent , qui reculent en s'avançant, difent des grosfiéretés d'une voix basfe , & d'un air timide, vous fixent hardiment dès-que vous ne les voyez plus, & n'ofent jamais vous regarder tranquillement en face , ne difent du bien de perfonne finon des méchants, trouvent des exceptions à tout , & parroisfent avoir toujours contre l'asfertion la plus fimple une contradiction toute prête. Ah! fi vous pouviez toucher leur crâne , quelle difformité cachée! que de noeuds irréguliers! quelle peau de parchemin! quel mélange bizarre de molesfe & de dureté! Fuiez l'athmosphère où respirent de pareils hommes! en croyant même gagner avec eux, vous ne fauriez manquer de perdre infinement. Obfervez, je le répète , obfervez les plis de leur front, lorsqu'ils croyent écrafer l'homme droit, innocent , religieux, lorsqu'ils prennent la caufe de quelque fourbe endurci ; le dés-

Q q 3

or-

ordre de ces plis vous fera le garant le plus infaillible de tout le desordre de leur caractère.

93.

Quelque prudent , quelque inftruit , quelque pénétrant, quelque délié, quelque habile que foit un homme , & quelque utile qu'il vous puisfe être, s'il fe mefure ou s'il a toujours l'air de fe mefurer lui même , s'il affecte de la gravité pour cacher ce qu'il lui manque d'énergie intérieure; fi marchant toujours à pas comptés, ne s'oubliant jamais foi même, il femble comme fier de porter fon cher moi dans fa tête, de le porter dans fon cou, de le porter fur fes épaules, gardez vous d'en faire votre ami. Ce n'est au fond qu'un homme d'un caractère léger, d'une humeur fourbe ou maligne, dès qu'il se trouve feul, il a bientôt depouillé toute la gravité de fes airs., toute l'affectation de fon mérite, toute l'ostentation de fa dignité: Ce qui l'occupe encore uniquement, c'est toujours fon cher moi.

94.

Un homme d'ailleurs brusque, grosfier, prend-il avec vous feul un air calme, doux, poli; affecte-t'il encore de fourire à tout ce que vous dites, ou de vous faire fourire vous même, hâtez vous de le planter là fans façon ; retournez-vous enfuite bien vîte, regardez-le avant qu'il ait eu le tems de rendre à fes traits l'expresfion de cette complaifance affectée ; le pli du front, le pli de la joue, qui précèdent immédiatement fa disfimulation artificieufe, et qui dans cet instant fe prononcent de la maniere la plus fenfible, font les feuls plis de fon vifage, qui foient naturels & vrais — Obfervez bien ces deux traits, ce feront, dans votre Alphabet Phifionomique , des fignes d'une grande inftruction.

DIS-

95.

DISCONVENANCES DES CARACTERES.

Avez-vous un front osſeux, long, élevé? Ne vous liez jamais d'amitié avec une tête qui ſera presqu'en forme de boule. Avez-vous une tête presqu'en forme de boule? Ne vous liez jamais d'amitié avec un front osſeux, long, élevé. De pareilles disconvenances ſont funestes, ſur tout au bonheur du Mariage.

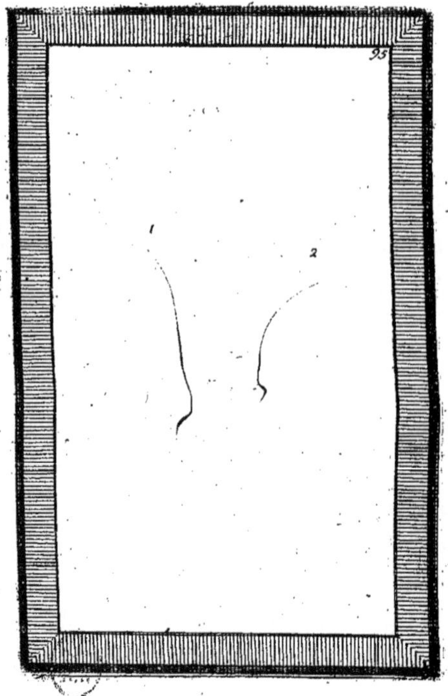

96.

Ne vous liez point à un homme dans la phisionomie duquel vous aurez découvert un trait, quelque léger qu'il foit, qui vous repous-fe, qui paroit à la moindre émotion, & ne disparoit presque jamais en-tièrement, furtout fi ce trait fe trouve dans la bouche, ou dans les plis autour de la bouche, vous vous heurteriez infailliblement, & vous en fe-riez toujours la dupe, quelque excellentes qualités qu'il y eut d'ailleurs dans le caractère de cet homme.

97.

Fuiez l'homme dont le regard & la bouche font de travers, le font d'une manière frappante, avec un menton large & fort avancé, furtout lors qu'il vous dit des politesfes d'un air d'infulte mal déguifé ; obfervez les plis de fes joues, car rien ne peut en effacer l'expresfion; il vous ac-cordera peu de confiance, & cherchera cependant à furprendre la vôtre, d'abord avec beaucoup de caresfes, en fuite avec un air de hauteur ou de fupériorité.

98.

CARACTERE MÂLE.

Des fronts presque fans rides, ni perpendiculaires, ni fort rentrans, ni fort plats, ni abfolument ronds, mais à peu pres fphériques, des fourcils épais, proprement desfinés, bien fournis, & qui tracent la limite du front d'une ma-nière fenfible et frappante, des yeux ouverts plus qu'à moitié, mais non pas tout à fait, un enfoncement médiocre entre le front & le nez, un nez presque aquilin, à large dos, des levres bien proportionnées, bien dé-

ve-

veloppées ni grandes ni petites, ni ouvertes ni trop fermeés, enfin un menton qui ne foit ni trop avancé ni trop rentrant. L'enfemble de ces traits annonce un efprit mûr, un caractère mâle, une fermeté tout à la fois active et prudente.

·99

A F U I R.

Celui qui relève la tête & la porte en arriere; que cette tête foit grosfe ou fingulierement petite; celui qui fe mire dans fes pieds mignons de manière à les faire remarquer; celui qui voulant montrer de grands yeux encore plus grands qu'ils ne font, les tourne exprès de côté, comme pour regarder tout par desfus l'épaule; celui qui après vous avoir prêté longtems un filence orgueilleux, vous fait en fuite une réponfe courte, feche et tranchante, qu'il accompagne d'un froid fourire; qui du moment qu'il apperçoit la replique fur vos lèvres prend un air fourcilleux, & murmure tout bas d'un ton propre à vous ordonner le filence, cet homme a pour le moins trois qualités haïsfables, avec tous leurs fymptômes, l'en-têtement, l'orgueil, la dureté; très probablement il y joint encore la fausfeté, la fourberie & l'avarice.

100.

Fuiez tout vifage plein, osfeux, d'un jaune brun, à veines bleues, fil-lonné, rempli d'expresfion, riche de caractère, à grands yeux, à levres fortes, aigues, & qui s'approche de vous d'un air foumis, adulateur; ce fera pour vous un Achitophel, un Judas, un Satan; à moins que vous ne le traitiez avec la droiture la plus fimple, l'honnêteté la plus franche, il épuifera contre vous tous les menfonges que peut infpirer la rage de la haine; votre nom feul fera gonfler fes yeux & fes veines; l'adulation dans les phyfionomies dures, la dureté dans les phyfionomies molles et douces, font également redoutables.

SUR LES
LIGNES
D'ANIMALITÉ

La Nature forma tout d'après une feule loi, dont l'harmonie conftante & variée embrasfe les rapports les plus divers, & les dirige tous avec fagesfe vers le même but. —— Il n'est rien dans l'immenfe étendue de la création qui n'en porte la célefte empreinte. Tout, tout s'eléve par dégrés de l'éxiftence fimple à la vie, & de la vie à la puisfance de vouloir. Elle eft facile à discerner la marque propre à chaque clasfe d'êtres; il n'en eft point qui n'ait une forme déterminée, des lignes caractériftiques de fon efpece. l'Homme feul reçut du ciel ce front, ce vifage, ce nez faillant, cette bouche fine & deliée, ces yeux terminés par deux angles aigus, cet ovale agréable, au tour duquel fe jouent avec tant de grace ces beaux cheveux & leurs boucles flottantes. L'homme feul, doué de fagesfe & de bonté; paroit être le modèle des rapports les plus parfaits,

R r 3

des

des proportions les plus heureufes. Lui feul peut fe féliciter du prix fublime qu'obtient la perfévérance de fes méditations, un élan de la penfée vers le principe de tant de merveilles — O fentiment de la dignité de l'homme! eft il de plus doux tranfports que ceux dont tu remplis notre ame?

On a fait des esfais fans nombre pour marquer les différens degrès qui descendent de l'espèce humaine à l'espèce animale, la tranfition de la laideur la plus brute à la beauté la plus idéale, d'une méchanceté fatanique à la bonté la plus divine, celle de l'animalité d'une grenouille ou d'un finge, aux premieres nuances de raifon humaine dans un Samoyède, & de ces faibles lueurs, au génie transcendant des Kant & des Newton — on a tâché d'en former une férie d'inductions plus ou moins fuivies, & de fixer en quelque forte phyfiognomiquement & mathématiquement les lignes fondamentales abfolument propres à chaque gradation de cette échelle immenfe. Ces recherches n'on pas été tout à fait infructueufes; mais nous ne pouvons en donner encore ici que quelques apperçus. —

Plufieurs hommes de génie, Albert Durer, Winkelman, Buffon, Sommering, Blumenbach, Gall, les uns comme desfinateurs, les autre comme naturaliftes ont acquis déja fur cet objet de grands titres à notre réconnaisfance — mais rien dans ce genre ne mérite autant d'être relu qu'une disfertation de Camper, pleine de profondeur & de fagacité, fur la différence naturelle des linéamens du vifage. Quoique cet écrit ne puisfe

fatifaire entiérement le phyfiognome, par ce qu'il n'indique pas certains rapports avec asfez de précifion, on ne fauroit trop en recommander la lectu-
re aux jeunes desfinateurs.

La forme du crâne & des os doit être ici fans contredit l'objet esfentiel
de l'obfervateur. De cette forme dépendent les proportions, le développement, la conformation, & même en partie, la diverfité des fonc-
tions de toutes les parties molles et flexibles. Mais ces parties molles
n'en font pas moins le miroir magique ou fe peignent nos demi - crimes
& nos demi vertus, la hausfe et la baisfe de notre fond intérieur, l'ufage
que nous faifons des facultés dont le ciel nous a doués.

La nature entiere éxifte dans une tendance continuelle vers une vie
active, fes meilleures productions font organifées de la maniére la plus
favorable à cette tendance, fes moindres esfais tendent à produire; &
ce qui peut produire davantage femble avoir été toujours fon principal
objet.

En général, plus l'angle du profil eft aigu, foit que vous en fuiviez les
rayons, depuis la derniere dent jusqu'à l'ouverture de l'oreille & la pro-
tubérance la plus élevée du front, ou depuis l'extrémité du nez jusqu'à
l'angle extérieur des yeux, et le coin de la bouche qui finit toujours où
commence la premiere dent molaire, plus, dis je, cet angle eft aigu, plus
l'être ainfi conformé tiendra de l'animal, moins il fera fusceptible d'efforts, moins il aura de facultés de produire.

On peut donc appeler cet angle, avec raifon, l'angle par excellence de
tous les linéamens du vifage.

Ces angles ont dans chaque efpèce d'animaux, dans chaque race d'hommes, un dernier terme de grandeur, un dernier terme de petitesfe, un
minimum et un *maximum* caractérisque. C'est le premier des angles qu'on

vient.

vient de déterminer que M. Camper a pris pour bafe de fon échelle de finges jufqu'à la tête de l'Apollon.

J'avais pris le fecond pour règle de mes obfervations, longtems avant que l'idée analogue de M. Camper fût parvenue à ma connoisfance. D'après ce dernier fyftème, c'eft entre l'angle de foixante et celui de foixante-dix dégrés que font placés tous les êtres que nous comprenons fous le nom d'hommes avec toutes leurs anomalies; fuivant l'autre, c'eft entre l'angle de foixante & dix & celui de quatre vingt dégrés — L'angle d'une tête Chinoife eft de foixante & quinze degrès, la plus belle tête Européénne de quatre vingt, mais aucun crâne naturel éxiftant dans aucun fiécle, ni grec, ni romain, ni perfan, ni égyptien n'en eut jamais plus de quatre vingt —— Tout ce qui pasfe ce nombre, ne fe trouve point dans la nature, du moins dans une nature faine, mais peut bien fe rencontrer quelque fois dans des figures monftrueufes, dans des têtes hydropiques, ou dans des productions de l'art chez les Romains; d'une manière plus frappante encore dans les têtes des Dieux & des héros grecs dont l'angle s'eleve jufqu'à cent dégrès; preuve bien fenfible, à mon gré, que les antiques, foit qu'on les trouve beaux ou laids, ne font pas du moins naturellement beaux, ni humainement vrais; c'eft un fait dont les plus zélés admirateurs des beautés antiques font forcés de convenir.

Ce qui eft au desfous de foixante & dix dégrés fe rapproche de l'angle des têtes de Nègres d'Angola, de celles des Calmoukes, & perd infenfiblement toute trace d'analogie humaine.

La ligne du vifage d'un Ourang outang forme un angle de cinquante huit dégrés; celle du finge à queue, *fimia cynomolgos*, un angle de quarante quatre —— Réduifez cet angle encore davantage, & vous en formerez la tête d'un chien, d'une grenouille, d'un oifeau, d'une bécasfe —— La ligne du vifage devenant toujours plus horifontale, le front fe trouve par là-même raccourci, le nez fe perd, l'oeil s'arrondit et prend plus de faillie, la bouche s'allonge et il ne reste plus de place pour les dents, ce qui parait être la caufe très naturelle de ce que les oifeaux n'en ont point.

Pour rendre cette idée plus fenfible encore, il ne faudra que jetter les yeux fur les deux planches ci-jointes, qui contiennent la preuve de ma théorie d'évolution. La tranfition d'une tête de grenouille à celle de l'Apollon, qui, lorsqu'on compare la figure Numero 1. avec la figure No. 24, femble presqu' imposfible, fans un effort inoui, fans une efpèce de *Salto mortale*, s'offre & fe développe en quelque forte ici d'elle même, et qui plus eft, d'une maniere fi frappante que nous fommes moins furpris de l'effet, comme très extraordinaire, que, comme très naturel, fans un feul mot d'explication nous en trouvons ausfitôt le commentaire dans notre propre fentiment. La premiere figure eft tout à fait grenouille, c'eft l'image bouffie de la nature la plus ignoble & la plus bestiale; la feconde eft bien complètement grenouille encore, mais d'une efpèce un peu moins repousfante; la troifième nous préfente une grenouille plus avifée; la quatriéme tient encore de l'efpèce, elle en conferve l'air; mais la cinquième déja n'en eft plus, la fixiéme encore moins; la rondeur de l'oeil s'est allongée. Dans la feptième figure, on apperçoit quelques progrès, mais bien lents vers une forme de nez & de menton. Il n'y a dans la huitième qu'un progrès très foible encore; cependant cet angle de la bouche & de l'oeil ne put jamais exifter chez aucun animal de la derniere clasfe. Le progrès vers la forme d'un profil devient plus fenfible dans la neuviéme figure. La dixiéme a quelque chofe encore de plus déterminé dans le contour des lèvres — Ici commence le premier dégré de la *non brutalité*. Il y a plus de dispofition dans l'onziéme au développement d'un front et d'une bouche. Avec la dou-

ziè-

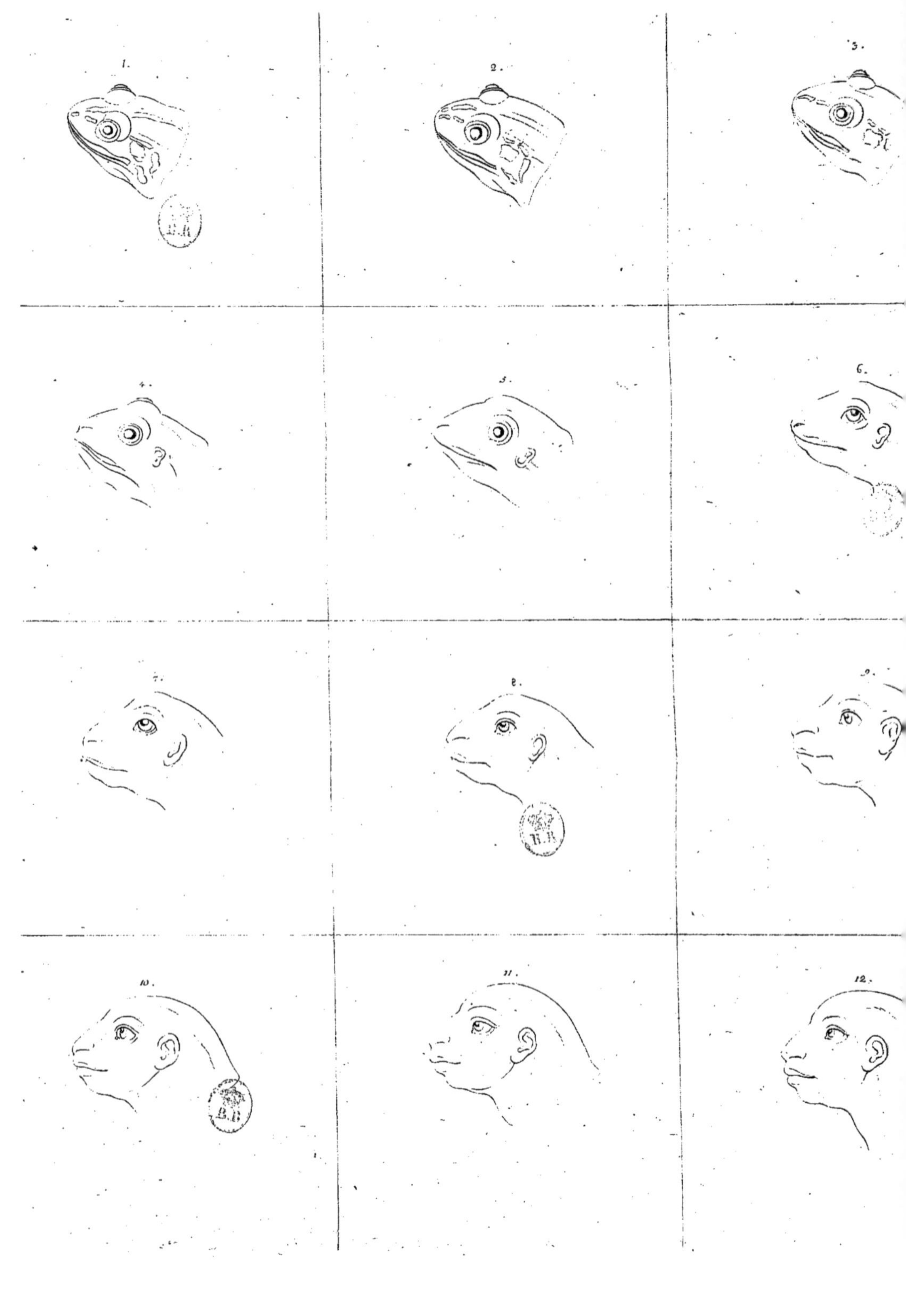

zième figure, on arrive au premier échelon d'une nature humaine ⸺
l'angle de ce viſage, n'a guère plus de ſoixante degrès, & s'il s'elève au
desſus de l'animal, c'est d'infiniment peu; il est plus près de l'Ourang⸺
outang que du nègre, toute fois la ſaillie du nez, le contour précis de
la lévre marquent pourtant le commencement d'une face humaine. La
treizième figure n'exprime qu'une humanité foible & bornée, l'oeil & le
front ne ſont pas encore de l'homme ⸺ la quatorzième annonce un mélange d'imbecillité & de bonté. ⸺ Dans la quinzième ſe trouvent tous
les attributs d'une figure humaine. L'angle de ce viſage a ſoixante & dix
dégrès. La ſeizième tête s'élève inſenſiblement vers la dignité de l'être
raiſonable, La dix ſeptième est déja plus ſenſée, mais l'oeil, le front,
& le menton ſont foibles. On apperçoit dans la dix huitième des traces
d'entendement. Elles ſont plus marquées encore dans la dixneuvième. Le
progrès n'est pas auſſi ſenſible, auſſi bien exprimé qu'il devroit l'être
dans la vingtième, ce n'est, à proprement parler, qu'un viſage de ſup-
pléant très inſignifiant: la vingt & unième tête est beaucoup plus raiſon-
nable. Les trois dernières ſont en général belles, mais le desſin en est
manqué. La plus agréable est la vingt deuxième, un front auſſi bête,
un oeil auſſi fixe, que celui de la vingt quatrième, n'a aucun rapport
avec le caractère du véritable Apollon, de l'Hécatobole.

D'après les mêmes principes on peut découvrir encore un angle de
viſage en face, ou plutôt un triangle dont l'application peut auſſi ſervir
très utilement à déterminer les différens échelons de la nature animale.

Tirez une ligne horizontale d'un angle extérieur de l'oeil a l'autre, &
prenez la pour baſe d'un triangle équilatéral dont les deux raions vien-
dront ſe ſermer au centre de la ligne moyenne de la bouche & vous aurez
le triangle du viſage pris en face. Cet angle chez la grenouille n'est que
de vingt cinq degrès, & s'élève jusqu'à cinquante ſix; cette dernière me-

S s 2

ſufure est commune aux têtes d'Ariftote, de Montesquieu, de Pitt, de Fréderic & à celle de l'Apollon Pythien. La dernière planche qui préfente une gradation fuivie de têtes prifes en face depuis la grenouille jufqu'à l'homme, rend tous les développemens de ce nouveau principe asféz fenfibles, & nous croyons devoir l'abandonner à la méditation de nos Lecteuts.

Lorsqu'enfin la longueur de la ligne de la bouche fe rapporte à la ligne prife d'un angle extérieur de l'oeil à l'autre, comme treize à vingt fept, & que la diftance de ces deux lignes est égale à la longueur de la ligne de la bouche, prife une fois & demi, ou égale à dix neuf & demi, ou bien, lorsque l'intervalle entre les deux angles intérieurs de l'oeil fe rapporte à la longueur de la ligne de la bouche, comme trois à quatre, il en réfulte des lignes de proportion qui marquent une fupériorité extraordinaire. Un trapèze de ce genre est le chiffre de la prudence & de la grandeur. ━

F I N.

TABLE

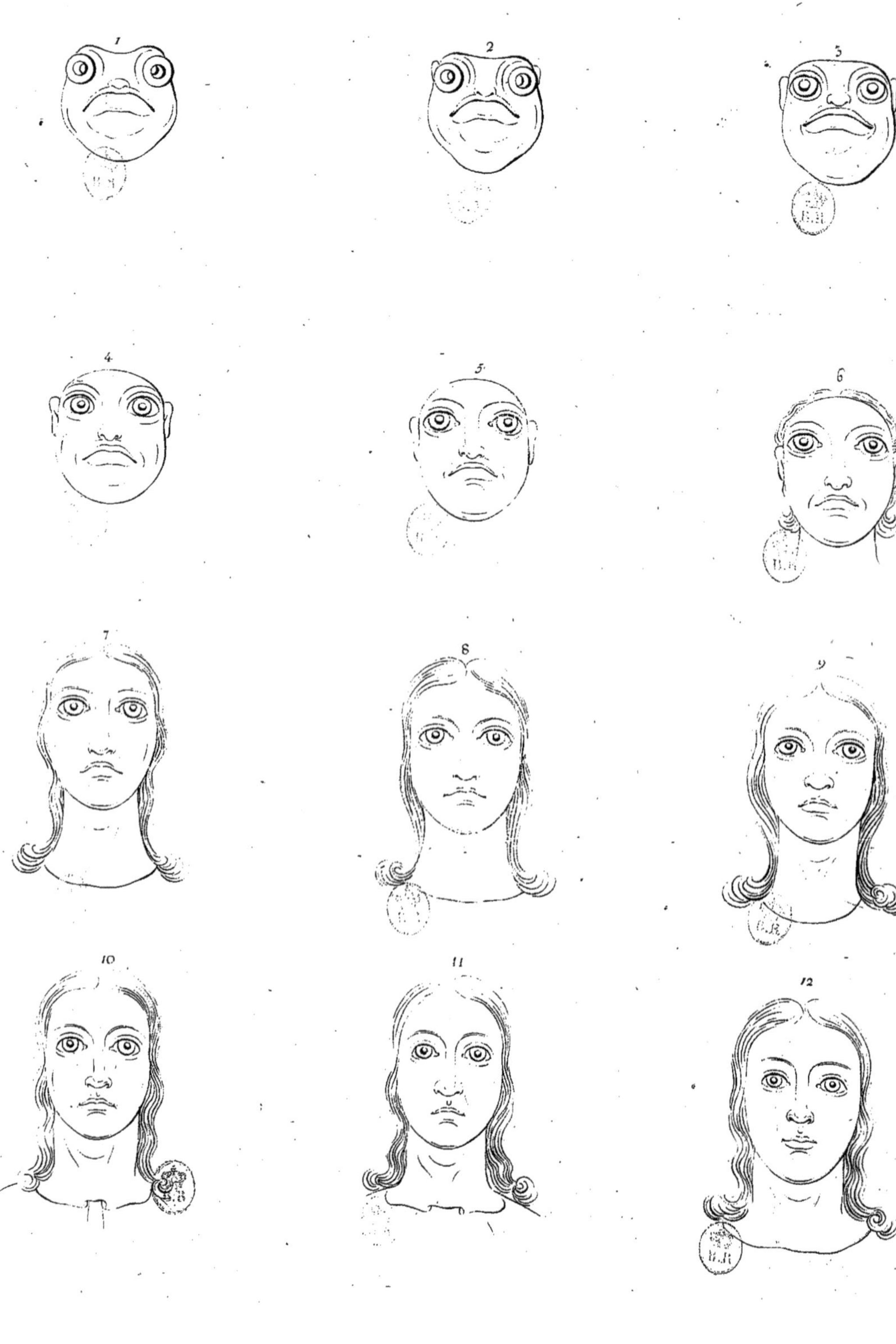

TABLE ALPHABÉTIQUE.

Fem-

A V I S A u R E L I E U R.

Les planches du 4e volume doivent être placées dans l'ordre suivant:

PLANCHE

A L A H A Y E,

IMPRIMÉ CHEZ HENDRIK VAN TEECKELENBURGH,
Imprimeur de la Ville & du petit Sceau de la Province d'Hollande.